KB068260

EFFORTLESS

EFFORTLESS

Copyright © 2021 by Greg McKeown

All rights reserved.

Korean translation copyright © 2021 by RH Korea Co., Ltd.

This translation published by arrangement with Currency, an imprint of

Random House, a division of Penguin Random House LLC

through EYA(Eric Yang Agency)

이 책의 한국어판 저작권은 EYA(Eric Yang Agency)를 통해

Random House와 독점계약한 (주)알에이치코리아에 있습니다.

저작권법에 의하여 한국 내에서 보호를 받는 저작물이므로 무단전재 및 복제를 금합니다.

더 쉽고, 더 빠르게 성공을 이끄는 힘

최소
노력의
법칙
EFFORTLESS

그렉 맥커운 지음
김미정 옮김

RHK
알에이치코리아

어려운 것이 정말 더 가치 있는 것일까?

 왠지 비싼 것이 더 가치 있을 것 같은 느낌처럼, 우리는 무엇인가가 더 어렵게 보이면 더 중요하고 가치 있을 것이라는 잘못된 믿음을 가지고 있지는 않은지. 나는 '닥터지하고'라는 마인드 트레이닝, 부모 트레이닝 강의를 올리는 유튜브를 운영하고 있는데, 거기에 이런 내용의 답글이 있었다. "내용은 도움이 되는 것 같은데, 이 강의에서 하는 말이 다 좀 수준 낮은 단어를 쓰는 것 같네요."

 나는 이 글을 보고 미소를 지었다. 왜냐하면 어렵고 생소할 수 있는 개념들은 조금이라도 쉽게, 가능하면 애쓰지 않아도 술술 귀에 들리고 머리에 쏙쏙 들어오게 풀어서 설명하는 것이 내가 늘 추구하는 바였기 때문이다. '내가 쉽게 잘 설명하고 있구나'라는 확신이 들어서 흐뭇했다. 하지만 수준 높은 단어를 써야, 즉 좀 더 어려운 단어를 써야만 더 좋은 강의일 것 같다는 생각이 비쳐 아쉽기도 했다(사실 미국에서 작성되는 공식 문서는 3학년 수준의 교육 정도인 사람이 어려움 없이 읽고 알아들을 수 있도록 하는 것이 대체적인 기준이다).

세상의 많은 일도 이와 사뭇 비슷하다고 저자 그렉 맥커운은 말한다. 흔히 복잡한 스텝을 밟아야 하는 것이 더 비중 있는 일일 거라 생각하지만, 실상은 중요한 일일수록 그 과정을 더 간단하게 만들어 더 쉽게 할 수 있도록 해야 하는 것이다. 저자는 여기서 어떤 과정을 간단하게 하는 방법은 불필요한 과정을 제거하는 것이라고 했다. 이것은 저자의 전 저서 《에센셜리즘》에서 강조한 '더 적게 하지만 더 좋게 less but better'라는 내용과도 상통한다. 이것은 내가 여러 일을 할 때 많은 도움이 되는 기준이다. 어떤 스텝이 내가 추구하는 목적을 이루는 데 꼭 필요한 스텝인가. 그 답이 '긴가민가'이거나 '아니다'라면 그 스텝은 과감하게 빼야 하는 것이다.

부모 트레이닝 코스를 만들게 되었을 때, 나는 어떻게 하면 거품을 빼고 가장 중요한 내용을 가장 쉽게 전달할 것인가를 깊이 고민했다. 그리고 읽고 또 읽으면서 꼭 필요하지 않은 내용을 가차 없이 제거해서 10분짜리 6개의 세션으로 마무리할 수 있었다(이것을 더 복잡하게 만들고 싶은 생각은 없고, 더 복잡해야 부모님들께 더 도움이 되는 것이 아니고, 오히려 그 반대일 수 있다).

저자는 책의 마무리에 자신의 딸이 겪은 정체 모를 심각한 신경질환과 가족들이 함께 겪은 어려움을 공유한다. 딸의 병의 진단을 밝히고 치료를 찾기 위해 온갖 노력을 하던 중에도 명확한 답은 없었고, 가족은 지쳐가고 딸의 증상은 더 심해져만 갔다. 결국, 가족들은 마음 자세를 바꾸어, 딸의 병에만 집념하기보다 딸과 함께 주어진 하루하루를 감사하고 거기서 오는 작은 기쁨을 즐기기 시작했다. 그러자 오히려 애써서 최선의 노력을 다할 때보다 가족과 딸의 행복감도 올라가고, 놀랍게도 딸의 증상도 점점 호전되었다고 한다.

나 자신도 이와 유사한 경험을 했다. 진단받는 데만 6개월이 걸린 심한 자율신경계 장애와 만성피로증후군을 앓게 되면서, '나아서 예전으로 돌아가겠다'는 집념을 가지고 이를 악물고 치료와 운동 등에 최선을 다했었다. 그러나 치료의 진전은 별로 없었고, 오히려 증상이 악화되자 그 실망감과 패배감이 더 컸다. 또, 병과 싸우는 일 외에 다른 것을 할 여력이 없었다. 결국, 치료가 쉽지 않은 병임을 받아들이고, 병과 함께하는 그 순간에라도 내가 뿌듯해 할 수 있는 선택을 하면서 살겠다고 결심하게 되었고, 그 애쓰던 마음을 내려놓기로 했다. 그리고 그제야 나는 다른 나의 삶에도 눈을 돌리게 되고 내 첫 책을 집필하게 되었다.

나는 우리의 삶은 가능하면 쉽게 진행되도록 가장 수월한 경로를 계속 궁리하고 그 방향으로 발전시켜 나가야 한다는 저자의 생각에 참으로 동의한다. 또 어렵고 힘들게 노력해야 삶이 더 의미 있는 삶이라는 잘못된 믿음도 조금씩 걷어 내야 한다고 본다.

소크라테스가 '바쁜 생활을 조심하라(Beware the barreness of a busy life)'고 한 것처럼. 내가 정신과 의사의 입장에서 보아도, 바쁜 삶에서 매우 애쓰는 자세를 내려놓고, 조금 더 자신의 마음이 흐르는 대로 삶을 살아갈 때 평온함과 만족감이 더 큰 것을 흔히 본다.

21세기를 살고 있는 우리는 이제, 자동화를 이용하고, 인공지능과 로봇 기술을 더 이용하여, 우리 인간이 해야 할 일은 최대한 수월하게 할 수 있게 되었다. 그리고 우리 인간의 귀한, 그리고 한정된 에너지와 시간은 실로 가치와 의미를 창조하고 또 그 창조된 것을 마음껏 누리는 데 쓰여질 수 있는 때가 가까워지고 있다.

독자들이 어떻게 하면 더 쉽고 간단하게 원하는 목적에 이르고 원하는 가치를 창출할 수 있을 것인지 궁리할 때《최소 노력의 법칙》에 나오는 여러 가지 방법과 팁들이 큰 도움이 될 것이라고 믿는다.

우리 모두가 조금 더 수월하고 마음이 편한 삶을 누리면서도, 풍족한 가치가 계속해서 창출된다면 얼마나 살기 좋은 세상이겠는가. 독자들과 함께 그런 사회를 꿈꾸고, 또 그 꿈을 향해 각자의 자리에서 한 걸음씩 같이 내디뎌 보기를 바란다.

2021년 가을 유타에서

지나영

目차

PART 1   어떻게 하면 더 쉽게 집중할 수 있을까?

서문

만사가 그리 어려울
필요는 없다

패트릭 맥기니스Patrick McGinnis의 이야기부터 나눠보자.[1]

그는 자기가 할 일을 빠뜨리는 법이 없었다. 그때그때 주어진 과업도 모두 완수했다. 조지타운대학에 이어 하버드대학 경영대학원을 졸업한 뒤 최고의 금융·보험 회사 대열에도 합류했다.

맥기니스는 자기가 만족할 때까지 많은 시간을 일에 바쳤다. 주당 80시간도 모자라 공휴일과 휴가 중에도 일에 매달렸다. 상사가 퇴근하기 전에는 자리에서 일어나는 법이 없었고, 과연 퇴근을 하긴 하는지 의문이 들 정도였다. 게다가 출장은 얼마나 자주 갔던지, 델타 항공사의 최우수 고객이 될 정도였다. 얼마나 자주 항공편을 이용했으면 기존 등급으로는 그의 수준을 논할 수 없었다고 한다.

11

한편 그는 세 대륙에 있는 회사 네 곳의 이사이기도 했다. 한번은 몸이 아픈데도 병가를 내지 않고 이사회 회의에 참석한 그는 회의 도중 세 번이나 화장실에 가서 구토하기도 했다. 회의에서 돌아온 동료는 맥기니스 얼굴이 새파랗게 질렸다고 그때의 상황을 말해주었다. 그런데도 그는 끝까지 자리를 지켰다.

맥기니스는 인생에서 원하는 모든 것을 손에 넣는 비결은 열심히 일하는 것이라고 배우며 자랐다. 뉴잉글랜드 사람들은 그런 식으로 생각했다. 일을 어떻게 대하느냐가 그 사람의 인성을 보여준다고 믿었다.

대단한 수완가였던 맥기니스는 한 발 더 나갔다. 그는 끝없이 일하는 것이 성공을 가져온다고 믿을 뿐만 아니라 그렇게 일하는 것 자체가 성공이라고 생각했다. 직장에 늦게까지 남아 있지 않으면 중요한 일을 맡을 수 없다고 생각했다. 이렇게 장시간 일에 매달리면 결국 보상이 따르리라 생각했다.

그러던 어느 날, 아침에 눈을 떠보니 회사가 파산하고 말았다. 2008년 AIG 사태였다. 맥기니스가 가지고 있던 주식은 97%나 폭락했다. 매일 밤늦도록 사무실을 지키고, 눈이 벌겋게 충혈돼 가며 유럽, 남아메리카, 중국을 오갔고, 생일이나 기념일은 뒤로하고 살았는데 그 모든 것이 헛수고였다.

금융 위기가 터진 이후로 맥기니스는 몇 달 동안 몸져누워 있었다. 밤이면 식은땀을 흘리기 시작했다. 비유적으로도 그랬지만 실제로도 시야가 흐려져 몇 개월간 제대로 앞을 보지 못했다. 그야말로 어찌할 바를 몰랐다. 맥기니스는 길을 잃었다.

스트레스는 병을 낳았다. 주치의에게 이런저런 검사도 받았다. 맥기니스는 자신이 조지 오웰의 소설 《동물농장Animal Farm》에 나오는 말馬 복서처럼 느껴졌다. 복서는 농장에서 가장 헌신적인 일꾼으로 어떤 곤란한 상황에 부딪혀도 늘 "내가 더 열심히 할게"라고 말했다. 하지만 결국 복서는 과로로 쓰러져 폐마 도축업자에게 실려 간다.[2]

병원에서 돌아오는 택시 안에서 맥기니스는 그의 표현으로 '신과 거래를 맺었다.' 그는 '제가 여기서 살아남으면 제대로 변해볼게요'라고 신께 서약했다.

맥기니스는 무슨 일이 생기든 더 열심히 일하는 것으로 문제를 해결했다고 말했다. 하지만 갑자기 '더 열심히 일해서 얻은 한계 이윤이 실제로는 득이 되지 않았다'는 것을 깨닫게 되었다.

이제 어떻게 해야 할까? 그에게는 세 가지 선택지가 있었다. 계속 죽기 살기로 일할 수도 있었다. 목표를 낮춰 몇 가지를 포기할 수도 있었다. 아니면 자신이 바라는 성공을 이룰 더 쉬운 방법을 찾을 수도 있었다.

맥기니스는 세 번째 방법을 택했다. AIG에서 맡았던 직책은 내려놓되 자문위원 지위는 유지했다. 주당 80시간씩 일하던 습관을 버리고 오후 다섯 시에 퇴근하기 시작했다. 더는 주말에 이메일을 확인하지 않았다. 수면을 필요악처럼 대했던 자세도 바꿨다. 걷고, 달리고, 식습관도 더 건강하게 바꿨다. 그랬더니 11kg이 빠졌다. 이렇게 서서히 자신의 삶과 일을 즐기기 시작했다.

이즈음, 스타트업 몇몇 곳에 관심을 가지고 여기저기 소액을 투자하던 친구 이야기를 들었다. 충분히 맥기니스의 흥미를 끄는 일이었다. 이에 그는 회사 두세 곳에 투자했다. 그의 투자 포트폴리오는 25배의 수익을 기록했다. 하나의 소득원에만 의존하는 것이 아니었기에 불황이 닥쳐도 든든함을 느꼈다.

일하는 시간은 반으로 줄었지만 소득은 오히려 늘었다. 지금은 무슨 일을 하든 더 보람 있고, 삶이 크게 흐트러지지 않는다. 맥기니스는 "일이라고 느껴지지도 않습니다"라고 말했다.

그는 이 경험을 통해, 더는 어떻게 힘써야 할지 모를 때는 다른 길을 찾아야 한다는 것을 깨달았다.

지금 내 상태는 어떤가? 다음과 같은 느낌이 들지는 않는지 자문해보자.

- 전보다 빨리 달리고 있지만 목표에 더 가까이 다가가지 못하고 있다.
- 더 많은 부분에서 이바지하고 싶지만 그럴 만한 에너지가 없다.
- 너무 지쳐 비틀거리며 번아웃 직전에 처해 있다.
- 모든 일이 필요 이상으로 너무 힘들다.

이 중 하나라도 혹은 전부에 해당한다면 이 책을 잘 골랐다. 이러한 성향의 사람들은 훌륭하게 자신을 절제하며 일에 집중할 줄 안다. 적극적으로 참여하며 의욕도 높다. 다만 너무 지쳐 있다.

수월한 방법

삶에는 오르막길과 내리막길이 있다. 우리가 하는 모든 일은 리듬을 타며 진행된다. 힘껏 밀어붙일 때가 있는가 하면 잠시 멈추고 숨 고르기를 할 때가 있다. 하지만 오늘날 많은 사람은 끊임없이 더 세게 밀어붙이기만 한다. 쉼표 없이 혹사만 한다.

우리가 사는 이 시대는 기회가 넘쳐난다. 하지만 어떤 면에서 현대인의 생활은 고지대에서 하이킹하는 것과 비슷하다. 안개가 낀 것처럼 머릿속은 흐릿하고, 발밑의 땅은 불안하게 느껴진다. 공기가 희박해 한 발짝 전진하는 것도 몹시 힘겹다. 미래에 대한 끝없는 두려움과 불확실성이 문제일 수 있다. 어쩌면 외로움과 고독 때문일지도 모른다. 금전적인 걱정이나 어려움이 짓눌러서일 수도 있다. 날마다 우리를 질식시킬 듯한 온갖 책임과 압박 때문일지도 모른다. 원인이 무엇이든 전보다 2배 더 노력해 보지만 성과는 절반에 그칠 때가 많다.

삶은 고되다. 복잡한 일, 중대한 일, 슬픈 일, 지치는 일 등 갖가지 사연으로 삶은 정말 고되다. 실망스러운 일, 돈 문제, 어긋난 관계, 자녀 양육, 사랑하는 사람과의 사별 등 어느 것 하나 쉬운 일이 없다. 살다 보면 하루하루를 견뎌내기가 몹시 힘들 때도 있다.

이 모든 어려움을 책 한 권으로 없애주려고 시도하는 것은 허무맹랑한 일이다. 이 책을 쓴 목적은 무거운 삶의 짐을 얕보려는 것이 아니라 그 무게를 좀 덜어주려는 것이다. 이 책을 읽는다고 모든 어려운 일을 쉽게 접근할 수는 없을지 모르지만, 힘든 일들이 조금은 수월하게 느껴지리라 믿는다.

크고 중대한 문제 앞에서 부담감을 느끼고 지치는 것은 지극히 정상적인 일이다. 날마다 느끼는 실망과 짜증 때문에 부담감을 느끼고 지치는 것도 매우 자연스럽다. 모든 사람이 그런 경험을 한다. 요즘은 전보다 더 자주, 더 많은 사람이 그런 상황에 놓이는 듯하다.

이상하게도 어떤 사람들은 부담스럽고 지치는 상황을 이겨내려고 더 오래, 더 열심히 일에 매달린다. 번아웃을 성공과 자긍심의 척도로 여기는 우리 문화는 도움이 되지 않는다. 이런 문화는 끝없이 지치지 않는다면 뭔가 노력이 부족한 것이라는 암묵적인 메시지를 준다. 피를 흘리며 부러질 정도로 처절하게 노력하는 사람을 위해 엄청난 것이 예비되어 있다는 것이다. 요즘은 자기 한계를 쳐부수는 것이 사람들의 목표가 된 듯하다.

번아웃은
영광의 상처가 아니다.

물론 열심히 일하면 더 좋은 결과를 얻는다. 하지만 어느 정도만이다. 사실 우리가 투자할 수 있는 시간과 노력에는 상한치가 있다. 따라서 에너지가 고갈될수록 노력에 대한 성과는 더 줄어들기 마련이다. 번아웃에 빠져 녹초가 되었으면서도 여전히 바라던 결과는 얻지 못할 때라야 이 순환을 멈출 수 있다. 다들 알고 있는 이야기다. 어쩌면 지금 이런 상황에 놓여 있을지도 모른다.

16

그런데 여기서, 정반대의 접근 방식을 취한다면 어떨까? 자신의 한계까지(때로는 그 이상) 무작정 밀어붙이는 대신 더 쉬운 경로를 택한다면?

딜레마

《에센셜리즘》을 출간한 뒤 순회강연을 다녔다. 전국을 돌며 기조연설을 하고, 책 사인회를 열고, 내가 진심으로 중요하다고 믿는 메시지를 사람들에게 전했다. 이런 출장에 아이 중 한 명을 데리고 다니는 것을 아내 안나가 너무 좋아하기에 종종 그렇게 했다. 한번은 예정된 책 사인회 장소에 도착하니 300명이 모퉁이를 끼고 길게 줄지어 있었고 서점에는 책이 다 떨어진 상태였다. 한번도 경험해보지 못한 일이었다. 그해에는 공항 라운지, 우버 택시, 호텔 객실을 오간 기억으로 가득하다. 저녁이면 한껏 들뜨면서도 지친 상태로 숙소에 돌아와 룸서비스를 요청하곤 했다. 《에센셜리즘》의 성공으로 모든 것이 달라졌다.

《에센셜리즘》을 세 번, 다섯 번, 일곱 번까지 읽거나 들은 사람들은 내게 이메일을 보내 그 책이 자기 삶을 얼마나 바꿔놓았는지 말해주었다. 심지어 그 책이 자기 삶을 구했다는 사람들도 있었다. 다들 자신의 이야기를 공유하려 했고 나 역시 그 이야기들이 궁금했다.

나는 에센셜리스트가 되길 바라는 사람들로 가득 찬 곳에서 강의하고 싶었다. 독자로부터 이메일을 받으면 하나하나 전부 답장을 보내고 싶었다. 책을 여러 권 가져와 사인을 요청하는 사람들에게는 일일이 개인적인 메시지를 써주고 싶었다. 《에센셜리즘》을 읽고 경험한 것을 나누려는 사람이 있다면 누구에게든 귀를 기울이고 차분히 이야기를 들어주고 싶었다.

'에센셜리즘의 아버지'가 되는 것보다 더 좋은 것은 아버지가 되는 일이었다. 나는 지금 네 아이의 아빠다. 나는 가장 소중한 나의 전부인 가족에게 최선을 다하고 싶었다. 안나에게는 진실한 파트너로서 그녀가 원하는 목표와 꿈을 적극적으로 지지하고 싶었다. 아이들이 아빠와 이야기하길 원할 때면 아무리 상황이 좋지 않더라도 최대한 귀를 기울이고 들어주려 했다. 아이들이 무언가를 성취할 때마다 잊지 않고 축하해주고 싶었다. 영화를 만들든 이글스카우트(Eagle Scout, 다수의 배지를 받은 보이스카우트 단원-옮긴이)가 되든, 아이들이 중요하게 생각하는 목표가 있다면 이를 달성하도록 지도하고 격려해주고 싶었다. 아이들과 보드게임도 하고, 씨름도 하고, 수영도 즐기고, 테니스도 치고, 해변에도 가고, 팝콘과 간식거리를 챙겨서 영화의 밤도 즐기고 싶었다.

이 모든 일을 위한 시간을 마련하려고 이미 불필요한 일을 많이 걷어낸 상태였다. 새 책을 '써야 한다'라는 이야기를 열여덟 달 동안이나 들어왔지만 계속 거부했다. 스탠퍼드대학에서 진행하던 수업도 잠시 쉬고 있었다. 워크숍 사업을 꾸리겠다는 계획도 미뤄두었다.

살면서 이렇게 할 일을 가려본 적도 없었다. 그런데도 버겁다는 느낌이 가시지 않았다. 이뿐만이 아니었다. 더는 여력이 없는데도 뭔가 더 해야 한다는 부담감이 밀려왔다.

나는 에센셜리즘을 그대로 실천하려고 노력했다. 남들에게 가르치는 대로 살아야 한다고 생각한 것이다. 하지만 이것만으로는 부족했다. 지나치게 분주하거나 무리하지 않으면서도 원하는 것을 모두 성취하려면 필수적인 활동에만 '예' 하고 그 밖의 모든 것에는 '아니오'라고 말하도록 자신을 다스리면 된다고 믿어왔는데, 이런 내 믿음에 균열이 생기는 것을 느낄 수 있었다. 그러자 한 가지 의문이 생겼다. 필수적인 것들만 남겨놓고 다른 것은 모두 걸어냈는데도 여전히 벅차다고 느껴질 때는 어떻게 해야 할까?

당시 나는 매우 진중한 기업가 모임을 가르치고 있었는데 누군가 '큰 돌 이론big rocks theory'을 들려주었다.

큰 돌 이론은, 커다란 항아리를 가져온 한 선생님에 관한 유명한 이야기다. 선생님은 작은 조약돌부터 항아리 바닥에 쏟아붓는다. 그런 다음 조금 더 큰 돌들을 그 위에 놓으려고 하자 크기가 맞지 않아 들어가지 않았다. 선생님은 같은 크기의 다른 용기를 가져온다. 이번에는 큰 돌부터 먼저 넣는다. 그런 다음 작은 조약돌을 넣자 꼭 맞게 들어갔다.

물론 이것은 비유적인 이야기다. 큰 돌은 건강, 가족, 인간관계와 같은 인생의 가장 본질적인 일들을 나타낸다. 작은 조약돌은 직업이나 경력 같은 비교적 덜 중요한 것들을 가리킨다. 모래는 소셜미디어나 둠 스와핑(doom swiping, 진지하게 누군가를 만날 목적을 내비치지 않고 별 뜻 없이 데이팅 앱을 훑어보는 것-옮긴이) 같은 것들을 말한다.

이 이론의 교훈은 내가 늘 말해온 것과 같다. 가장 중요한 것을 최우선에 두면 이와 더불어 다른 것들도 할 수 있는 삶의 여유가 생긴다는 것이다. 하지만 이와 반대로 하면 사소한 것들은 이루겠지만 정말 중요한 일을 해낼 여력이 없어진다.

그날 밤 호텔 객실에 앉아 있는데 문득 이런 생각이 들었다. '만약 큰 돌이 너무 많다면 어쩌지?', '더없이 중요한 일이지만 나의 여력으로는 도무지 해낼 수 없다면?'

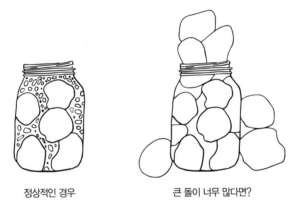

정상적인 경우   큰 돌이 너무 많다면?

이런 생각을 하고 있는데 영상 통화가 걸려왔다. 아내 전화였는데 화면에는 아들 잭이 보였다. 전에 없던 일이라 갑자기 신경이 곤두섰다. 아이 얼굴은 창백해 있었고 목소리도 다급해 보였다. 뭔가 두려워하는 얼굴이었다. 저 뒤에서 아내가 내게 상황을 알려주려고 잭에게 "전화기 돌려봐"라고 말하는 것이 들렸다.

잭이 뭔가를 설명하려고 했다. "이브… 뭔가 크게 잘못된 것 같아요…. 그냥 뭘 좀 먹고 있었는데 갑자기 머리를 흔들기 시작했어요…. 엄마가… 아빠한테 전화하라고 해서….” 이브가 심각한 긴장 간대 발작(tonic-clonic seizure, 의식을 잃고 근육을 제어하지 못해 전신에 일어나는 경련-옮긴이)을 일으키고 있었다.

나는 놀란 나머지 부랴부랴 짐을 싸서 심야 비행편을 타고 집으로 돌아왔다. 이후 며칠, 몇 주간 벌어진 일은 나를 정서적으로 녹초가 되게 만들었다. 병원 이곳저곳을 찾아다녔고, 의료 전문가들에게 진료를 받았다. 우리 가족이 어떻게 대처하고 있는지, 뭔가 도울 일은 없는지 묻는 친구와 가족들의 전화도 계속되었다. 한편 한참 집안의 중대한 일을 처리하고 있는 와중에도 다른 일들이 기적처럼 사라지지는 않았다. 여전히 기조연설 일정을 조정해야 했고, 항공편은 취소해야 했으며, 중요한 이메일에는 답장을 보내야 했다.

사방이 꽉 막힌 듯했다. 나는 믿을 수 없이 무거운 짐에 짓눌렸다. 때로는 숨이 막힐 지경이었다. 그냥 저 아래로 푹 꺼지고 싶었다. 고문과도 같은 시간이었다.

그렇게 몇 주를 보낸 끝에 내가 처한 상황을 바로 보게 되었다. 나는 번아웃을 겪고 있었다. 에센셜리스트가 되는 법을 책으로 써낸 사람이면서 정작 현실에서는 너무 많은 일을 벌여놓고 부담감 속에 어쩔 줄 몰랐다. 완벽한 에센셜리스트가 되어야 한다고 스스로 다그쳤지만, 더 걷어낼 수 있는 비본질적인 일이 없었다. 다 중요한 일들이었다. 결국 나는 아내에게 말했다. “나 좀 힘든 것 같아.”

여기서 내가 배운 것이 있었다. 나는 합당한 이유로 합당한 일들을 하고 있었다. 하지만 방식이 잘못되었다.

나는 허리 근육을 사용하며 안간힘을 쓰는 역도 선수와 같았다. 제대로 된 호흡법도 익히지 않은 수영선수와도 비슷했다. 빵반죽을 일일이 힘들게 손으로 만드는 제빵사라고 해도 될 법했다.

내가 무슨 이야기를 하고 있는지 정확히 이해했는지 궁금하다. 자기 일을 열심히 챙기되 지칠 정도로 혹사하는 것이 무엇인지 잘 알 것이다. 최선을 다하고 있으면서도 뭔가 부족하다고 느끼는 것, 일과에 끼워 넣을 수 있는 것보다 더 많은 중요한 일을 맡는 것, 뭔가 더 하고 싶은데 도무지 여력이 되지 않는 경우, 분명 중요한 일에 성과를 거두고 있지만 그 안에서 전혀 즐거움을 찾지 못하는 것이 무엇인지 우리는 잘 알고 있다.

자신을 쏟아부으며 노력하는 사람들에게 말해주고 싶다. 그 방법 말고 다른 방법이 있다. 만사가 그리 어려울 필요는 없다. 한 단계 성장하고 싶다고 늘 지쳐 있어야 하는 것은 아니다. 무언가 이바지하고 싶다고 나의 신체적, 정신적 건강을 다 희생할 필요도 없다. 중요한 일들이 너무 힘들어서 감당하기 어려울 때는 포기하거나, 더 쉬운 다른 길을 찾을 수 있다.

《에센셜리즘》이 올바른 일을 선택하는 것을 다뤘다면, 이 책은 그 일을 실행하는 올바른 방식을 다룬다.

《에센셜리즘》을 쓴 이후로[3] 나는 수천 명과 대화하는 드문 기회를 누렸다. 일부는 직접 만나고 일부는 소셜미디어나 팟캐스트를 통해 소통하면서, 진정 의미 있는 삶을 살고자 노력할 때 직면하는 어려움들에 관해 전해 들었다. 여러 해 동안 사람들의 이야기에 귀 기울일 수 있는 좋은 경험이었다. 그전까지는 중요한 일을 실행하는 데 어려움을 겪었다며 스스럼없이 자기 경험을 꺼내놓는 수많은 사람의 이야기를 직접 들어볼 기회가 전혀 없었다.

그 이야기들을 통해 모두가 중요한 일을 꼭 해내고 싶어 한다는 것을 알게 되었다. 사람들은 건강한 몸매를 유지하고, 내 집 마련이나 은퇴 이후를 위해 돈을 모으고, 화려한 경력을 쌓고, 함께 일하고 생활하는 사람들과 더 친밀한 관계를 맺고 싶어 한다. 문제는 의지 부족이 아니다. 의지가 문제였다면 이미 모든 사람이 이상적인 체중을 지키고, 분수에 맞게 살아가며, 꿈의 직업을 가지고, 자기가 소중히 여기는 모든 사람과 돈독한 관계를 맺으며 즐겁게 살았을 것이다.

의지란 제한된 자원이므로 늘 부족하다. 중요한 일을 제대로 진척시키려면 완전히 다른 방식으로 일과 삶을 대해야 한다. 더 나은 결과를 얻겠다며 무조건 더 세게 밀어붙이는 대신, 가장 본질적인 활동을 가장 쉬운 활동으로 만들 수 있다.

덜 힘들게 일하는 것을 불편해하는 사람들도 있다. 이유는 여러 가지다. 자신이 게으르다고 느낀다. 뒤처질까 두려워한다. '조금 더 애쓰지' 않았다며 매번 죄책감이 든다. 의식하든 안 하든 이러한 사고방식은 어려운 일에는 항상 나름의 가치가 있다고 여기는 청교도 사상에 뿌리를 두고 있을지도 모른다. 청교도주의는 어려운 일을 받아들이는 데서 나아가 쉬운 일을 불신하는 데까지 뻗어나갔다. 하지만 효율적으로 목표를 달성하겠다고 해서 진취적이지 못한 것은 아니다. 오히려 이런 태도가 현명하다. 힘들게 애쓰지도 않고 게으르지도 않은 상태에서 해방감을 맛볼 수 있으니 말이다. 이 방법을 택할 때, 우리는 원하는 것을 모두 이루면서도 온전한 정신을 지킬 수 있다.

쉽고 의미 없는 일들은 어려워지고, 중요한 일들은 쉬워진다면 삶이 어떻게 달라질까?

쉽고 의미 없는 일들은 더 어려워지고, 중요한 일들은 쉬워진다면 삶에 어떤 일이 벌어질까? 계속 미뤄왔던 중요한 프로젝트가 더없이 즐거운 일이 되고, 기분을 전환하려고 해왔던 무의미한 일들이 더는 흥미를 느끼지 않는다면?

이런 변화가 일어난다면 우리에게 아주 유리한 일들이 벌어진다. 모든 것이 달라질 수도 있다. 실제로 모든 것이 달라진다.

이것이 바로 이 책에서 제안하려는 가치다. 일과 삶을 대하는 전혀 다른 접근법을 소개하려는 것이다. 수월하게 더 많은 것을 달성할 방법을 공유하려고 한다. 수월한 상태에 있기 때문에 더 많이 달성할 수 있다. 피할 수 없는 인생의 짐을 더 가볍게 만들어, 지치지 않고 원하는 결과를 얻는 방법을 전하고자 한다.

이 책은 다음과 같이 3부로 간결하게 구성되어 있다.

1부는 '어떻게 하면 더 쉽게 집중할 수 있을까?'에 대한 주제를 제시한다.

2부는 '어떻게 하면 필수 활동을 더 쉽게 해낼 수 있을까?'에 대한 방법를 제시한다.

3부는 '어떻게 하면 최소한의 노력으로 최선의 성과를 거둘 수 있을까?'에 대한 비결을 다룬다.

각 부는 맨 앞에 이야기를 제시해 주면서 내용을 발전시켜 나간다.

자유투를 던지려는 NBA 선수를 생각해보자.

첫째, 선수는 '자유투 존'으로 간다. 그런 다음 자유투 라인에서 '올바른 지점'을 찾은 뒤, 공을 몇 번 튕긴다. 이 의식은 선수가 완전히 집중하는 데 도움이 된다. 이때 선수를 보면 모든 감정을 뒤로하고, 군중의 소음도 아랑곳하지 않고 머릿속을 깨끗하게 비우는 모습이 보일 정도다. 이것이 내가 말하는 수월한 상태다.

둘째, 선수는 무릎을 구부리고 팔꿈치를 직각으로 만든 뒤, '뛰어올라, 손목을 튕겨, 슛을 던진다.' 선수들은 이 과정이 근육 기억에 깊이 새겨질 때까지 정확하고 원활한 움직임을 연습한다. 따라서 실전에서는 군이 애쓰지 않고도 물 흐르듯 부드럽게 자유투를 던진다. 이것이 수월한 행동이다.

셋째, 선수의 손을 떠난 공은 공중에서 아치를 그리며 골망으로 들어간다. 이때 완벽하게 진행된 자유투임을 알리는 기분 좋은 휙- 소리가 난다. 우연히 성공한 것이 아니다. 선수들은 자유투를 계속 성공시킬 수 있다. 이것이 수월한 결과를 얻을 때의 느낌이다.

1부: 어떻게 하면 더 쉽게 집중할 수 있을까?

두뇌가 풀가동될 때, 모든 일은 더 어렵게 느껴진다. 피로 때문에 행동이 둔해진다. 시대에 뒤처진 생각이나 오래된 감정에 사로잡혀 있으면 새로운 정보를 처리하기가 더 어려워진다. 일상생활에 존재하는 갖가지 방해 요소는 중요한 일을 명확히 보기 어렵게 만든다.

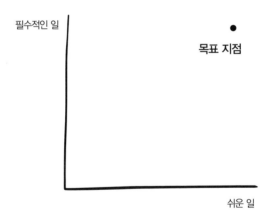

따라서 눈앞의 일을 더 수월하게 만드는 첫 단계는 우리의 머리와 마음속에 어질러진 잡동사니를 깔끔하게 치우는 것이다.

전에 이런 경험을 해보았을 것이다. 평화롭고 편안하며 집중이 잘 되는 상태 말이다. 온전히 현재에 주의를 기울이고 있으며, 지금 여기서 가장 중요한 것이 무엇인지 잘 인식하고 있다. 그 상태에서 해야 할 올바른 행동을 충분히 해낼 수 있겠다는 느낌이 든다.

1부에서는 더 쉽게 집중할 수 있는 상태를 회복할 수 있는 실용적인 방법을 제시한다.

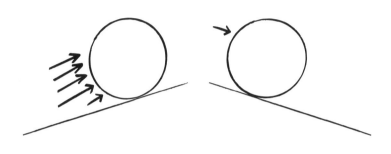

	지치는 방식	수월한 방식
생각	모든 가치 있는 일에는 어마어마한 노력이 든다.	가장 중요한 일도 손쉬운 일이 될 수 있다.
행동	사안을 너무 복잡하게 만들고, 무리한 생각을 기울이며, 과도하게 행동하는 등 지나치게 노력한다.	가장 쉬운 경로를 찾는다.
결과	번아웃이 생기고, 원하는 결과도 전혀 얻지 못한다.	번아웃에 빠지지 않고도 목표한 결과를 얻는다.

2부: 어떻게 하면 필수 활동을 더 쉽게 해낼 수 있을까?

한번 수월한 상태를 찾으면 수월한 행동을 실천하기가 더 쉬워진다. 하지만 복잡한 상황을 만날 때면 중요한 프로젝트에 착수하거나 일을 진행하기가 어려울 수도 있다. 완벽주의는 중요한 프로젝트를 시작하기 어렵게 만들고, 자기 회의는 일을 끝내기 어렵게 만들며, 너무 무리해서 또 너무 빨리 일을 진행하려는 태도는 추진력을 유지하기 어렵게 만든다.

2부에서는 일 자체를 더욱 수월하게 만들기 위해 절차를 간소화하는 방법을 다룬다.

3부: 어떻게 하면 최소한의 노력으로 최선의 성과를 거둘 수 있을까?

수월한 행동을 실천하면 원하는 결과를 얻기가 더 쉬워진다. 결과는 크게 선형적인 결과와 부가적인 결과로 나눌 수 있다.

내가 기울인 노력이 일회성의 결과만 가져온다면 이는 선형적인 결과다. 오늘 노력하지 않으면 얻을 수 있는 결과가 없으므로 매일 0에서 시작하는 셈이다. 또한 내가 노력한 양만큼 결과를 얻으므로 1:1 비율이라고도 할 수 있다. 하지만 추가적인 노력을 기울이지 않고도 계속해서 원하는 결과가 흘러들어오게 할 수 있다면 어떨까?

부가적인 결과가 생기면 한 번의 노력으로 반복해서 유익을 거둘 수 있다. 자는 동안에도, 휴가 중일 때도 결과가 흘러들어온다. 부가적인 결과는 사실상 무한하게 이어질 수 있다.

수월한 행동만으로는 선형적인 결과밖에 얻지 못한다. 하지만 이 행동에 지렛대 효과가 큰 활동을 접목한다면 저축 통장에 이자가 쌓이듯 노력에 대한 결과가 배가된다. 이로써 부가적인 결과를 얻을 수 있다.

훌륭한 결과를 만들어내는 것 자체도 바람직하지만, 훌륭한 결과를 수월하게 만들어내는 것은 더 바람직하다. 하지만 가장 좋은 것은 훌륭한 결과를 반복해서 쉽게 만들어내는 것이다. 3부에서는 그 비법을 제시하고자 한다.

더 쉬운 방법은 늘 존재한다

수월한 삶의 방식을 발견하는 것은 제물낚시를 할 때 특수한 편광 선글라스를 착용하는 것과 같다.[4] 이 선글라스 없이는 물빛에 비치는 햇빛 때문에 수면 아래에서 헤엄쳐 다니는 것들을 제대로 볼 수 없다. 하지만 선글라스를 끼는 즉시, 안경의 각진 표면이 물빛에 반사되는 수평한 광파를 걸러내 눈부심을 없애준다. 이에 따라 갑자기 수면 아래에 있는 온갖 물고기들이 시야에 들어온다.

힘든 방식으로 일하는 데 익숙해지는 것은 물빛에 반사된 햇빛 때문에 앞이 보이지 않는 것과 같다. 하지만 이를 걸러줄 유용한 방법들을 실천한다면, 단지 내 시야에 들어오지 않았을 뿐, 더 쉬운 방법이 늘 존재했다는 것을 깨닫게 될 것이다.

수월한 방식이 주는 느낌은 우리 모두 겪어보았다. 다음과 같은 경험이 있는지 생각해보자.

- 편안한 상태 속에서 '올바른 지점'에 도달하기가 더 쉬웠다.
- 무리하게 애쓰길 멈췄는데 오히려 더 나은 결과를 얻었다.
- 한 번 해놓은 일로 여러 번 유익을 얻을 수 있었다.

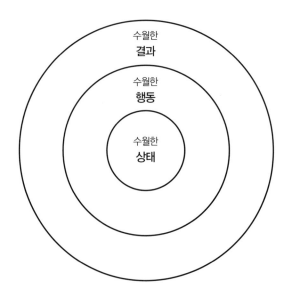

이 책을 쓴 목적은 하나다. 독자들이 이를 더 많이, 더 자주 경험하도록 돕고 싶었다. 물론 인생의 모든 것을 수월하게 만들 수는 없다. 하지만 원하는 목표를 점점 더 쉽게, 결국에는 수월하게 만듦으로써 달성 가능성을 높일 수는 있다.

이 책을 쓰면서 다수의 전문가를 인터뷰하고 그들의 연구를 살펴보면서 행동경제학, 철학, 심리학, 물리학, 신경과학 분야의 여러 교훈을 얻었다. 나는 '어떻게 하면 가장 중요한 일을 더 쉽게 할 수 있을까?'라는 근본적인 물음에 답을 얻고자 집중된 노력을 기울였다. 이를 통해 내가 알게 된 모든 것을 하루빨리 독자와 나누고 싶다. 소설가 조지 엘리엇George Eliot의 표현대로, "살아가면서 서로가 괴로움을 덜어주지 않는다면 우리 삶이 무슨 의미가 있겠는가?"⁵

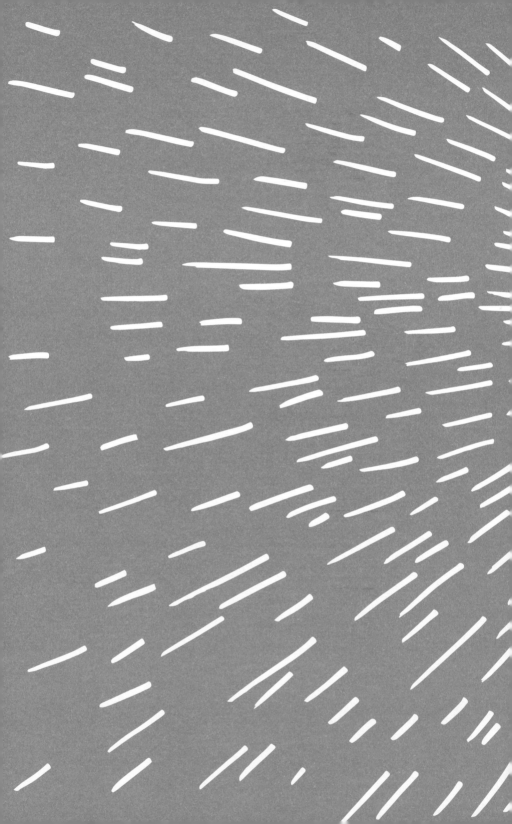

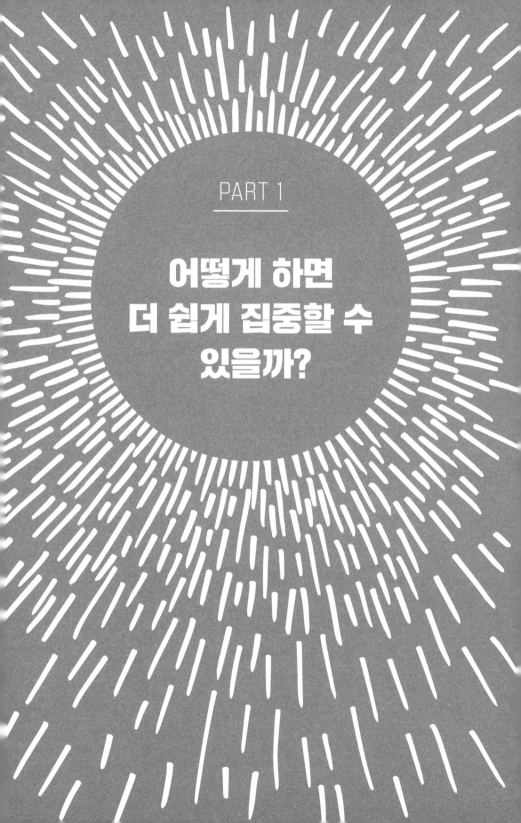

PART 1

어떻게 하면
더 쉽게 집중할 수
있을까?

미국 농구 역사상 최고의 자유투 선수는 마이클 조던이나 스테판 커리가 아닌 엘레나 델레 도네Elena Delle Donne다. 선수 경력 내내 도네의 자유투 성공률은 93.4%에 이른다. 이는 미국 여자 프로농구WNBA 역대 최고치일 뿐만 아니라 미국 프로농구NBA 역사를 통틀어 가장 높은 기록이다. 포스트시즌 기록까지 더한다면 이 수치는 96.4%까지 올라간다. 간단히 말해 도네는 미국 역사상 최고의 자유투 선수다.[1]

도네의 비결은 8학년 때부터 익혀온 간단한 절차를 믿고 따르는 것이다. 정해진 선에 서서, 오른발로 올바른 지점을 찾고, 두 발을 나란히 한 뒤, 드리블 세 번을 거쳐 팔로 L자를 만들고 뛰어올라 슛을 던지는 것이다. 도네는 "과정을 단순하게 만들면 실수할 일이 줄어듭니다"라고 말했다.

이 절차에서 가장 중요한 부분은 다음과 같다. "지나친 생각을 피하라. 파울 라인에 섰을 때 가장 큰 관건은 너무 많은 것을 머릿속에 담지 않는 것이다."

다시 말해 도네는 이른바 수월한 상태에 들어갈 수 있었기에 이러한 성공을 거둘 수 있었다.

우리 모두는 막강한 능력을 갖춘 슈퍼컴퓨터와 같다. 우리는 빨리 배우고, 직관적으로 문제를 해결하며, 손쉽게 다음 행동을 계산하도록 만들어졌다. 최적의 조건 아래서 우리 뇌는 엄청난 속도로 움직인다.[2] 하지만 슈퍼컴퓨터가 그렇듯 뇌 또한 늘 100% 기량을 발휘하지는 않는다. 온갖 파일과 사용 중인 데이터로 인해 하드 드라이브에 장애가 일어나 컴퓨터가 느려지는 경우를 생각해보자. 그렇다고 기계의 놀라운 연산력이 사라지지는 않지만 필수 기능을 수행하는 능력은 떨어진다.

마찬가지로 각종 장애물—시대에 뒤처진 전제, 부정적인 감정, 해로운 생각 패턴—이 뇌를 가득 채우면 가장 중요한 일에 써야 할 정신 에너지가 줄어든다.

인지심리학의 지각적 부하 이론perceptual load theory이 이 현상을 잘 설명해준다.[3] 우리 뇌는 거대하지만 제한적인 처리 용량을 지니고 있다. 하루에 처리하는 생각만 해도 6천 개가 넘는다.[4]

따라서 새로운 정보를 접할 때면 남아 있는 인지적 자원을 어떻게 배분할지 선택해야 한다. 이때 뇌는 '정서적 가치'가 높은 감정—이를테면 두려움, 원망, 노여움—을 우선시하도록 프로그램화되어 있는 까닭에, 주로 이러한 강력한 감정들이 우위를 차지하고 정작 중요한 일을 진척시키는 데 써야 할 정신적 자원은 더욱 줄어들고 만다.[5]

컴퓨터 속도가 느려질 때는 버튼 몇 개로 사용 중인 데이터를 정리해 주기만 하면 즉시 기계가 빠르고 원활하게 작동한다. 마찬가지로 머릿속의 하드 드라이브를 굼뜨게 만드는 온갖 복잡한 요

의 라벨:
불평 · 부담 · 낡은 전제 · 화 · 원한 · 두려움 · 소진 · 주의 산만

인도 간단한 요령으로 없앨 수 있다. 버튼 몇 개로 원래의 수월한
상태를 회복할 수 있다.

　수월한 상태로 돌아간다는 것이 무엇인지는 경험해 보았을 것
이다. 긴 하루를 마감하는 때를 상상해보자. 도무지 사라지지 않
는 두통 때문에 머리가 지끈지끈하다. 휴대전화는 또 어디에 뒀는
지 기억이 나질 않는다. 열쇠를 잃어버렸을 수도 있다. 심지어 아
주 사소하고 합리적인 요청—음성 메일을 보낸 고객이 모호한

수월한 상태

말로 정보를 요청한다거나, 아이가 피아노학원으로 데리러 와달라고 한 일─에도 머리끝까지 울화가 치민다. 상사가 건넨 유용한 피드백에 심사가 뒤틀려 자신이 구제 불능이라고 확신한다. 배우자에게 짜증이 났는데 이 답답한 감정을 어떻게 표현해야 할지 알 수가 없다. '왜 이렇게 만사가 힘들게 느껴질까?' 하는 생각이 든다.

그런데 따뜻한 저녁 식사로 든든하게 속을 채우고, 뜨끈한 물에 샤워한 뒤 푹 자고 일어났더니 모든 것이 전날과는 너무도 달라 보인다. 맑은 정신으로 일어나 또 다른 하루를 맞이했다는 사실에 감사한 마음이 든다.

휴대전화와 열쇠도 찾았고(처음 놔뒀던 자리에 그대로 있었다!), 고객의 음성 메일에 어떻게 답해야 할지도 금방 떠올랐다(전혀 모호한 내용이 아니었다!). 피아노학원에서 아이를 태우고 돌아오면서 둘이 차 안에 가만히 앉아 있는 것만큼 좋은 일도 없을 것 같았다. 배우자에게는 "그 일은 내가 미안했어. 용서해줘"라고 말하면 될 일이었다. 상사에게는 그런 피드백을 준 것에 대해 진심으로 감사한 마음이 들었다. 내가 지니고 있던 고유한 능력들이 모두 회복된 것이다.

수월한 상태가 회복되면 한결 가벼운 기분이 드는데 이는 두 가지로 설명할 수 있다.

우선, 마음속의 무거운 짐이 날아간 듯 홀가분한 느낌이 든다. 전처럼 짓눌리지 않는다. 갑자기 에너지가 샘솟는다. 하지만 한결 가볍다는 것은 정신적인 시야가 환해진다는 뜻에 더 가깝다. 마음속의 짐과 머릿속 잡동사니를 치우고 나면 더 또렷하게 볼 수 있다. 올바른 행동을 분별하고 올바른 경로를 찾을 수 있다.

수월한 상태란 신체적으로 편안하고, 정서적으로 홀가분하며, 정신적으로 에너지가 가득한 상태를 뜻한다. 온전히 현재에 머물

러 이 순간 가장 중요한 일에 주의를 기울여 집중하는 상태다. 이
상태에 이르면 가장 중요한 일을 손쉽게 할 수 있다.

CHAPTER 1

뒤집어 생각하기

: 더 쉬운 방법이 있다면?

"새벽 4시인데 아직도 포토샵 작업 중이에요. 말이 되나요?"[1]

킴 젠킨스는 정말 중요한 일을 하고 싶었다. 하지만 버거운 기분이 드는 건 어쩔 수 없었다. 우선 킴이 교직원으로 근무하는 대학교가 어마어마한 확장을 추진하는 중이었다. 최근 몇 년 사이에 학생이 2배로 늘어났는데도 대응 인력과 자원은 사실상 전과 거의 같은 수준이었다.

조직이 커지자 사방에서 복잡한 일들도 늘어났다. 이해하기 어려운 내규도 생기고 이를 지키기 위해 따분한 시스템도 들어섰다. 절차가 번거로워진 탓에 모든 프로젝트와 프로그램에는 더 많은 시간과 노력이 들었다. 좋은 의도를 가진 사람들은 더할 줄만 알

앉지 뺄 줄은 몰랐다. 한때 간단했던 일을 터무니없이 불필요하고 복잡한 일로 만들어버린 것이다.

그 결과 이제는 일을 완수하려면 초인적인 노력이 필요했다. 게다가 킴은 자신에게 매우 가혹한 사람이었다. 킴은 "내 시간을 전부 희생해가며 어마어마한 수고를 들이지 않으면 너무 이기적으로 구는 것이라고 생각했어요"라고 말했다.

그러던 어느 날, 문득 생각이 들었다. 수긍할 만한 수준보다 일이 훨씬 더 어렵게 느껴진 것이다. 이 깨달음과 함께 킴은 다음과 같이 말했다. "사태가 또렷이 보이더군요. 불필요한 일들이 층층이 복잡하게 얽혀 있던 거죠. 학교가 쉼 없이 확장하는 동안 저도 그 속에서 숨이 턱턱 막혔다는 것을 알게 됐어요."

킴은 달라지기로 마음먹었다. 아무리 생각해도 어려워 보이는 일에 부딪히면 '더 쉬운 방법은 없을까?' 하고 고민해 보았다.

머지않아 이 방법을 시험해볼 기회가 생겼다. 한 교수가 킴을 불러서는 영상촬영 팀을 동원해 한 학기 내내 수업을 촬영해 달라고 요청한 것이다. 예전 같았으면 바로 일에 뛰어들어 넉 달 동안 팀원들에게 일을 맡기고 배경음악, 오프닝과 마무리, 그래픽까지 넣어가며 한 걸음 더 나아갈 방법을 찾았을 것이다. 하지만 이번에는 더 쉬운 방법으로 원하는 결과를 얻어낼 수 없을지 고민해 보았다.

간단히 얘기를 들어보니 이 영상은 체육 특기생이라 모든 수업에 출석하기 어려운 한 학생을 위한 것이었다. 그 학생에게는 온갖 효과를 넣어 훌륭하게 제작된 영상이 아니라 그저 수업에 뒤처지지 않을 방법이 필요했다. 킴은 '그냥 다른 학생에게 스마트폰으로 강의를 녹화해 달라고 부탁하는 건 어떨까?' 하는 생각이 들었다. 의견을 들은 교수도 흔쾌히 찬성했다. 킴은 단 몇 분의 계획으로 영상촬영 팀 전체가 몇 달간 수고할 일을 덜었다.

'힘든 일'에 붙은 잘못된 이름

우리는 희생 그 자체가 꼭 필요하다는 신념 아래 너무도 자주 시간과 에너지, 나아가 자신의 온전한 정신까지 희생한다. 문제는 복잡한 현대 사회가 '필수적이고 어려운' 일과 '쉽고 사소한' 일이라는 잘못된 이분법을 만들어 냈다는 것이다. 몇몇 사람들은 '사소한 일은 쉽다. 중요한 일은 어렵다'는 말을 거의 자연법처럼 받아들인다.

우리가 하는 말을 들여다보면 더 깊이 뿌리박힌 전제가 드러난다. 다음 표현이 나타내는 의미를 생각해보자.

사람들은 뭔가 중요한 일을 이뤄냈을 때 '피와 땀과 눈물을 흘리며' 노력했다고 말한다.[2] 중요한 성취에 대해서는 '얻었다earned'라고만 해도 될 것을 굳이 '힘들게 얻었다hard-earned'라고 말한다. '하루 일'로도 충분한데 '힘든 하루 일'을 권한다.

그런가 하면 쉬운 일을 불신하는 우리의 믿음과 어긋나는 말도 있다. '쉽게 번 돈easy money'이란 불법적이거나 의심스러운 방법으로 얻은 돈을 뜻한다. '말하긴 쉽지'라는 표현은 상대의 의견이 틀

렸음을 입증하며 비판할 때 쓰는 말이다.

나는 "쉽지는 않겠지만 그만큼 가치가 있을 거야"라든가 "그렇게 하려면 정말 힘들겠지만 시도해 봐야지"라는 말을 어떻게 아무렇지도 않게 쓰는지 의문이다. 우리 모두 더 어려운 방법이 분명 '옳은' 길이라고 무심코 수용하는 듯하다.

내 경험상 여기에 의문을 제기하는 경우는 드물다. 이 신성한 관습에 도전하려 하면 불편해질 수도 있다. 중요하고 가치 있는 일을 쉽게 할 수 있다는 생각은 떠올리기조차 어려워한다.

만약, 중요한 일에는 어마어마한 노력이 든다는 잘못된 전제 때문에 일을 그르칠 가능성이 가장 크다면 어떨까? 태도를 바꿔서, 일이 어렵게 느껴지는 이유는 아직 더 쉬운 방법을 찾아내지 못했기 때문이라고 생각해보면 어떨까?

최소 노력의 경로

인간의 뇌는 어렵게 느껴지는 대상은 저항하고, 쉽게 느껴지는 대상은 반기게 되어 있다. 이 편향을 가리켜 인지적 용이함 원칙cognitive ease principle 또는 최소 노력의 원칙principle of least effort 이라고 부른다.[3] 우리는 이 원칙에 따라 원하는 것을 성취하는 데 가장 저항이 적은 경로를 택하는 경향이 있다.

이 원칙이 작동하는 예는 주변에서도 쉽게 볼 수 있다. 값이 좀 비싸더라도 골목 편의점에서 물건을 사는 것은, 값이 저렴한 상점까지 차를 끌고 나가는 것보다 그 방법이 더 수월하기 때문이다. 사용한 그릇을 식기세척기에 넣지 않고 싱크대에 놓는 것도 그 방법이 한 단계 수월해서다. 저녁 식탁에서 십 대 자녀가 휴대전화로 문자를 주고받도록 놔두는 것 역시 식탁에서는 휴대전화 금지라고 언성을 높이면서 말싸움을 하는 것보다 그편이 더 수월하기 때문이다. 어떤 주제에 관해 온라인에서 가장 신뢰도가 낮은 첫 번째 정보를 받아들이는 것도 그것이 원하는 질문에 답을 얻는 가장 쉬운 길이기 때문이다. 이 밖에도 많은 예가 있다.

진화적 관점에서 볼 때, 쉬운 쪽으로 기우는 경향은 유용하다. 인류사 대부분에서 이 경향은 우리의 생존과 진보에 중요한 역할을 했다. 인간이 최고 저항의 경로를 선호했다고 상상해보자. 우리 선조들이 "식량을 얻고, 가족의 피난처를 마련하고, 부족 내 관계를 유지할 가장 어려운 방법은 무엇일까?"라는 의문을 가졌다면 어땠을까? 아마 살아남지 못했을 것이다. 하나의 종種으로서 우리 인간이 살아남은 것은 최소 노력의 경로를 택하려는 타고난 선호도 덕분이다.

가장 쉬운 경로로 기우는 선천적 본능에 맞서 싸우는 대신, 이를 받아들이고 나아가 우리에게 유리한 쪽으로 이용하는 것은 어떨까? "정말 어렵지만 꼭 필요한 이 프로젝트를 완수하려면 어떻게 해야 하지?"라고 묻는 대신, 질문을 뒤집어 "이 중요한 프로젝트를 완수할 더 쉬운 방법이 있다면?"이라고 묻는 것이 어떨까?

덜 힘들게 일하는 것을 불편해하는 사람들도 있다. 이유는 여러 가지다. 자신이 게으르다고 느낀다. 뒤처질까 두려워한다. '조금 더 애쓰지' 않았다며 매번 죄책감을 느낀다. 의식하든 안 하든 이러한 사고방식은 어려운 일에는 항상 나름의 가치가 있다고 여기는 청교도 사상에 뿌리를 두고 있을지도 모른다. 청교도주의는 어려운 일을 받아들이는 데서 나아가 쉬운 일을 불신하는 데까지 뻗어나갔다.

지나치게 노력하는 이유

나는 경력상 중요한 시점에 유명 기술회사 임원의 요청을 받은 적이 있다. 의뢰인이 요청한 것은 리더십에 관한 세 차례의 프레젠테이션이었다. 일을 성공적으로 마치면 앞으로 몇 년간 일을 더 맡기겠다고 했다. 내겐 더없이 좋은 기회였다. 그쪽에서 무엇을 원하는지도 정확히 알고 있었고, 이미 만들어둔 콘텐츠도 전부 승인을 받은 상태였다.

첫 번째 프레젠테이션을 하루 앞둔 오후, 나는 마지막으로 몇몇 수정 사항을 발표에 적용하기로 했다. 원래 내용도 좋았지만 충분하지 않을까 봐 걱정한 것이다. 결국 내용을 전부 뒤엎고 처음부터 다시 짜기로 했다.

새로운 아이디어에 빠져든 나는 사람들이 내 발표에 환호할 것이라고 확신했다. 그렇게 밤새도록 슬라이드와 유인물을 새로 만들며 발표 내용을 완전히 다시 썼다. 물론 이 모든 내용은 전혀 검증을 거치지 않았다.

다음 날 프레젠테이션을 시작하는데 가슴이 철렁 내려앉았다. 서두에 꺼낸 이야기는 조잡했고, 슬라이드도 낯설게 느껴졌다. 계속 고개를 돌려 화면에 무슨 내용이 나오는지 확인해야 했다. 처음에 제시한 슬라이드 중에는 강조점을 제대로 전달하지 못한 것도 있었다. 간단히 말해 나는 완전히 실패했다. 자리를 나서는데 숨이 가빠졌다. 이렇게 엄청난 기회를 잡고서는 보기 좋게 날려버린 것이다. 의뢰인은 나머지 두 차례의 발표를 취소했다. 연장 계약을 맺겠다던 말도 쏙 들어갔다. 내 직업 경력에서 가장 굴욕적인 실패의 순간이었다. 이 일에 너무 신경을 쓴 탓에 번아웃이 될 지경이었지만 그렇다고 원하는 결과를 얻지도 못했다.

어떻게 상황이 이렇게 틀어졌는지 돌아보니 답은 분명했다. 발표를 완벽하게 해내야겠다는 마음에 생각이 많아진 것이다. 과한 에너지를 기울였고 지나치게 노력했다. 그 결과 승리의 문턱에서 패배를 낚아채고 말았다. 이를 통해 노력이 과하면 원하는 결과를 얻기가 더 어려워진다는 것을 알게 되었다.

또한, 내 삶의 거의 모든 실패 뒤에는 같은 오류가 있었다는 점도 깨달았다. 그동안의 실패 경험 중 노력이 미흡한 경우는 드물었고, 오히려 지나치게 노력한 탓에 일을 그르칠 때가 더 많았다.

우리는 살아가면서 기대 이상의 성공을 거두려면 기대 이상의 노력을 해야만 한다고 믿곤 한다. 그 결과 스스로 나서서 필요한 것보다 일을 더 어렵게 만든다.

손쉽게 뒤집어 생각하기

19세기 독일의 수학자 카를 야코비Carl Jacobi는 유난히 까다롭고 난해한 문제를 능숙하게 풀어낸다는 평판을 들었다. 그는 어려운 문제를 쉽게 푸는 비결로 "만 무스 이마 움케흐른Man muss immer um-kehren"을 들었다. 이를 해석하면 "뒤집어야 한다. 항상 뒤집어 생각해야 한다"라는 뜻이다.[4]

여기서 '뒤집는다'는 것은 자신의 생각이나 접근 방식을 뒤엎고 다시 뒤로 돌아가, "반대쪽 생각이 맞는다면?" 하고 묻는 것을 뜻한다. 문제를 뒤집어 생각해보면 한쪽에서만 바라본 탓에 지나쳐온 명백한 통찰을 발견하게 된다. 이로써 자기 생각의 오점을 더 분명히 확인하기도 하고, 열린 자세로 새로운 방식을 받아들이기도 한다.

가치 있는 일에는 어마어마한 노력이 든다는 전제도 문제를 바라보는 하나의 방식이다. 기대 이상의 성과를 거두는 많은 사람은 이를 유일한 방법으로 여긴다. 그들은 몹시 지치거나 부담에 짓눌릴 때조차 문제를 해결하는 법을 배운 사람들이다. 이러한 신념 아래 어떻게든 버티면서 주어진 일을 능숙히 완수한다.

'손쉽게 뒤집어 생각하기'란 정반대의 관점으로 문제를 바라보는 것을 뜻한다. '더 쉬운 방법이 있다면?' 하고 묻는 것이다. 즉 집중되고 명료하며 차분한 상태에서 문제를 해결하는 방식을 배우는 것을 말한다. 나아가 더 적은 노력으로 주어진 일을 능숙하게 완수한다는 것을 의미하기도 한다.

정말 중요한 일을 모두 성취하는 방법은 두 가지다. 첫째, 슈퍼맨 같은 힘을 길러 몹시 힘들지만 가치 있는 일을 빠짐없이 성취하는 것이다. 둘째, 몹시 힘들지만 가치 있는 일을 더 쉽게 만드는 요령을 기르는 것이다. 이렇게 문제를 뒤집어 생각하는 데 능숙해지면 매우 어려워 보이는 일상의 과제들도 한결 수월해진다.

한 예로, 일전에 사무실을 정리하고 있었다. 사무실을 쓱 훑어보니 최근 교체하고 남은 오래된 복사기가 눈에 들어왔다. 이 복사기는 몇 주간 사무실 자리만 차지하던 애물단지였다. 복사기를 볼 때마다 신경이 거슬렸다. 하지만 그때마다 복사기 처리에 필요한 일들이 머릿속에 떠올랐다. 컬러 잉크 교체 비용도 따져봐야 하고, 무상으로 제공할 만한 곳도 찾아보면서 복사기 처리 방법을 결정해야 했다. 그 생각을 하노라면 '너무 귀찮은 일이 많아!'라는 생각이 들어 결국 생각을 멈추고 복사기를 그대로 내버려뒀다.

하지만 이번에는 '더 쉬운 방법이 있다면?' 하고 고민해 보았다. 이 작업에 필요하다고 전제했던 모든 단계가 실은 전혀 필요치 않다면? 이런 생각으로 책상에 앉아 이것저것 찾아보던 중 우연히 사무실 창문 너머로 건축 노동자 한 사람을 보게 되었다. 곧장 그를 찾아가 복사기가 하나 있는데 그냥 가지겠냐고 물었다. 그는 제안을 받아들이고 복사기를 가져갔다. 질문을 던지고 2분 안에 문제가 해결된 것이다.

버거운 기분이 든다고 해서 상황 자체가 버거운 것은 아닐지도 모른다. 어쩌면 머릿속으로 상황을 지나치게 복잡하게 만들고 있을 수도 있다. '더 쉬운 방법이 있다면?'이라는 물음은 생각을 초기화하는 하나의 방법이다. 어찌 보면 말도 안 되게 쉬운 방법일지도 모른다. 하지만 이토록 쉬운 까닭에 효과를 톡톡히 볼 수 있다.

불가능한 일의 위력을 떨어뜨리는 방법

노예제 폐지론자였던 윌리엄 윌버포스William Wilberforce는 놀라운 확신을 가지고 엄청나게 어려우면서도 가치 있는 일에 접근했다. 19세기 초 영국 의회의 일원이었던 그는 노예제에 반대하는 도덕적 명분을 위해 싸우면서 함께 싸워줄 동지들을 불러 모았다. 윌버포스는 강력한 법안으로 노예무역을 처단함으로써 이 야만적이고 비인간적인 관행을 종식시키길 원했다.[5]

하지만 온갖 노력과 열의를 기울였어도 그는 전혀 법안에 영향을 주지 못했다. 반대 세력이 너무 막강했다. 우선, 현 상태를 지키려는 강력한 정당들이 떡 버티고 있었다. 다른 일들에 신경 쓰느라 수수방관하는 사람들도 있었다. 그런가 하면 관심은 있으나 희생을 감수할 정도로 마음을 쓰지 않는 사람들도 있었다. 이렇듯 거대한 장애물, 첨예한 이해관계, 주의를 흩뜨리는 갖가지 요소가 앞을 가로막고 있었다.

그러던 중 윌버포스의 동료 폐지론자인 제임스 스테판James Stephen이 아이디어를 냈다. 그는 계속 시스템을 정면으로 공격할 것이 아니라 더 간접적인 방식을 쓰자고 제안했다.

1805년 스테판은《가면을 쓴 전쟁; 혹은, 중립국 선박이라는 이름의 사기War in Disguise; or, The Frauds of the Neutral Flags》라는 제목의 소책자를 만들었다.[6] 여기서 그는 교전국들이 중립국 선박을 나타내는 깃발을 사용해서는 안 된다고 주장했다. 프랑스와 영국이 교전 중일 때, 프랑스 화물선들은 해상법의 이점을 이용해 적들에게 붙잡히지 않으려고 중립국인 미국의 깃발을 달고 항해했다. 서인도제도로 항해하던 대다수 노예선 역시 미국 깃발을 펄럭이고 있었다. 당시 법에 따르면 미국 깃발을 단 선박은 영국 해군이 저지할 수 없었기 때문이다.

스테판은 영국이 법을 바꿔 이러한 보호를 없앤다면 노예무역상들이 감히 선박을 움직일 수 없게 될 것이라고 보았다. 중립국 선박에 대한 보호가 없어지면 영국 노예무역 상당수가 근절될 터였다.

노예무역을 언급하면 설득력을 잃을까 봐 스테판은 철저하게 전쟁 문제만 논했다. 외부적으로 전혀 논쟁거리가 없었던 그의 논문은 순식간에 발표되었고 대체로 반대 없이 지나갔다.

겉으로 보면 해로운 내용도 전혀 없거니와 일부러 따분한 문체를 담은 이 논문이 사실은 트로이의 목마였다. 1807년 1월 초, 영국 추밀원(국왕을 위한 정치 자문단-옮긴이)은 스테판의 접근법에서 영감을 얻어 나폴레옹에 반대하는 여러 전쟁 대책의 첫 번째 내용을 발표했다.[7] 이 자료는 바라던 효과를 나타냈다. 여전히 (심지어 지금도) 노예제 폐지와 인종적 정의의 이름으로 싸워야 할 전투가 남아 있지만, 단 두 달 만에 노예무역 폐지법이 통과되면서 대영제국 전역에서 노예가 된 사람을 사고파는 부조리한 관행이 공

식적으로 불법화되었다.[8]

물론 목표에 따라 성취하기가 거의 불가능할 정도로 어려운 과정을 요구하는 일도 있다. 하지만 때로는 이런 문제들도 간접적인 접근법을 통해 덜 힘든 과업으로 만들 수 있다.

쉬운 해법을 얻는 편도 티켓

사우스웨스트항공이 이를 실천한 것은 전례 없는 위기에 직면했을 때였다. 회사 창립 이래로 사우스웨스트항공은 저비용을 유지하는 동시에 착륙한 비행기들을 빨리빨리 순환시키는 사업 모델에 의존해왔다. 하지만 티켓을 출력하는 전통적인 발권 시스템으로는 이 목표들을 동시에 성취할 수 없었다. 승객들은 비행기 탑승 수속 때 출력된 티켓을 건네받는 데 익숙했다. 하지만 예약 시스템 기술이 갖춰지면서 승객에게 종이 티켓을 제공하는 데 높은 비용이 들었고, 게이트에서 티켓을 출력하는 시간도 오래 걸렸다. 이에 항공사 임원들은 200만 달러 규모의 현대적인 발권 시스템을 구축할지를 놓고 고민했다.

새 시스템을 갖춘다는 것은 매우 까다로운 문제였다. 경영진은 새 시스템 없이는 사업이 망할 것이라고 우려했다. 하지만 200만 달러는 저비용 항공사의 재정에 중대한 타격이었다. 더군다나 이 일은 업계 관행을 따른다는 것 말고는 이렇다 할 실질적인 목표도 없었다.

사우스웨스트의 공동 창립자인 허브 켈러허Herb Kelleher는 뭔가 더 나은 방법이 필요하다고 주장했다. 그는 이렇게 말했다. "경영 진이 회의장에 모여 방법을 궁리했습니다. 그때 누군가 입을 열더 니 '미국 사람들이 생각하는 티켓에 그렇게 신경 써야 할까요? 우 리가 티켓이라고 여기는 것이 더 중요하지 않을까요?'라고 물었 습니다. 우리 모두는 그 말을 곰곰이 생각한 뒤 '맞습니다. 우리가 티켓이라고 생각하는 것만 신경 쓰면 되죠'라고 말했습니다. 그러 자 매니저가 말했습니다. '그러면 그냥 "이것은 티켓입니다"라고 적힌 종잇조각을 출력하는 것은 어떨까요?'"[9]

그들은 이 제안을 실행에 옮겼다. 값비싼 발권 시스템을 구축 하는 데 시간과 자원을 낭비하는 대신, 사우스웨스트는 불필요한 기능을 덜어낸 간소한 자동 출력기를 이용해 일반 종이에 출력할 수 있는 '티켓'을 발행하기로 했다. 복잡한 기능을 갖춘 값비싼 발 권 시스템이 꼭 필요한지 질문함으로써 훨씬 간단하고 저렴하며 실행하기 쉬운 해법을 도출한 것이다.

문제를 어렵게 만드는 갖가지 생각을 내려놓는다면 더 쉬운 해 법을 자주 만나며 그때마다 깜짝 놀라게 될 것이다.

전혀 힘이 들지 않는 방법은 없을까?

마케팅 분야의 저자 세스 고딘Seth Godin은 한때 이런 내용을 공 유한 적이 있었다. "사업을, 특히 이제 막 시작한 사업을 진척시키기가 너무 어렵다고 생각될 때 답은 하나다. '전혀 힘이 들지 않는 다른 사업을 하나 시작하는 건 어떨까?'"[10]

링크드인LinkedIn의 공동 창립자인 리드 호프만Reid Hoffman은 이렇 게 말하기도 했다. "가장 간단하고 쉬우면서도 가장 가치 있는 문 제를 해결하는 것도 사업 전략에 속한다는 것을 배웠습니다. 실제 로 전략 수립의 일부는 가장 쉬운 문제를 해결하는 데 있습니다."

사람들은 비범한 성공을 거두려면 어렵고 복잡한 일을 해야 한 다고 믿곤 한다. 하지만 생각을 바꾸면 매우 가치 있으면서 동시 에 간단하고 쉬운 기회를 만날 수도 있다.

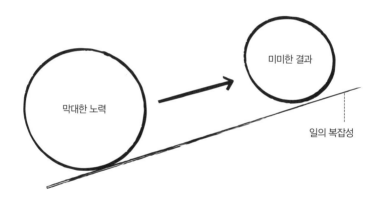

아리아나 허핑턴Arianna Huffington은 모든 가치 있는 일에는 슈퍼맨 같은 노력이 든다고 믿어왔다. 하지만 이 신념이 진정한 성공을 불러오지 못하자 결국 과로를 멈추게 되었다.[11] 그리고 허핑턴은 "과로와 번아웃을 성공의 대가로 여기는 것은 집단적인 착각이기 도 합니다"라고 말했다.

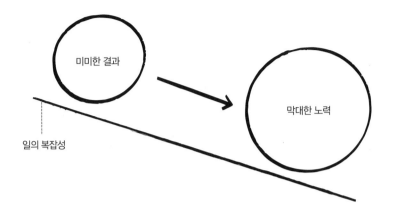

미미한 결과

막대한 노력

일의 복잡성

물론 성공에 이르는 험난한 길도 있다. 온갖 역경을 딛고 성공한 사람들의 사례도 많다. 그들은 어마어마한 노력을 기울여 가파른 언덕 위로 육중한 바위를 밀어 올린 사람들이다. 그야말로 영웅이나 다름없다. 그리고 영웅 스토리만큼 훌륭한 이야깃거리도 없다.

**복잡성을 제거하면
매우 적은 노력으로도
중요한 일을 진척시킬 수 있다.**

하지만 그런 이야기들은 언덕을 오르는 것이 성공을 얻는 유일한 경로라는 잘못된 인상을 심어준다. 영웅과 같은 노력을 통해 성공을 일군 사람들도 있지만, 덜 영웅적인 탓에 덜 알려진 전략을 활용해 성공을 이뤄낸 사람들도 있다.

역사상 가장 성공적인 투자자로 손꼽히는 워런 버핏Warren Buf-fett을 예로 들어보자. 그는 버크셔 해서웨이(Berkshire Hathaway, 워런 버핏이 창립한 미국의 다국적 지주회사)에서 투자 전략이란 '게으름뱅이에 가까운 무기력'이라고 표현했다.[12] 그들은 수익성을 창출하는 데 막대한 노력을 기울여야 할 회사에 투자하려 하지 않는다. 그들이 찾는 투자처는 쉽게 받아들일 만한 곳이다. 간단히 운영할 수 있고 장기적 경쟁 우위가 있는 손쉬운 사업을 찾는 것이다. 버핏의 말을 빌리면 다음과 같다. "2미터가 넘는 높다란 막대는 관심 없습니다. 충분히 넘을 만한 30cm짜리 막대를 찾는 거죠."

어떤 전략이 너무 복잡해서 각 단계가 언덕 위로 바위를 밀어 올리듯 힘겹게 느껴진다면 거기서 멈춰야 한다. 그리고 문제를 뒤집어 "이 결과를 이루기 위한 가장 간단한 방법은 무엇일까?"라고 고민해보자.

앞서 제시한 그림 중 두 번째 그림처럼, 복잡성을 제거하면 매우 적은 노력으로도 중요한 일을 진척시킬 수 있다. 중력과 함께 추진력도 향상되기 때문이다. 그러면 더욱 손쉽게 일을 실행할 수 있다.

쉬운 경로일수록 열등하다는 잘못된 생각을 내려놓으면 눈앞의 장애물이 사라진다. 이로써 자신만의 수월한 상태를 서서히 발견하게 된다.

CHAPTER 2

즐기기

: 더 즐거운 방법이 있다면?

1981년 영국의 활동가 제인 튜슨Jane Tewson은 수단의 한 난민캠프에서 사망 선고를 받았다. 뇌 말라리아와 바이러스성 폐렴 둘 다 걸렸는데 당시 치료에 쓸 약이 남아 있지 않았다. 그때 튜슨은 자기 몸을 내려다보고는 다시 몸 안에 들어갔다고 회상했다. 이 유체이탈 경험은 여러 면에서 그녀에게 새로운 탄생을 의미했다.[1]

튜슨은 수단에서 직접 겪은 고통을 어떻게든 줄이는 데 기여하겠다는 뜻을 품고 영국으로 돌아왔다. 그녀는 실질적인 영향력을 발휘하려면 수많은 사람의 참여가 필요하다는 것을 알고 있었다. 하지만 자선단체가 사람들의 인식을 바꾸고 지지 기반을 구축해 궁극적으로 기금을 마련하려 할 때 부딪히는 어려움도 익히 알고 있었다. 사람들은 올바른 일에 이바지하길 원하지만, 미국의 싱어송라이터 길리안 웰치Gillian Welch 가 말했듯 "좋은 일은 하고 싶지만 지금은 아니다"라는 태도를 보였다.[2] 또한 튜슨은 기부를 부탁하기란 힘든 일이어서 요청하는 사람도 요청을 받는 사람도 껄끄럽다는 것도 잘 알았다.

그러던 중 갑자기 수백만 명의 삶에 영향을 끼칠 아이디어 하나가 떠올랐다. 기부를 '능동적이고, 정서적이며, 참여를 유도하고 재미있는' 것으로 만든다면 기부에 관해 쉽게 말할 수 있으리란 생각이 든 것이다.

이를 위해 사람들이 좋아하는 일―이 경우 TV 코미디 프로그램을 시청하는 것―과 곤경에 처해 도움이 필요한 사람들을 위해 기부하는 일을 엮어보기로 했다. 이렇게 해서 탄생한 자선단체가 코믹 릴리프Comic Relief 다.

코믹 릴리프는 1988년 2월 처음 시작된 '빨간 코의 날Red Nose Days'로 가장 잘 알려져 있다.[3] 코믹 릴리프의 활동을 위해 튜슨은 코미디언 다수를 비롯한 여러 유명인과 파트너십을 구축해 놓았다. 영국에서 인지도가 높았던 코미디언 레니 헨리Lenny Henry 는 흔쾌히 코믹 릴리프가 주관하는 행사의 얼굴이 되어주겠다고 했다. 크리스마스 날, 헨리는 수단의 사파와Safawa 난민캠프에서 첫 '빨간 코의 날' 개막을 발표했다.

이날 150여 명의 유명인과 코미디언이 뜻을 모았다. TV로 방영된 이 행사는 3천만 명이 관심 있게 지켜보았는데 이는 영국 전체 인구의 절반이 넘는 수치였다. 사람들은 전국 방방곡곡에서 빨간 광대 코를 구입했고, 그 수익금은 고스란히 코믹 릴리프에 모였다. 1일 기부금만 해도 무려 1,500만 파운드에 달했다. 이후 빨간 코의 날 행사는 연 2회 개최되었고, 지난 30년간 모금한 약 10억 파운드의 기부금은 아프리카와 영국 내 침체 지역에 거주하는 불우 이웃을 돕는 데 쓰였다.[4]

자선단체에 기부하는 것은 중요한 일이다. 한편 코미디 행사에 참여하는 것은 즐거운 일이다. 튜슨은 자선활동과 코미디를 결합해 기부를 더 손쉬운 일로 만들었다. 그 결과 더 많은 사람의 참여를 유도했고, 사람들은 해마다 빨간 코의 날 행사를 손꼽아 기다리게 되었다.

우리 모두에게는 중요해서가 아니라 적극적으로 참여하고픈 마음에 꾸준히 행하는 일들이 있다. 팟캐스트 골라 듣기, 좋아하는 TV 프로그램 시청하기, 노래방에서 노래 부르기, 좋아하는 노래에 맞춰 춤추기, 친구들과 게임하기가 그런 일들이다.

한편, 될 수 있으면 피하고픈 마음에 중요한 활동인데도 꾸준히 하지 않는 일들도 있다. 운동하기, 재정 관리하기, 저녁 식사 후 설거지하기, 이메일이나 음성 메일에 바로 답변하기, 회의 참석하기, 십 대 자녀를 깨워 학교 보내기 등이 여기에 속한다. 꼭 해야 할 일이라고 다 재미있는 것은 아니다. 하지만 재미있는 일로 만들 수 있다.

필수적인 일을 즐길 수 있다면
무작정 참고 견딜 이유가 없다.

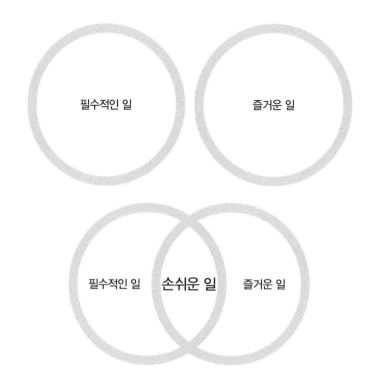

우리는 너무도 자주 중요한 일과 소소한 놀이를 구분 짓곤 한
다. 사람들은 "열심히 일하고 나면 신나게 놀 수 있다"고 말한다.
많은 사람이 필수적인 것과 즐거운 것은 따로 있다고 여긴다. 하
지만 이런 잘못된 이분법은 두 가지 면에서 손해를 끼친다. 필수
활동은 지루하기 마련이라고 믿고는 이를 미루거나 완전히 회피
할 확률이 높다. 하지만 꼭 해야 할 일이 계속 마음에 걸리는 탓에
즐거운 활동을 해도 전혀 즐겁지가 않다. 지금 누려야 할 재미는
'으슥한 놀이터'가 되고 만다.[5] 이렇듯 중요한 일과 놀이를 구분하

면 삶이 더 힘들어진다.

가치 있는 일에는 고된 노력이 따르기 마련이라는 청교도적 개념을 내려놓는다면 필수적인 일도 충분히 즐겁게 만들 수 있다. 필수적인 일을 즐길 수 있다면 무작정 참고 견딜 이유가 없다. 필수 활동과 즐거운 활동을 함께 묶는다면 가장 지루하고 버거운 과제도 손쉽게 완수할 수 있다.

지연된 지표 줄이기

많은 필수 활동이 당장은 딱히 즐겁지 않아도 나중에 즐거운 순간을 만들어 낸다는 것은 잘 알려진 사실이다. 적절한 운동과 건강한 식습관을 챙긴다면 더 건강해지고 날씬해진다. 매일 책을 읽는다면 전문적 지식을 기를 수 있다. 정기적인 명상은 삶에 더 큰 평온함을 가져다준다. 하지만 이 모두는 지연된 지표다. 즉 행동이 나타난 후에, 때로는 몇 주, 몇 달, 몇 년이 지나야 보상을 얻는다.

하지만 필수 활동이라고 늘 나중에 되돌아보며 즐길 필요는 없다. 활동 그 자체에서 즐거움을 누릴 수도 있다. 필수 활동과 보상을 짝짓는다면 행동과 만족 사이의 지체 시간이 줄어든다.

한번은 일주일간 여행을 즐기고 돌아왔더니 답변해야 할 음성 메일이 쌓여 있었다. 하나하나 답변할 생각을 하니 처음에는 영 번거롭고 힘들게 느껴졌다. '왜 이리 메시지가 많이 와 있을까?'

하는 생각부터 들었다. 일 때문에 약간의 번아웃이 일어난 탓에 그런 생각이 든 것이다. 그 순간 내 질문이 잘못되었다는 것을 깨달았다. 나는 이내 질문을 바꿔 '이 사람들에게 회신하는 일을 즐겁게 만들려면 어떻게 해야 할까?'라고 고민해 보았다. 단 몇 초 만에 따뜻한 욕조에 앉아 회신하면 되겠다는 생각이 들었다. 그러자 일 전체가 달라보였다. 들뜬 기분이 든 것이다. 한 사람 한 사람에게 회신하면서 지금 욕조에 앉아 있다고 말했더니 다들 웃음을 터뜨렸다. 회신을 마치고 나자 살짝 실망스럽기까지 했다. 몇 통화 더 할 수 있다면 좋겠다는 아쉬움마저 들었다.

론 컬버슨Ron Culberson 은 다방면에 재능이 많은 사람이다.[6] 그는 성공한 연설가이자 저자며 유머 작가다. 사실 그가 탁월하지 않은 일은 거의 없다. 그러던 그는 파인우드 더비Pinewood Derby 에서 드디어 적수를 만났다.

파인우드 더비는 미국 전역에서 컵스카우트(보이스카우트의 유년 단원-옮긴이)가 주최하는 무동력, 무인 소형 자동차 경주 행사다. 컬버슨은 "파인우드 더비는 너무 어려서 칼이나 톱을 쓰지 못하는 어린 소년들에게 나무토막을 주면, 부모들이 경주용 차를 만들어 다른 부모들의 차와 경주를 하는 행사입니다. 파인우드 더비에서 이기는 차를 만드는 '비법'을 팔고 거액을 받는 사람들이 모여 있는 웹사이트들도 있습니다"라고 설명했다.

컵스카우트에 속한 아들이 날쌘 차를 만들어 더비에서 이기게 해달라고 부탁했을 때 컬버슨도 기꺼이 승낙했다. 그런데 문제가 있었다. 이 일은 컬버슨에게 없는 기술, 즉 손재주가 필요했다. 컬버슨은 훌륭한 아빠답게 제대로 움직이는 차를 만들려고 최선을 다했다. 힘든 일이었지만 끝까지 해냈다. 그리고 드디어 경주 날이 되었다. 컬버슨의 차는 꼴찌로 들어왔다.

하지만 그의 아들은 포기하지 않고 다음 해에도 빠른 차를 만들어 달라며 다시 한번 아빠에게 졸랐다. 컬버슨은 괴로운 속내를 숨기고 다시 한번 최선을 다했다. 그해에는 뒤에서 두 번째로 결승 지점에 도착했다. 컬버슨은 풀이 죽은 아들을 보며 이게 다 뭐 하는 건가 싶어 기분이 언짢았다.

세 번째 해에는 다른 접근법을 쓰기로 했다. 아버지와 아들은 속도를 버리고 스타일을 챙기기로 했다. 그해 부자의 목표는 속도상이 아니라 디자인상이었다. 그러자 모든 것이 달라졌다. 손재주가 없는 컬버슨은 빠른 차를 만들겠다고 애쓰는 과정 자체가 싫었다. 그는 이렇게 회상했다. "생각해보니 우리는 계속 디자인 실수를 저지르고 있더군요. 만드는 차마다 모퉁이가 울퉁불퉁하고 차축도 부러지고 접착제도 지저분하게 발라져 있어 엉망이었거든요. 하지만 스타일에 집중하자 새로운 활력이 샘솟았습니다. 저의 유머 기질을 발휘해서 손재주라고는 거의 필요치 않은 재미있고 독창적인 디자인을 만들어냈죠."

그해에 컬버슨 부자는 아이스크림 샌드위치처럼 생긴 차를 디자인해 아이스크림 샌드위치 상자에 담아갔다. 이 작품은 놀라운 독창성을 뽐내며 행사 내내 사람들의 입에 오르내렸다. 하지만 컬버슨 부자는 차를 만드는 과정이 전혀 힘들지 않았다. 비록 스타일상을 받지는 못했지만 그런 것쯤은 이제 상관없었다. 차를 만들면서 느낀 즐거움만으로도 충분한 보상이 되었으니 말이다. 컬버슨은 이렇게 말했다. "살다 보면 직업적으로나 개인적인 삶에서 지루하고 따분하며 심지어 압박을 주는 일들이 많죠. 그럴 땐 별수 없다는 생각에 그냥 참고 하거나 아예 일을 피하기 쉽습니다. 하지만 일의 절차를 여러 단계로 나눠보면 각각의 단계를 더 수월하게, 어쩌면 즐겁게 만드는 방법을 찾을 수도 있습니다."

꼭 해야 할 일을 가장 즐기는 활동과 엮는 데서 오는 힘이 있다. 어차피 즐거워하는 활동은 꼭 하게 될 것이다. 좋아하는 프로그램은 시청할 것이고, 이제 막 발견한 새 오디오 북을 들을 것이며, 어느 시점에는 따뜻한 욕조에 앉아 느긋한 시간을 보낼 것이다. 그런 활동을 러닝머신 운동, 설거지, 전화 회신과 엮어보면 어떨까? 어찌 보면 뻔한 얘기다. 하지만 생각해보자. 우리는 얼마나 오랫동안 중요하지만 어려운 일을 즐거운 일로 만드는 대신 굳은 결의로 무조건 해내려고 자신을 밀어붙여 왔을까?

나와 작업했던 한 지도자는 날마다 러닝머신에서 뛰는 것이 꼭 지켜야 할 습관이라고 생각했다. 하지만 그는 이를 띄엄띄엄 실천해왔다. 그러다가 날마다 놓치지 않는 즐거운 활동, 즉 자기가 좋아하는 일일 팟캐스트를 듣는 일과 러닝머신에서 뛰는 것을 하나로 묶어보았다. 이제 그는 러닝머신에서 걷거나 뛸 때만 그 팟캐스트를 듣는다. 운동 후에 따로 자신에게 주는 보상도 없다. 운동하는 동안 이미 보상을 얻기 때문이다. 필수 활동을 즐거운 일로 만든 이후로는 어려움 없이 꾸준히 이 습관을 실천하고 있다.

쉽게 일하고, 쉽게 놀기

우리 집은 저녁마다 온 가족이 한자리에 모인다. 이는 우리 집만의 필수적인 의식이다. 우리는 이 시간을 즐겁게 만들기 위해 토스트로 식사를 시작하면서 각자 그날 이룬 성취에 관해 칭찬하고 서로 감사했던 일을 나눈다.

저녁 식사를 마치고 나면 모든 것이 무너진다. 식탁을 치우고 주방을 정리할 때가 되면 놀라울 정도로 순식간에 아이들이 슬그머니 자리를 뜬다. 그럴 때 보면 다들 닌자가 아닌가 싶을 정도다. 그 어떤 소리나 소란도 없이 쓱 자기 방으로 사라지니 말이다. 그러면 아이들을 하나씩 불러서 피할 수 없는 뒷정리를 시켜야 한다. 이때 "화장실 가야 해요"라든가 "숙제해야 해요"라는 핑계를 대면 속이 상하면서도 반박할 수가 없다. 주방 정리 같은 귀찮은 일에 아이들이 신경을 쓸 리가 없기 때문이다. 아이들은 이래라저래라 하는 소리를 듣는 것 같아 이런 상황 자체를 싫어한다. 주방 정리는 꼭 해야 하는데 이 일을 즐거워할 사람은 없다. 우리는 다른 방식을 써보기로 했다.

주방 정리를 게임이라 상상하고 온 식구가 모여 점수판을 만들었다. 각자 해야 할 일도 명확히 나눴다(이곳저곳 깨끗이 닦기 또는 바닥 쓸기). 자기 일을 마친 사람은 점수를 얻도록 했다. 몇 번 해보니 점수는 '막상막하'였다. 그러고 나서는 다시 원래대로 돌아갔다. 저녁 식사가 끝나면 아이들은 홀연히 사라졌다. 전처럼 닌자들이 제 기량을 펼치고 있었다. 이때 첫째 딸이 새로운 요소를 추가하자 상황이 완전히 달라졌다. 딸아이는 누구나 따라 부르고 싶어 하는 노래가 담긴 디즈니 클래식 노래 모음을 틀어놓았다. 그러자 우리 모두 큰 소리로 노래를 따라 불렀다. 주방 정리 시간이 노래방 파티로 변한 것이다.

지금은 주기적으로 이렇게 저녁 시간을 보낸다. 아무리 짜증나는 날이라도 이 시간만큼은 함께 어울리지 않을 수 없다. 이제 저녁 식사 후에 우리 집에 와보면 식구들이 〈겨울왕국Frozen〉에 나온 '렛잇고Let It Go'를 크게 따라 부르고, 〈라이온 킹The Lion King〉에 나온 '왕이 될 거야I Just Can't Wait to Be King'에 맞춰 몸을 흔들고, 〈뮬란Mulan〉에 나온 '대장부로 만들어주마I'll Make a Man Out of You'를 들으며 깔깔대는 모습을 보게 될 것이다. 마치 영화 〈칵테일Cocktail〉에서 톰 크루즈Tom Cruise와 브라이언 브라운Bryan Brown이 칵테일을 함께 만드는 유명한 장면처럼 보인다. 쓸고, 닦고, 설거지하고, 말리고, 그릇을 정리하는 내내 온 식구가 웃고, 춤추고, 노래를 부른다.

고된 일을 거뜬히 해내고 리듬을 타게 만드는 훌륭한 음악의 힘을 가볍게 여기지 말자.

즐거움의 소재 만들기

일과 놀이는 공존할 뿐만 아니라 서로 보완하기도 한다. 일과 놀이를 함께하면 더 쉽게 창의력을 일깨워 참신한 아이디어와 해결책을 떠올리게 된다. 올레 키르크 크리스티얀센Ole Kirk Christiansen의 예를 생각해보자. 그는 텅 빈 창고에서 땜질하던 중, 지지부진했던 목공 사업을 장난감 회사로 탈바꿈하겠다는 아이디어를 떠올렸다.[7] 회사명은 '레고LEGO'라고 지었는데, 이 단어는 덴마크어로 '레그 고트leg godt', 즉 '잘 놀기'를 의미한다.

제2차 세계대전이 장난감 산업에 피해를 미치자 그는 포기하고 공장 문을 닫는 대신, 플라스틱이 대량 생산되는 것을 호기심 있게 지켜보다가 레고의 첫 '자동 결합 브릭Automatic Binding Brick'을 내놓았다. 이 돌파구 덕분에 레고는 전혀 다른 새 제품들을 선보이게 되었다. 이후 크리스티얀센과 그의 팀은 아이들을 사무실로 초대했고, 아이들이 노는 모습에서 영감을 얻어 '플레이 시스템play systems' —사람, 건물, 도로, 차로 완성하는 도시—을 개발해 사업을 기하급수적으로 성장시켰다.

오늘날까지도 레고 사무실은 각종 활동과 재미로 북적거린다. 이러한 생산적인 놀이 문화는 꾸준히 기업의 창의력을 일깨워 전 세계에 레고랜드 테마파크를 세우는 한편, 각종 TV 프로그램과 블록버스터 레고 영화도 내놓게 됐다. 2015년 레고는 '세계에서 가장 강력한 브랜드'라는 명성을 얻었다.[8] 이 또한 '신나게 노는' 것이 힘든 일을 손쉽게 만든다는 것을 보여주는 뚜렷한 사례다.

레고가 자동 결합 브릭—다양한 조합으로 쌓고 연결할 수 있도록 설계된 브릭—을 만들어낸 것과 마찬가지로, 우리도 가장 필수적인 일과 가장 즐거운 활동을 이리저리 쌓고 조합함으로써 전혀 힘이 들지 않는 새로운 경험을 만들어낼 수 있다.

내 아내 안나와 나는 각자 즐겁게 여기는 일 스무 가지를 적어

나눈 적이 있다. 여기에는 '어질러진 방, 서랍, 찬장 정리하기(혼란 속에 질서 세우기)', '한 노래를 반복해서 듣기', '아몬드로 뒤덮인 다크 초콜릿 먹기' 같은 것들이 있었다. 술술 쓸 수 있는 것들이었다. 이렇게 목록을 작성하고 나니 우리에게 꼭 필요하면서도 즐거운 대표적인 경험을 만들어 내기가 훨씬 수월해졌다.

먼저, 꼭 필요하나 몹시 피하고 싶은 주간 재정 회의부터 다루기로 했다. '주간'이라고는 했지만 사실 다른 일이 생기면 미룰 때가 많아 훨씬 더 뜨문뜨문 열곤 했다. 귀찮아도 참고 관리하면 보상이 따른다는 것은 잘 알고 있었다. 우리가 재정 관리를 제대로 하고 있다는 안심이 들기 때문이다. 하지만 이런 기분은 회의를 연 다음에야 주어지는 탓에 회의를 미루기가 십상이었다. 그렇게 회의는 자꾸 뒤로 밀려났다.

즐거움의 소재를 넉넉히 챙겨둔 우리는 재정 회의를 손꼽아 기다릴 만한 경험으로 바꿔보기로 했다. 우선 회의 때 아몬드로 뒤덮인 다크 초콜릿을 꺼냈다. 배경음악으로는 마이클 부블레Michael Bublé의 '필링 굿Feeling Good'을 반복 재생해 두었다. 재정 회의를 따분한 의무 활동이 아닌 데이트처럼 대한 것이다. 그러자 전에는 지나쳤던 요소가 재정 회의에 들어 있다는 사실을 알게 되었다. 재정 회의는 가족의 재정 상황이라는 어질러진 영역을 정리하는 일이었다. 혼란 속에 질서를 세우는 일이 재정 회의의 일부라는 것을 알게 된 것만도 내게는 실질적이고 즉각적인 유익이었다.

전에는 겨우겨우 참고 해내던 일이 설레는 시간으로 바뀌게 되었다.

영혼이 스며든 습관 만들기

습관을 다룬 책은 많아도 의식(리추얼)을 다룬 책은 많지 않다. 이 단어들은 서로 혼용되기도 한다. 하지만 행동경제학자들은 이 둘이 전혀 다른 용어라고 주장한다.

의식은 'X를 할 때면 Y도 한다'라는 점에서 습관과 비슷하다.[9] 하지만 의식은 한 가지 중요한 점에서 습관과 다르다. 즉 의식은 그것을 행하는 동안 심리적 만족을 경험한다. 습관은 '무엇을' 행하느냐를 설명하지만, 의식은 그 행동을 '어떻게' 하는지를 보여준다.

의식은 습관에 의미를 불어넣음으로써 꼭 지켜야 할 습관을 더 쉽게 지속하게 해준다. 예를 들어, 곤도 마리에(Marie Kondo, 독창적인 정리정돈법을 창안해 전 세계에 '곤도 마리에' 열풍을 일으킨 정리 컨설턴트-옮긴이)가 정리에 접근하는 방식을 생각해보자. 마리에는 단순히 옷장에 어질러져 있는 것들을 다 없애라고 말하기보다 버리는 의식을 행하라고 제안한다. 버리는 물건에 감사하고, 어떻게 하면 물건을 통해 즐거움을 느낄지 생각해 보라는 것이다.

마리에는 자신의 책에 이렇게 썼다. "접는 행동은 옷의 부피를 줄여 저장하기 좋게 만드는 것보다 훨씬 큰 의미가 있다. 정성스럽게 옷을 접으면서 그 옷들이 내 생활을 뒷받침해 주는 것에 사랑과 감사를 표하는 것이다. 따라서 옷을 접을 때는 그 옷들이 내 몸을 보호해 준다는 데 감사하며 마음을 다해야 한다."[10]

여기서 매우 놀라운 점은, 옷 정리를 통해 드디어 옷장을 깔끔하게 청소했다는 안도감보다 훨씬 큰 보상을 얻는다는 것이다. 단순히 일을 해치웠다는 데서 오는 개운함이 아니다. 이 의식은 그 자체로 의미 있는 활동이다.

몇몇 의식은 외부의 관찰자로서는 도무지 이해할 수 없는 높은 의미를 지닌다. 아가사 크리스티Agatha Christie는 욕조에 앉아 사과를 먹는 동안 최고의 추리 소설을 썼다고 하지 않던가.[11] 베토벤Ludwig Van Beethoven은 매일 아침 커피를 준비할 때 커피 한 잔을 내릴 원두를 정확히 60개씩 세었다고 한다.[12] 카이사르 시절에 고대 로마인들은 거의 모든 일상생활에 의식을 만들어내는 경향이 있었고, 생애 첫 면도에 대한 종교적 의식 — 데포시티오 바르바이depositio barbae — 도 만들었다.[13] 매우 어리석어 보일지 몰라도, 이런 행동을 꾸준히 실천하면 마음이 차분해지고, 불안감이 가라앉으며, 자신만이 이해하는 수월한 상태로 돌아가게 된다.

나의 의식은 내 사인을 새기는 습관이다. 즉, 나의 의식은 내 영혼이 스며 있는 습관이라고 할 수 있다. 이 의식들은 지루한 과업을 기쁨이 샘솟는 경험으로 변화시키는 힘을 지니고 있다.

틀에 박힌 일상에 즐거움을 초대하면 까마득히 먼 미래를 동경하지 않게 된다. 그날은 언제나 바로 오늘이기 때문이다. 평범한 일들 속에 작은 경이의 조각을 덧붙인다면 더는 마음 놓고 긴장을 풀 별도의 시간을 기다리지 않게 된다. 그 시간은 언제나 지금이기 때문이다. 재미와 웃음이 순간순간을 밝힐수록 우리는 자신만의 자연스럽고 장난기 넘치는 수월한 상태로 돌아갈 수 있다.

CHAPTER 3

풀어버리기

: 내려놓기의 힘

거울을 가만히 들여다보았다. 그 속의 나는 스톰트루퍼(Stormtrooper, 영화 〈스타워즈〉에 등장하는 캐릭터-옮긴이) 코스튬을 제대로 갖춰 입고 있었다.[1] 여섯 살 때, 형들 중 한 명이 "영화에 나오는 스톰트루퍼 복장을 실제로 갖는다면 얼마나 좋을까?"라고 말한 적이 있었다. 나는 그 말을 수십 년간 마음속에 품고 있다가 마침내 소원 풀이를 했다. 형의 말이 내 마음에 고스란히 박혔던 것은 당시 〈제다이의 귀환Return of the Jedi〉이 개봉할 때라 한층 흥이 고조되었고, 형의 말이라면 무엇이든 나의 흥미를 끌었기 때문이었다. 그렇게 고요하고 굳건히 품어온 생각을 30년이 지나 코스튬 가게에서 펼쳐내 머리부터 발끝까지 옷을 갖춰 입고 서본 것이다. 그런데 막상 그 순간이 되어보니 스톰트루퍼 코스튬을 전혀 갖고 싶지 않았다. 이 꿈은 수십 년 전에 일종의 '할 일' 목록으로 뇌 속에 자리 잡고 의식 저 밑에 스며들어 있었다. 그 후로 지금까지 정신의 한 공간을 차지하고 내내 머릿속에 들어 있던 것이 분명했다.

이처럼 마음속에 멋대로 살고 있는 무언가가 있는가? 오래전에 머릿속으로 몰래 들어와 영주권을 차지해버린 낡은 목표나 제안, 아이디어 같은 것들 말이다. 이제 아무런 쓸모가 없는 데도 너무 오랫동안 내 일부가 되어 인식조차 되지 않는 사고방식은 없는가? 안나는 이제 이런 경우가 생기면 놀리듯 말하곤 한다. 내가 심사숙고하지 않고 어떤 제안을 바로 실행에 옮기려 하면 "이거 스톰트루퍼 아니야?" 하고 묻는다.

스톰트루퍼는 갖가지 형태로 나타난다. 끈질기게 나를 괴롭히는 후회, 도저히 풀어버리지 못하는 원한, 전에는 현실적이었지만 지금은 걸림돌이 돼버린 갖가지 기대가 여기 속한다. 이 침입자들은 컴퓨터 어딘가에서 계속 돌아가면서 다른 기능까지 지연시키는 불필요한 애플리케이션과 같다. 처음에는 속도와 민첩성에 아무런 영향이 없는 듯하다. 하지만 이런 것들이 하나둘 쌓이면 결국 운영 체계 전체가 느려진다. 방금 만났던 사람의 이름을 잊어버린다. 같은 문단을 읽고 또 읽어도 이해가 되지 않는다. 상점에서 식료품을 고르는 간단한 일에도 골치가 아프다. 자잘한 실수가 머릿속 여기저기에 발자국을 남겨 마치 커다란 실패를 맛본 것처럼 느껴진다. 정신적 공간을 되찾으려면 스톰트루퍼 뭉치를 정리해야 한다.

가진 것에 집중하는 힘

프랑스 작가인 기 드 모파상Guy de Maupassant의 단편 중에 오슈코른 영감 이야기가 있다.[2] 근면한 오슈코른 영감은 지역사회의 정직한 일원으로 살고자 노력했다. 그러던 어느 날 그는 자기가 저지르지도 않은 행동에 대해 비난을 받게 되었다. 누군가가 길가에 떨어트린 지갑을 오슈코른 영감이 주워서 돌려주지 않았다는 누명을 쓴 것이다(사실 그가 주운 것은 노끈 한 오라기였다). 그는 결백했으나 동네에 소문이 퍼지면서 머지않아 마을 사람 모두가 그를 가혹하게 비판하기 시작했다. 그를 대하는 태도도 달라져 그를 따돌리곤 했다.

오슈코른 영감은 이 문제를 그냥 내버려둘 수도 있었다. 그의 말은 들어주지도 않고 무조건 비난만 하는 사람들을 용서할 수도 있었다. 자기 양심이 떳떳하다는 데서 위안을 찾고 그들의 잘못된 행위를 눈감아줄 수도 있었다. 이렇게 하면 본인이 원했던 대로 지역사회를 위해 유용하고 근면한 사람으로 계속 남을 수 있었다.

하지만 그는 문제를 그냥 두기는커녕 오히려 여기에 집착했다. 이것 때문에 병이 날 지경이었다. 그는 이 문제로 인해 점점 소진되고 약해져 결국 숨을 거뒀다. 오슈코른 영감은 이 불의한 사태로 인해 분노와 원한에 사로잡혀 도무지 사람들을 용서할 여유가 없었다. 의식이 혼미하고 사경을 헤매는 중에도 그는 "작은 노끈 한 오라기였단 말이오. 노끈 한 오라기"라며 쓰라린 말을 되뇌었다.

불행이 닥쳤을 때 자신이 잃은 모든 것을 떠올리며 집착하고,

한탄하고, 불평하지 않기란 매우 어렵다. 사실, 불평이야말로 가장 쉬운 일이다. 너무 쉬운 까닭에 많은 사람이 끊임없이 불평한다. 누군가 약속 장소에 늦게 나올 때, 이웃에서 너무 시끄러운 소리가 날 때, 안 그래도 늦었는데 주차 공간이 없을 때, 뉴스를 볼 때 등 갖가지 상황이 불평거리가 된다.

우리는 분노를 터뜨리는 데 심취한 불평 문화 속에 살고 있다. 특히 소셜미디어는 불만족스럽거나 용인할 수 없는 것에 관해 끝도 없이 불평하고 짜증을 내는 공간인 듯하다. 직접 겪은 일이 아니더라도 내게 영향을 줄 수 있다. 이렇게 경험하는 간접 불평으로 인해 마음에 병이 생기고, 시간이 갈수록 자기 삶에 존재하는 불의한 일을 더 자주 인식하게 된다. 이것들이 바로 우리 머리와 마음의 소중한 공간을 차지하는 스톰트루퍼다.

불평이 늘어날수록―그리고 다른 사람의 불평을 더 많이 접할수록―불평거리가 더 쉽게 눈에 들어온다는 사실을 깨달은 적이 있는가? 반면, 감사가 늘어날수록 감사할 일들이 더 많아진다고 느낀 적이 있는가? 불평은 '쉽지만 사소한' 일의 전형적인 예다. 사실, 불평만큼 하기 쉬운 것도 없다. 하지만 아무리 사소한 것일지라도 이런 해로운 생각들은 금세 쌓인다. 이 생각들이 정신적 공간을 많이 차지할수록 수월한 상태로 돌아가기가 어려워진다.

감사한 일에 집중할 때는 즉각적인 효과가 나타난다. 모자란 상태(후회, 미래에 대한 염려, 뒤처졌다는 느낌)에서 가진 상태(이 순간 제대로 되어가는 것, 내가 이루고 있는 성장, 내가 품은 잠재력)로 즉시 옮겨간다. 이 상태에 들어가면 내가 재량껏 활용할 수 있는 자원, 자산, 기술을 활용해 가장 중요한 일을 더 쉽게 할 수 있다.

아래 두 그림을 보면, 가진 것에 집중할 때 그것들이 확장됨을 알 수 있다.

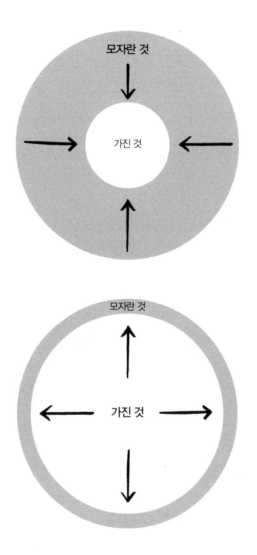

감사는 강력한 촉매제다. 감사는 부정적인 정서가 살아남는 데 필요한 산소를 고갈시킨다. 또한 언제 어디서든 적용할 수 있는 긍정적이고 자립적인 체계를 만들어낸다.

심리학의 확장 및 축적 이론broaden-and-build theory이 그 이유를 설명해준다.[3] 긍정적인 정서는 우리에게 새로운 관점과 가능성을 선사한다. 열린 태도를 가지면 독창적인 아이디어가 생기고 사회적 유대도 끈끈해진다. 이런 것들이 우리를 변화시킨다. 신체적, 지적, 심리적, 사회적으로 새로운 자원을 가지게 된다. 또한 '상향 곡선'을 만들어내서 다음에 부딪힐 난제에 적절히 대처할 확률을 높여준다.

이러한 유익은 한 사람에게 그치지 않는다. 다른 사람에게 감사를 표하면 상대의 얼굴도 밝아진다. 그도 부담을 내려놓고 더 너그러운 태도를 보여준다. 이처럼 긍정적인 순환이 일어난다.

모자란 것에 집중하면
가진 것도 잃어버린다.

가진 것에 집중하면
모자란 것이 채워진다.

불평 역시 자체적인 순환을 만들어낸다. 하지만 이 순환은 '하향 곡선'이므로 중요한 일을 쉽게 만들기는커녕 오히려 더 어렵게 만든다. 부정적인 정서를 경험할 때면 마음이 좁아진다(위급한 상황에 나타나는 싸움, 도주 혹은 경직 반응의 경우가 그렇다). 이 순간에는 새로운 아이디어나 다른 사람에 대해 덜 개방적인 태도를 보인다. 그 결과 자신의 신체적, 지적, 심리적 자원이 줄어든다. 가지고 있던 자원이 고갈된 탓에 애초에 불평을 일으켰던 난제나 좌절감에 대처하기가 더 어려워진다. 이 상황이 계속 반복된다.

짐 콜린스Jim Collins는 플라이휠의 비유를 들어 자체 시스템의 형성 방식을 설명한다. "처음 돌릴 때보다 힘을 더 쓰는 것도 아닌데 플라이휠의 속도가 갈수록 빨라진다."[4] 이에 더해 다음과 같이 설명한다. "플라이휠이 조금 더 빠르게 움직인다. 두 바퀴… 이어서 네 바퀴… 여덟 바퀴… 플라이휠에 타력이 붙는다. 열여섯… 서른 둘… 회전 속도가 빨라진다. 일천… 일만… 십만 바퀴. 이윽고 어떤 시점에 이르면 돌파가 일어난다! 플라이휠이 휙휙 난다. 타력을 정지시키기가 거의 불가능해진다."[5]

간단히 말해, 어떤 시스템이 자체적이라는 것은 시간이 갈수록 점점 더 적은 에너지가 소요된다는 것을 뜻한다. 한번 추진력이 생기고 나면 운동 상태를 유지하기가 수월해져 어느 순간부터는 거의 힘이 들지 않는다.

감사하는 습관을 위한 레시피

내 아내 안나에게는 한때 정말 상대하기 어려운 동료가 있었다. 그녀는 끊임없이 안나를 비판하는 사람이었다. 일에 대해서도 불평하며 그만두고 싶다는 말을 서슴지 않고 입에 올렸다. 신체적, 정신적, 정서적으로 진이 빠지는 일이었다. 자기 일에 헌신하는 사람이었던 안나로서는 단순히 이 상황에 대처하는 것을 넘어 더 긍정적이고 생산적인 관계를 위한 묘안이 필요했다.

안나 역시 부정성에 빠져들기란 어렵지 않았을 것이다. 안나도 저녁에 귀가해 불평하는 동료에 관해 쉽게 불평할 수 있었을 것이다. 하지만 안나는 적극적으로 그 동료에 관해 감사할 거리를 찾겠다고 마음먹었다. 처음에는 쉽지 않았다. 하지만 조금만 다른 각도에서 본다면 동료에 관한 갖가지 부정적인 생각을 긍정적으로 바꿀 수 있겠다는 생각이 들었다. 동료가 예전에 하던 일을 그리워할 때, 안나는 그래도 예전 일에 대해서는 좋게 말한다면서 감사할 수 있었다. 동료가 현재 작업 중인 일에 관해 불평할 때, 안나는 그래도 일을 하고 있다는 사실에 감사할 수 있었다. 동료가 다른 사람들을 비판할 때 그녀의 관찰에는 예리한 지성이 드러났다. 안나는 그 점에 관해 감사했다.

동료에게서 긍정적인 측면을 찾는 습관을 들이자 그녀의 장점이 점점 더 쉽게 눈에 들어왔다. 안나는 이런 장점을 칭찬해줄 수 있었다. 상대는 거기서 허를 찔렸다. 짐작건대 평소에는 별로 긍정적인 피드백을 얻지 못했던 사람이었던 터라 안나의 칭찬이 그녀의 기분을 띄운 듯하다. 시간이 흐를수록 그 동료는 안나를 신뢰하게 되었고 둘은 친구가 되었다. 단순히 서로를 참아주고 함께 일을 완수하는 동료가 아니라 진짜 친구가 된 것이다. 같이 일하는 상황이 아닌 지금도 둘은 친구로 남아 있다.

스탠퍼드대학의 행동설계연구소를 설립한 BJ 포그BJ Fogg는 새로운 습관을 만들려면 자기가 이미 하고 있는 행동을 찾아 거기에 새로운 행동을 덧붙이기만 하면 된다고 말했다. 그는 이를 가리켜 '습관 레시피'라 불렀는데, 이 레시피의 가장 간단한 형태는 "X 후에는 Y를 할 것이다"라는 공식이다.[6]

감사를 습관으로 만들 때도 이를 적용할 수 있다. '불평의 말을 꺼낼 때마다 감사한 것도 함께 말할 것이다'라는 레시피를 사용하면 된다. 이 레시피를 처음 실천할 때 내가 얼마나 자주 불평하는지 깨닫고 깜짝 놀랐다. 나는 긍정적이고 낙관적인 사람이라고 생각해왔다. 하지만 주의를 기울여보니 나는 꽤나 자주 불평을 늘어놓는 사람이었고, 때로는 불평한다는 인식도 없이 불평을 늘어놓고 있었다.

이에 매번 불평할 때마다 감사를 덧붙이기로 했다. '오늘 공항 보안 검색대를 지나가야 하는데 귀찮겠네'라는 말이 나오면 '안심하고 비행기를 타게 돼서 감사한 일이지'라고 덧붙였다. '아들이 아직도 수학 숙제를 안 해놓다니' 하는 불평에는 '요새 읽고 있는 새 책을 재밌어 하는 걸 보니 감사하군'이라고 덧붙였다. '이번 주에는 살이 좀 더 빠질 줄 알았는데' 하고 실망감이 들 때는 '몸무게와 건강을 제대로 관리하고 있어 다행이네'라고 덧붙였다.

며칠간 이 규칙을 지키고 나니 불평이 나오면 중간에서 가로채 감사의 말로 문장을 마무리하는 나를 발견했다. 머지않아 단순히 머릿속으로만 불평할 때도 이를 낚아채 뭔가 감사한 생각으로 바꾸게 되었다. 처음에는 의도적으로 힘들여 생각을 바꿨지만, 나중에는 주의는 기울이되 힘은 덜 들었다. 결국에는 전혀 힘들이지 않고 생각을 바꿀 수 있었다.

원한에 부여한 의무 해제하기

크리스 윌리엄스Chris Williams는 인생에서 무엇이 중요한지 알고 있었다.[7] 그에게 가족은 가장 중요한 것을 넘어 유일한 것이었다.

2007년 2월의 어느 추운 겨울날, 십 대 운전자가 실수로 그가 몰던 차의 옆면을 들이받았다. 이 사고로 크리스의 아내와 태아, 아홉 살 딸, 열한 살 아들이 모두 목숨을 잃었다. 여섯 살 아들은 중상을 입었고, 사고 당시 친구 집에 있었던 열네 살 아들은 그날 이후로 완전히 다른 사람이 되었다.

이런 경험이라면 크리스의 몸과 영혼이 다 망가졌으리라 짐작될 것이다. 슬픔에 빠져 있던 그가 분노에 휩싸인다고 나무랄 사람은 아무도 없을 것이다. 그것이 가장 자연스러운 일일 테니 말이다. 그의 원망은 그를 에워싸고 상처를 입히며 수십 년간 따라다녔을 것이다. 이를 생각하면 그 순간 크리스의 선택이 매우 놀랍다.

사고가 나고 몇 분 후, 망가진 차량 앞에 몸이 부서진 상태로 앉아 있던 크리스는 폭풍의 눈과 같이 명료한 정신으로 사태를 바라보았다. 사고 다음 날이나 1년 뒤가 아니라 난폭한 사고의 한 가운데서 그는 자기 앞에 놓인 두 가지 삶을 보게 되었다.

첫 번째 미래는 그 순간 빚어진 분노와 비통함에 휩싸인 삶이었다. 그런 미래를 선택한다면 앞으로 평생 이런 감정에 짓눌려 살게 될 터였다. 나아가 살아남은 두 아들에게도 같은 짐을 얹어줌으로써 영영 치유될 수 없는 마음의 상처를 남길 것 같았다.

두 번째 미래는 이 짐에서 벗어나는 삶이었다. 살아남은 아이들이 신체적, 심리적 외상을 극복하는 동안 곁을 지켜주는 삶 말이다. 이 삶에는 목적과 의미가 가득했다. 당장은 더 어려운 선택일지 모르나 그래야만 분명 더 수월한 삶을 살게 될 터였다.

이 중대한 순간에 크리스는 상대를 용서하기로 마음먹었다. 분노를 느끼지 않는다거나 고통스럽지 않은 것은 아니었다. 분명 그런 감정은 절절히 느끼고 있었다. 하지만 원망과 분노에 뒤덮여 자신을 더 고통스럽게 만드는 것만큼은 하지 않았다. 대신 그는 자신의 에너지와 활력을 동원해 부정적인 생각을 놓아버리기로 했다.

내게 상처 준 사람을 원망해본 적이 있는가? 분노, 상처, 짜증, 원망 때문에 소중한 정신 에너지를 낭비한 적이 있는가? 그 상처는 얼마나 곪아 있었는가? 몇 주? 몇 달? 몇 년? 아니면 수십 년?

크리스의 이야기는 정반대의 패턴을 보여준다. 상상하기조차 어려운 비극을 겪은 그가 용서의 길을 택할 수 있었다면, 우리도 그동안 품어온 원한을 놓아버릴 수 있다. 이 때문에 정말 신경 써야 할 일에 집중하기가 더 어려웠으니 말이다.

우리가 시도해볼 적절한 첫 단계는 '나는 무엇을 위해 이 원한을 고용했을까?'라는 별난 질문을 던져보는 것이다.

하버드대학 경영대학원 교수로서 세계적인 경영사상가로 명성을 얻었고 지금은 고인이 된 클레이튼 크리스텐슨Clayton Christensen에 따르면, 사람들은 제품이나 서비스를 구매하는 것이 아니라고 한다. 오히려 그것들을 '고용'하는 목적이 따로 있다.[8]

마찬가지로 때로 우리가 원한을 고용하는 이유도 현재 채워지지 않는 정서적 필요를 충족하기 위해서다. 하지만 그 성과를 검토해보면 점수는 형편없다. 원한 때문에 자원을 소모하지만 투자한 만큼 만족스러운 보상이 따르지는 않는다. 따라서 원한에 부여한 의무를 해제해야 한다.

때로 우리가 원한을 품는 것은 통제감을 느끼기 위해서다. 사람들은 내가 옳고 상대가 잘못되었다는 것을 자신과 타인에게 증명하려고 한다. 처음에는 우월감도 들고 내가 강한 존재라는 생각도 든다. 여기서 통제감을 느끼게 되지만 이는 금세 지나가는 잘못된 우월감이다. 사실상 나를 통제하고 있는 것은 원한이기 때문이다. 〈반지의 제왕The Lord of the Rings〉에서 로한의 왕을 보좌한 뱀 혓바닥 그리마처럼, 원한은 굴종하는 체하지만 실제로는 우리를 장악한다.[9] 또한 원한을 품으면 끝없는 비난, 독선, 자기혐오의 덫에 갇히고 만다.

주목을 받으려고 원한을 품을 때도 있다. 나의 피해 사실을 전해 들은 사람들은 지지와 연민을 보내준다. 이런 경험을 하고 나면 계속해서 자기 이야기를 꺼내게 된다. 당장은 쉽고 심지어 만족스럽기까지 한 일이다. 하지만 그 끝은 씁쓸하다. 이야기를 듣는 사람은 앞에서는 연민을 보일지라도 뒤에서는 피로감을 느낀다. 이 때문에 매번 이야기를 들어줄 새로운 사람을 찾아야 한다.

곤경을 모면하려고 원한을 품을 때도 있다. 비난할 사람이 있는 한, 내가 느끼는 분노에 대한 나의 책임은 없다. 부정적인 감정에 휩싸여 있으면 누구에게도 자신의 정당성을 밝히지 않아도 된다는 암묵적 승인을 받는다. 이 또한 단기적으로는 해방감을 주지만 장기적으로는 전혀 홀가분하지 않다. 계속해서 분노, 원망, 경멸, 부정성에 사로잡혀 살게 될 뿐이다.

보호받고 싶은 마음에 원한을 품기도 한다. 내게 상처 주었던 개인이나 집단을 단단히 경계하면 다시는 상처받지 않고 자신을 보호할 수 있다고 생각한다. 원한 덕분에 정서적 갑옷이 생긴다고 믿는 것이다. 하지만 이 또한 속임수라는 것이 드러난다. 원한을 품으면 더 취약해지고 두려움도 커진다. 결국, 누군가를 신뢰하고 받아들이기가 더 어려워진다.

고수익을 올리는 회사와 일했던 적이 있다. 당시 그 회사는 직원당 100만 달러의 매출을 달성하고 있었다. 기업가 정신과 실속을 유지하며 사업을 확장할 방법을 논의하던 중, 나는 조금 심하다 싶을 만한 주먹구구식 방법을 제안했다. 그것은 '고용은 천천히, 해고는 신속히'였다.[10] 이 비법은 사업을 성장시키는 데 좋은 방법이지만 원한으로부터 자유로운 삶을 일구는 데도 좋은 방법이다. 모름지기 원한은 천천히 고용하고(또는 전혀 고용하지 말고) 신속히 해고해야 한다.

통제할 수 없는 것은 받아들이기

내 친구 조너선 컬런Jonathan Cullen은 청천벽력 같은 진단을 듣고 충격에 빠졌다.[11] 아직 태어나지 않은 아들 트리스탄이 다운증후군이라는 것이다.

트리스탄은 태어난 후에도 치명적인 병과 싸우며 몇 달간 신생아 중환자실에 있었다. 날이 갈수록 상황에 대한 조너선의 통제력은 줄어들었고, 무력감이 커질수록 무거운 염려가 그를 짓눌렀다.

몇몇 친구는 안쓰러운 마음에 도와주려고 나섰다. 먹을거리를 보내주고, 전화로 안부도 묻고, 따뜻한 지지와 위안을 제공해 주었다. 반면에 모습을 감춘 친구들도 있었다. 이런 반응을 본 조너선과 그의 아내는 혼란스러웠다.

힘든 시기가 몇 달간 이어지자 조너선은 친구들의 행동을 있는 그대로 받아들여야겠다고 생각했다. 그들을 바꿀 수 없으므로 그가 할 수 있는 것은 그들을 있는 그대로 받아들이는 일이었다.

어려울 때마다 팔을 걷어붙이고 나선 친구들은 전화로 안부를 묻고, 음식을 싸서 보내고, 일일이 말하지 않아도 뭐가 필요한지 잘 알았다. 한편 어려운 시절이면 슬그머니 소식이 끊기는 소심한 친구들은 꼼짝없이 얼어붙는 사람들이었다. 그런 행동에 악의는 없어 보였다. 원래 성격이 그래서도 아니었다. 심지어 그들의 반응은 매우 뜻밖이라고 생각되지도 않았다.

마야 안젤루(Maya Angelou, 미국의 시인이자 작가이자 인권 운동가-옮긴이)는 "누가 자기에 관해 뭐라고 이야기하면 일단 그대로 믿으세요"라고 말했다.[12] 조너선은 사람들을 믿어보기로 했다. 마음속에 품고 있던 비현실적인 기대는 내려놓았다. 주어진 현실과 이로부터 기대되는 상황을 받아들였다.

그러고 나서야 조너선은 진정한 수용을 알게 되었고, 이는 그의 인생을 위한 새로운 여정에 꼭 필요한 첫걸음이었다. 헨리 워즈워스 롱펠로우 Henry Wadsworth Longfellow가 썼듯이 "결국 비가 내릴 때 할 수 있는 최선의 일은 비가 내리도록 그냥 두는 것이다."[13]

내게 상처 준 사람을 벌해야 한다는 마음을 내려놓을 때, 해방감을 누리는 사람은 문제를 일으킨 쪽이 아니다. 오히려 내가 자유를 맛본다. 은혜와 연민을 베풀기 위해 원한과 불평을 내려놓는 것은 동등한 교환이 아니다. 이는 쿠데타에 가까운 놀라운 결심이다. 이렇게 마음을 바꿀 때마다 차분하고 수월한 상태에 더 가까이 다가간다.

CHAPTER 4

충분히 쉬기

: 아무것도 하지 않는 기술

안과 의사인 제리 스웨일은 꽤 오랫동안 자기 앞에 놓인 모든 일을 챙기려고 애쓰던 사람이다. 그의 아내는 남편이 두 손으로 머리를 움켜쥔 채 앉아서 "이것저것 다 할 수는 없어. 도저히 못하겠다고!"라며 괴로워하던 모습을 기억한다. 하지만 제리는 이내 벌떡 일어나 "그래도 해야지!"라고 큰소리를 쳤다. 그러고는 필사적으로 자기를 밀어붙여 더 많은 일을 해내려고 애쓰곤 했다.

그러던 그가 쉰여섯 살이 되자 몇몇 질병을 앓기 시작했다. 두 손에 발진이 일어나 외과 경력을 접어야 할 위기도 겪었다. 피부과에 가봐야 한다는 것은 알았지만 일 때문에 너무 바빴고 날마다 일정이 꽉 차 있어서 진료 예약을 잡을 여유조차 없었다.

마침내 그는 아내와 긴 도보 여행을 하던 중, 그런 여유는 어느 순간 마법처럼 생기지 않는다는 사실을 깨닫게 되었다. 의학적 도움을 받을 생각이라면 스스로 나서서 여유를 만들어야 했다. 아마그가 기억하기에 난생처음으로 환자보다 자기를 돌보는 것을 우선시해야 하는 순간이었다. 그렇게 제리는 아내와 함께 자기에게필요한 것을 파악하고 해결책을 모색했다.

병원 직원들을 불러 모아 자신의 진료 시간을 상당 부분 줄여야 한다고 말했고, 다행히 모두 제리의 상황을 잘 이해해 주었다.

병원보다 더 신경이 쓰인 곳은 교회였다. 하지만 제리는 피로에 짓눌린 상태로는 진심으로 다른 이들을 섬길 수 없다는 것을새롭게 깨달았다. 이에 장로직을 내려놓고 교우들에게 이유를 설명했다. 곧이어 부담을 느껴왔던 다른 세 사람도 제리에게 허락이라도 받은 듯 장로직에서 물러났다.

그 후 드디어 피부과 전문의를 찾아갔다. 그렇게 좋아하던 자전거도 매일 타기 시작했다. 전 같았으면 대략 6시간만 자도 '거뜬하다'라며 우기곤 했는데 이제 날마다 꼬박꼬박 8시간씩 자기시작했다.

곧이어 사업 동지인 의사가 은퇴를 선언했다. 그는 1개월 뒤에물러나겠다며 돌보던 환자를 모두 제리에게 넘기겠다고 했다. 만약 제리가 지금의 번아웃 상태에서 더 무거운 책임을 안고 막중한 업무를 감당하려고 했다면 그 역시 일을 그만두어야 했을 것이다. 1년 전, 제리의 아내는 "그 스트레스를 껴안았다면 심장 발작을 일으켰을지도 모릅니다"라고 회상했다.

제리는 다행히 차츰 에너지를 회복하면서 비교적 수월하게 눈앞의 어려운 일들을 처리할 수 있었다. 감당할 수 있는 것과 없는 것을 명확히 구분했고, 전보다 빨리 판단을 내렸으며, 결정한 사항은 더 효율적으로 실행할 수 있었다. 휴식은 이미 존재하던 스트레스와 미래의 스트레스를 모두 막아내는 묘약이었다. 덕분에 제리는 수월한 상태에 머물 수 있었다.

휴식도 배워야 한다

휴식도 배워야 한다고 말하면 이상하게 들릴지 모른다. 하지만 하루 24시간 1주일 내내 멈출 줄 모르는 지금의 문화 속에서는 어떻게 쉬어야 할지 모르는 사람들도 있다. 아이러니하게도, 그들에게 아무것도 하지 않는 것은 고통스러울 정도로 어려운 일이다. 미국 프로야구 메이저리그의 LA 에인절스 감독인 조 매든Joe Maddon은 프로야구 선수 중에서도 그런 사람이 많다는 것을 알게 되었다.[1]

매든은 LA 에인절스에 30년 동안 몸담으면서 감독, 타격 순회 코치, 벤치 코치, 1루 코치 등 갖가지 직위를 맡았던 사람이다. 이런 그라면 끝없이 바삐 움직이는 편을 옹호하리라 기대할 만하다. 매든은 수많은 선수가 이런 태도를 갖추도록 배운다고 했다. "마이너리그에서 경험을 쌓아 메이저리그로 올라온 선수들은 일찌감치 야구장에 도착해서, 날마다 배팅 연습을 하고, 첫 볼을 던지기 몇 시간 전부터 경기를 준비하도록 배웁니다."

하지만 야구 시즌은 금방 끝나지 않는다. 총 162경기를 치르는 동안 각 팀은 한 달 반 동안 거의 매일 경기에 나서며 힘든 나날을 보내기도 한다.

매든은 다른 방법이 유리하다는 사실을 깨달았다. 그는 이렇게 말했다. "지난 오프 시즌에는 아무것도 하지 않을 여유가 부족했습니다. 그럴 기회가 더 많았으면 했죠. 물론 좋은 의미에서요. 휴식 시간에 요령 있게 아무것도 하지 않는 것, 그것이 제 목표입니다."

매든은 '아메리칸 레지옹 위크American Legion Week' 같은 이벤트를 열어 선수들과 함께 아무것도 하지 않는 기술을 실천했다. 이 주간은 대개 선수들의 기량이 떨어지는 8월 삼복더위에 행해졌다. 이때가 되면 매든은 경기에 앞서 몇 시간씩 빡빡한 연습을 돌리는 대신 선수들에게 그냥 경기에 나오라고 지시한다. 아마추어로 활동하던 십 대 시절처럼 늦도록 푹 자고, 낮잠도 자고 개운하게 경기장에 나오라고 격려하는 것이다.

선수들이 최고의 기량을 발휘하는 데 무관심한 것은 아니다. 매든도 엘리트 선수들이 모여 각자의 야구 인생에서 최고의 경기를 펼치는 훌륭한 팀을 원한다. 다만 이를 위해서는 주기적으로 '아무것도 하지 않는' 집중 기간을 가지는 것이 최상의 방법이라고 믿었다. "이런 방식으로 대하면 선수들의 마음가짐을 더 생기 있게 유지할 수 있습니다. 생기 있는 마음 상태를 갖춘 선수들은 더 훌륭한 경기를 펼칩니다."

매든의 접근법은 LA 에인절스뿐만 아니라 지난 10년간 그가 코치했던 다른 여러 팀에도 변화의 바람을 불러일으켰다. 매든이 아메리칸 레지옹 위크를 시작한 이후, 탬파베이의 데빌 레이스는 1년 안에 월드 시리즈에 진출했다. 시카고 컵스의 경우, 매든이 이 주간을 도입한 이후로 2016년 월드 시리즈를 포함해 4년간 리그에서 가장 많은 승리를 거머쥐었다. 놀랍게도 매든이 지휘봉을 잡았던 5년간, 시카고 컵스는 아메리칸 레지옹 위크 주간에 있었던 스물네 번의 경기에서 무려 스물한 번이나 이겼다.[2]

매든의 접근법이 직관적으로는 잘 이해되지 않지만 최근 이를 뒷받침하는 생리학 연구가 발표되었다. 다수의 연구에 따르면 신체적, 정신적으로 최고의 기량을 발휘하려면 에너지를 사용하고 재생하는 리듬이 필요하며 이는 운동선수에 국한되지 않는다고 한다. 실제로 한 연구에서 살펴보니 최고 기량을 발휘하는 운동선수, 음악가, 체스 플레이어, 작가는 모두 같은 방식으로 기술을 연마했다.[3] 즉 오전에는 한 번에 60분에서 90분씩 세 번에 걸쳐 연습하고 그 사이사이에 휴식 시간을 가졌다. 한편 이보다 더 적게 혹은 더 짧게 휴식 시간을 갖는 사람들은 훨씬 성과가 저조했다.

휴식은 반드시
챙겨야 할 의무다.

위 연구의 주 저자인 K. 앤더슨 에릭슨K. Anders Ericsson 은 이렇게 결론지었다. "개인들은 소진을 피해야 하며, 매일 혹은 매주 단위로 완전히 회복할 수 있을 정도로만 연습량을 제한해야 한다."

많은 사람이 부족한 수행과 과도한 수행 사이의 긴장 때문에 힘들어한다. 온종일 지쳐 떨어질 정도로 강하게 자신을 밀어붙인 탓에 다음 날 아침이면 녹초가 되어 하루를 통째로 쉬어야 했던 적이 있는가? 당장 이 악순환을 끊어내고 싶다면 간단한 규칙을 시도해보자. 오늘은 오늘이 지나 완벽히 회복할 수 있는 정도로만 일한다. 이번 주에는 이번 주가 지나 완벽히 회복할 수 있는 정도로만 일한다.

에너지가 바닥났다는 신호를 놓칠 수도 있다. 에너지가 떨어져 주의력을 잃고 안절부절못하게 되었는데도 이를 무시하기도 한다. 그저 의지로 밀어붙이는 것이다. 에너지 슬럼프를 이겨내려고 인위적으로 카페인이나 당을 섭취해 보상하기도 한다. 하지만 결국 피로를 이기지 못해 꼭 해야 할 일을 필요 이상으로 어렵게 만든다.

이와 달리 간간이 짧은 휴식을 통해 신체적, 정신적 에너지를 꾸준히 보충하는 편이 더 수월한 방법이다. 자연적인 신체 리듬의 이점을 활용하면 최고의 성과를 낼 수 있다.

아래의 방법을 활용해보자.

1. 아침 시간은 꼭 해야 할 일에 쓴다.
2. 오전 활동은 3회로 나누어 진행하되 1회에 90분을 넘기지 않도록 한다.
3. 활동 사이사이에 짧은 휴식(10~15분)을 가지며 한결 나은 상태를 회복한다.

1분 멈춤의 힘

카트린 다비드스도티르Katrín Davíðsdóttir는 아이슬란드 레이캬비크 출신이다.[4] 카트린은 체조 선수에서 크로스핏 선수로 전향한 뒤 크로스핏 세계 챔피언십에서 우승해 세계에서 가장 건강한 여성이 되겠다는 목표를 세웠다.

2014년, 카트린은 세계 챔피언십을 목전에 둔 상황에서 궁지에 빠졌다. 두 팔의 모든 근육이 죄어왔기 때문이다. 턱걸이를 한 번만 더 하면 결승전에 진출하는 상황에서 그만 바를 놓치고 그대로 바닥에 쓰러졌다. 시도할 기회는 한 번 더 있었다. 하지만 이미 감정적으로나 정신적으로 무너진 상태였다. 다시 한번 시도했으나 성공하지 못했다. 결국, 카트린은 단념하고 포기했다.

이듬해 카트린은 벤 베르즈롱Ben Bergeron을 코치로 맞이했다.

나는 베르즈롱을 내 팟캐스트의 게스트로 초대해 2014년 경기에 관해 물어보았다. 그는 카트린이 궁지의 상황에서 단 1분이라도 동작을 멈추고 마음을 가다듬고 나서 다시 시도했더라면 턱걸이에 성공해 최종전에 진출했을 것이라고 말했다. 잘 생각해보자. 최적의 상태, 즉 수월한 상태에 진입하는 데 1분이면 충분했다. 그랬더라면 신속히 원상태로 돌아오는 놀라운 신체 능력에 힘입어 전혀 다른 결과를 얻었을 것이다.

카트린의 훈련을 맡게 된 베르즈롱은 즉시 훈련 방법을 바꿨다. 이후 카트린은 훈련, 회복, 영양, 수면, 마음가짐이라는 다섯 가지 요소를 지키는 데 온전히 집중하며 하루하루를 보냈다.

베르즈롱을 코치로 둔 그 해, 카트린은 챔피언십 경기 출전 자격을 얻었을 뿐 아니라 당당히 2015년 챔피언 자리에 올랐다. 그동안 꿈꿔왔던 '지구상에서 가장 건강한 여성 Fittest Woman on Earth'이라는 타이틀을 얻은 것이다. 다음 해인 2016년에도 챔피언 자리에 올랐다. 사실, 카트린은 이 글을 쓰고 있는 시점을 기준으로 지난 5년간 톱 5를 놓치지 않았다.

생각대로 일이 진척되지 않을 때는 노력을 2배로 늘리는 대신 잠시, 단 1분이라도 행동을 멈추는 편을 고려해야 한다. 몸의 리듬을 거스를 필요는 없다. 신체 리듬을 타고 자연스럽게 움직여도 된다. 이 리듬을 최대한 활용해야 한다. 활동 기간과 재생 기간을 번갈아가며 움직일 수 있다.

나를 갉아먹는 수면 부족

전보다 훨씬 적게 자고 있다고 느껴질 때가 있는가? 우리 모두가 그렇다. 연구에 따르면, 50년 전과 비교해 오늘날 사람들은 평균 2시간 가까이 수면 시간이 줄었을 정도로 적게 잔다.[5] 가볍게 생각할 일이 아니다. 수면 시간이 하루 7시간 미만인 사람들은 심혈관 질환, 심장 발작, 뇌졸중, 천식, 관절염, 우울증, 당뇨에 걸릴 확률이 더 높고, 과체중이 될 확률은 거의 8배나 높다.

수면 부족은 서서히 해를 일으킨다. 한 연구에서 매일 수면 시간이 6시간 미만인 사람들은 운동 능력과 인지 기능이 감소했고 더 자주 꾸벅꾸벅 졸았다.[6] 전혀 놀랍지 않은 결과다. 하지만 더 우려스러운 점은, 수면 부족으로 인해 몸과 마음에 쌓이는 해로운 영향을 우리가 지독히도 못 알아차린다는 사실이다.

사람들은 며칠간 연속으로 잠을 못 자도 금세 회복할 수 있다고 여기곤 한다. 그저 하룻밤 푹 자고 일어나면 부족했던 잠을 '따라잡을' 수 있으리라 생각한다. 하지만 위 연구가 보여주듯 실제로는 매일 밤 '수면 빚'이 쌓이면 7~8시간 동안 충분히 잘 수가 없다. 열흘째가 되던 날, 실험 참가자들은 너무 많은 수면 빚이 생겨 하룻밤을 꼴딱 샌 참가자들과 같은 상태를 경험했다. '약간 졸릴 뿐'이라고 말하긴 했으나 이들의 수행을 보니 전혀 다른 결과를 보여주었다. 연구의 저자는 이렇게 설명했다. "6시간 미만으로 자는 날들이 반복되면 비록 여기에 적응했다는 기분이 들더라도 결과적으로는 인지 수행력이 저하됩니다."[7]

더 많이 자는 것이야말로 몸과 마음, 나아가 우리가 내는 결과물에 줄 수 있는 최고의 선물이다.

숙면이 주는 선물

션 와이즈Sean Wise는 캐나다 토론토의 라이어슨대학에서 기업가 정신을 가르치는 교수다.[8] 그는 20년 넘게 벤처 자본 산업에 종사하며 고성장 벤처 기업의 초기 투자 단계를 지원하는 데 전문성을 보여왔고, 압박이 심한 환경 속에서도 큰 위험 부담을 안고 왕성한 의욕으로 사업을 추진하는 여러 창업자와 협업해왔다.

우리는 실리콘밸리의 신화를 보면서, 세상을 바꾸는 혁신 기업의 창업자들은 수면과 같은 사소한 일에 신경 쓸 겨를이 없다고 믿어왔다. 가장 큰 성공을 거둔 스타트업 창업자들의 이야기들을 생각해보자. 카페인에 의존해 몇 날 며칠을 몽롱한 상태로 코딩에만 몰두하다가 결국 잠이 모자라 창백하고 몽롱한 상태가 되었지만, 그 과정에서 수십억 달러의 가치를 지닌 아이디어를 떠올렸다는 이야기 일색이다. 와이즈의 관찰은 이런 레퍼토리와는 상당히 다르다. "제가 목격해보니 수면의 양이나 질이 떨어지면 창업자들의 마음가짐도 망가졌습니다. 같이 일하기도 더 어려워지고 회복력도 저조해져 결국에는 스타트업으로서 성공할 가능성이 낮아진 것입니다." 또 다른 연구를 생각해보면 이는 놀랍지 않은 이야기다. 이 연구 결과, 수면 문제는 기민함, 창의력, 사회적 유능함 등 높은 목표를 추구하는 기업가라면 꼭 갖춰야 할 능력을 훼손할 수 있다는 사실이 드러났다.[9]

수면의 질을 개선하면 더 혁신적인 사고가 가능하다는 것을 목격한 후 와이즈는 직접 수면 실험을 해보기로 했다.[10] 단순히 수면량을 늘릴 뿐 아니라 수면의 질도 높일 수 있는지 알고 싶었던 것이다. 특히 그는 선잠보다 '숙면'의 비율을 높이고, 방해 없이 한번에 자는 수면량도 늘리고 싶었다.

수면 연구를 고려해보면 와이즈는 목표를 제대로 선택했다. 숙면은 여러 면에서 건강에 매우 중요하다. 밤새 잠을 자더라도 숙면 상태에 충분히 들어가지 못하면 수면 부족의 여파를 겪게 된다. 급속 안구 운동rapid eye movement, REM이 일어나는 렘수면과 달리, 숙면 단계에서는 신체 기능과 뇌파가 느려진다. 바로 이 단계에서 정보가 장기 기억에 저장되고, 학습한 내용과 정서가 처리되며, 면역 체계가 활기를 띠어 신체가 회복된다. 건강한 성인은 평균적으로 하룻밤 수면의 13~23%를 숙면 상태로 보낸다.[11] 7시간을 자는 사람이라면 50분에서 100분 정도만 숙면 상태에 머무는 셈이다. 따라서 1분 1초가 소중하다.

한편, 수면의 질은 전반적으로 얼마나 방해 없이 잠자는지를 통해서도 확인할 수 있다. 우리의 뇌파와 심박수는 방해받지 않는 잠자는 시간 동안 물리적, 심리적 자원이 회복되는 지점에 다다른다.[12] 밤에 여러 번 깨면 다음 날 좀처럼 푹 쉬었다는 느낌이 들지 않는 것도 이 때문이다.

와이즈는 숙면과 수면의 질을 극대화하기 위해 간단한 단계를 실행했다. 매일 밤 같은 시간에 잠자리에 누워, 잠들기 1시간 전에는 모든 디지털 기기의 전원을 끄고, 취침 전에는 따뜻한 물에 샤워도 했다. 이렇게 한 달간 스마트시계로 수면 양상을 측정했다. 구체적으로 심박수, 침대에 머문 시간, 수면 시간, 수면의 질, 숙면 비율을 알아보았다.

왜 따뜻한 샤워를 해야 할까? 최근 발표된 수면 연구 결과, 취침 전에 물속에서 수동적으로 몸을 데우는 방식, 즉 목욕을 실행한 참가자들은 다른 그룹보다 더 빨리 잠들어 더 오랫동안 더 잘 잤다.[13] 심부 체온(core body temperature, 몸의 중심 온도-옮긴이)이 떨어지는 것과 수면 주기가 연관된다는 사실을 생각하면 이 결과는 이해하기 어렵다. 하지만 이 연구에서 중요한 것은 목욕 혹은 샤워의 시점이었다. 즉 취침을 90분 앞둔 시점에 샤워해야 효과가 나타났다. 본 연구의 주 저자에 따르면, 따뜻한 물은 우리 몸의 냉각 메커니즘을 촉발해 몸의 중심 쪽에 있는 더 따뜻한 피를 바깥쪽으로 보내고 손발을 통해 열을 내뿜게 만든다고 한다. 이렇게 '효율적으로 체열을 없애고 체온을 떨어뜨리는' 작용을 통해 신속히 자연 냉각이 일어나 잠들기가 더 수월해진다.

4주 뒤, 와이즈의 숙면 시간은 매일 밤 거의 2시간에 달했다. 처음보다 800%나 증가한 것이다. 방해받지 않는 수면도 20% 늘었다. 실험 이후로 와이즈는 더 예리하고, 더욱더 창의적이며, 전보다 더 현재에 몰입하게 되었다고 느꼈다. 상쾌한 기분으로 눈을 떠서 또 다른 하루를 거뜬히 보낼 준비가 되었다.

와이즈는 이렇게 지적했다. "우리는 인생의 3분의 1을 잠에 씁니다. 이 시간을 더 잘 보내야 하지 않을까 진지하게 고민해볼 때입니다."

손쉽게 낮잠 자기

나 역시 날마다 최적의 숙면과 양질의 수면을 취하지 못한다는 것을 인정해야겠다. 하지만 낮잠에 관한 한 나를 따라올 자는 없다. 낮잠으로 수면 부채를 메울 수 있다는 반가운 연구 결과도 있다. 사실, 충분한 휴식을 취한 사람도 낮잠을 통해 반응 시간, 논리적 추론, 상징 인식 부문의 성과를 더 높일 수 있다.[14] 낮잠은 기분을 개선해 충동심과 좌절감을 덜어준다.[15] 한 연구에서, 낮잠은 몇몇 유형의 기억 측면에서 하룻밤 푹 자고 일어난 것과 동일하게 유익했다.[16] 연구자는 이렇게 말했다. "놀랍게도 90분간 낮잠을 자면 8시간 수면을 취한 것과 동일한 (학습) 유익을 얻을 수 있습니다."

나와 대화를 나눈 대다수 사람은 주기적으로 낮잠을 자는 것에 흥미를 보였다. 그러면서도 이를 실천하기란 거의 불가능하다고 여겼다. 낮잠 자기가 왜 그리 어려운 걸까?

우리는 '할 일을 완수'하는 대신 낮잠을 자면 죄책감을 느끼도록 길들여 있다. 무언가를 놓치고 싶지 않은 불안 심리, 의지로 밀어붙이면 된다고 믿지만 실제로는 더 낮은 성과를 내는 현실, 낮잠은 게으르거나 심지어 어린애 같은 특징이라는 낙인이 뒤섞여 이런 감정이 나타난다.

오늘날 만연한 허슬 문화(hustle culture, 일을 중심으로 열정적으로 살아가는 것을 높이 평가하는 문화-옮긴이)의 해로움에 관해서는 익히 알려져 있다. 허슬 문화 속에서 "난 그렇게 많이 잘 필요 없어", "느긋하게 잠잘 시간도 있나 보군! 난 아니야" 같은 말을 훈장처럼 꺼내곤 한다. 하지만 사실 '수면 망신 주기sleep shaming'는 시대를 초월한 전통이다. 역사학자이자 대통령 전기 작가인 론 처노Ron Chernow는 미국 남북전쟁의 영웅 율리시스 그랜트Ulysses S. Grant가 중요한 전투를 앞두고 11시에 잠자리에 들려 했던 이야기를 들려준다.[17] 이때 그의 휘하에 있던 사령관 중 한 사람이 다가와, 나폴레

옹은 매일 전장에서 4시간만 자고도 명민한 정신 능력을 발휘했다고 날카롭게 지적했다. 꼬박꼬박 7시간 수면을 챙겼던 그랜트는 반신반의하는 얼굴로 이렇게 답했다. "적어도 난 그런 얘기를 하나도 믿지 않았네. 실제로는 말일세, 밤에 부족했던 수면을 틀림없이 낮잠으로 보충했다는 사실이 밝혀졌을 걸세."

이제 낮잠을 새롭게 생각해봐야 할 때다. 손쉽게 낮잠 자는 방법은 다음과 같다.

1. 피로가 쌓여서 집중하기가 매우 어려워지는 순간을 알아차린다.
2. 안대, 소음 제거기, 귀마개를 사용해 빛과 소음을 차단한다.
3. 알맞은 시간에 울리도록 알람을 맞춰둔다.
4. 잠들려고 노력할 때 '이 시간에 할 수 있는' 다른 일에 관한 모든 생각을 지운다. 그 일들은 깨어난 후에도 그대로 있을 것이다. 낮잠을 자고 일어나야만 그것들을 더 빠르고 수월하게 해낼 수 있다.

처음 몇 번은 어느 정도 노력이 필요하다. 전혀 잠들지 못할 수도 있다. 하지만 계속 시도해보자. 하루 중 낮잠이 필요한 시간을 찾아냈다면 그 시간은 일정을 비우자. 약간의 연습을 기울인다면 아무런 죄책감 없이 손쉽게 낮잠을 즐기게 될 것이다.

열쇠를 쥐고 빠져드는 선잠

스페인의 화가 살바도르 달리Salvador Dalí의 작품 중 가장 유명한 그림인 〈기억의 지속The Persistence of Memory〉은 그가 나고 자란 카탈루냐의 바위가 많은 실제 풍경을 배경으로 한 듯하다.[18] 하지만 초현실주의 예술작품 대다수가 그렇듯 이 작품도 꿈속에서나 나올 법한 기묘한 분위기를 풍긴다. 곳곳의 시계들은 온전한 형체를 잃고 태양 볕 아래 카망베르 치즈처럼 녹아내린다. 파리 한 마리의 그림자는 인간의 형체를 하고 있다. 한쪽에는 개미 떼가 모여 있다. 초현실주의 운동이 절정에 달하던 1931년에 완성된 이 작품은 달리에게 세계적 명성을 안겨주었다.

달리는 인상주의 시대와 르네상스 시대의 예술작품에서 영감을 얻었다.[19] 정규 교육으로는 마드리드에서 순수 예술을 공부했다. 이러한 배경을 고려할 때, 달리는 대상을 정확히 묘사하는 정확한 화법을 추구했으리라 짐작할 만하다. 그런 그가 어떻게 고전적 기법을 탈피하고 현실과 꿈속 장면을 동시에 담아내는 인상적인 작품을 탄생시킬 수 있었을까?

비밀은 낮잠이었다. 적어도 초현실적인 낮잠을 잤을 것이다.[20] 달리는 의자에 앉아 양팔을 팔걸이 끝에 늘어뜨린 채 낮잠을 잤다. 한 손에는 엄지와 검지 사이에 무거운 금속 열쇠를 쥐고 있었다. 그 열쇠 아래쪽 바닥에는 접시를 엎어 놓았다. 이 상태에서 달리는 두 눈을 감고 느긋하게 긴장을 풀었다. 잠속으로 빠져들면 열쇠를 쥐고 있던 손이 풀릴 터였다. "쨍그랑!" 하고 열쇠가 접시에 부딪히는 소리가 나면 두 눈을 번쩍 떴다. 그러고 나면 새로운 감흥에 가득 차 또 다른 기묘한 작품을 그려낼 수 있었다. 달리는 이렇게 설명했다. "완전히 의식을 잃은 것도 아니고 정말 잠들었다고 확신할 수도 없는 모호한 순간에 다다르면, 팽팽한 평형 상태 속에 놓여 수면과 현실을 구분하는 투명한 전선 안에 들어 있는 느낌이었다."[21] 달리는 이 기법을 가리켜 '열쇠를 쥐고 빠져드는 선잠'이라고 불렀다.[22]

꿈은 온종일 우리를 짓누르는 갖가지 문제에 대한 독창적인 해법을 품고 있는 비옥한 토양이다. 하지만 우리는 아이디어의 실마리만 갖고 잠에서 깰 때가 많다. 이 생각들은 제대로 포착하지 못하면 금세 사라지고 만다. 감흥을 원하는 사람이 기댈 만한 가장 쉬운 방법은 두 눈을 쉬게 하는 것이다. 좋아하는 의자에 자리를 잡고 앉아보자. 알람을 맞춰도 좋고 달리처럼 열쇠를 활용해도 좋다. 눈을 번쩍 떴을 때 마음속에 일어나는 모든 것을 적을 수 있도록 가까이에 연필도 준비해놓자.

자연적인 신체 리듬에 저항하기를 멈추자. 그리고 쉼은 아랑곳없이 성취만을 좇는 사람에게 유리한 힘겨루기는 다른 이들에게 양보하자. 그러면 삶에 질감과 명료함과 분명한 의지가 생긴다. 이로써 자기만의 수월한 상태로 돌아간다.

CHAPTER 5

알아차리기

: 명확하게 보는 법

아서 코난 도일Arthur Conan Doyle의 셜록 홈스는 대중에게 가장 유명한 캐릭터로, 영화와 TV 프로그램에서 가장 많이 묘사되는 문학 등장인물에 손꼽힌다.[1] 하지만 놀랍게도 이 사설 탐정은 도일이 쓴 45편의 소설 중 단 4편에 등장한다. 셜록 홈스가 이토록 강렬하고 인상 깊은 캐릭터로 남은 데는 그가 가진 전대미문의 관찰력도 한몫했다. 그는 대다수 사람이 놓치고 지나가는 매우 사소한 디테일도 알아차릴 수 있는 예리한 능력을 지녔다. 이 능력이 잘 묘사된 작품은 1891년에 나온 도일의 단편소설 〈보헤미아 왕국의 스캔들A Scandal in Bohemia〉이다.[2]

이 이야기는 홈스 시리즈의 화자로 계속 등장하는 존 왓슨John H. Watson 박사가 친구 셜록 홈스의 유명한 주소인 런던 베이커가

221B에 방문하는 장면으로 시작한다. 홈스는 다음과 같은 물음으로 왓슨을 깜짝 놀라게 한다. "보아하니 자네는 최근에 비를 흠뻑 맞은 적이 있고, 말할 수 없이 서투르고 부주의한 하녀를 두고 있군." 할 말을 잃은 왓슨은 주초에 시골길을 걷다가 진흙을 가득 묻힌 채 돌아왔다고 털어놓았다. 하지만 홈스가 어떻게 그 사실을 추리해 냈는지 도무지 알 수가 없었다. 홈스는 '간단한' 문제라고 답했다. 난로 불빛이 왓슨의 왼쪽 구두 밑창을 비추기에 들여다보니 가장자리가 여섯 군데나 나란히 긁혀 있었다. 홈스는 부주의한 하녀가 난롯불 곁에서 진흙을 털어내다가 이 자국이 생겼다고 추론했다.

왓슨은 이 설명이 매우 정확한데도 홈스에게 전해 듣기 전까지 자기가 전혀 알아채지 못한 이유를 홈스에게 물었다. 왓슨은 말했다. "시력으로 말할 것 같으면 나도 자네 못지않단 말일세." 홈스는 안락의자에 털썩 앉으며 이렇게 답했다. "어련하실까. 자네는 눈으로 보긴 하지만 관찰하지는 않아." 그러고는 아래층 복도부터 위층까지 이어지는 계단이 몇 개냐고 왓슨에게 물었다. 왓슨은 이 계단을 수백 번 오갔으면서도 얼른 답을 내놓지 못했다. 홈스는 의기양양하게 말했다. "관찰하지 않은 게지. 보긴 봤지만 말일세."

왓슨은 이 대화를 되돌아보며 이렇게 말했다. "이때 주고받은 말은 나를 충격에 빠뜨렸다. 나는 우리 집에 놓여 있는 계단이 몇 개인지, 대문까지 이어지는 계단은 몇 개인지 열심히 기억해 내려 했다(하지만 실패했다). 그 후로 꽤 오랫동안, 누군가 갑자기 물어볼 때를 대비해 할 수 있을 때마다 계단을 세어보고 이를 잘 기억해두려 했다. 그러면 홈스가 뿌듯해 하겠지(물론, 그렇게 열심히 기억하려 했던 숫자는 금세 잊어버리곤 했다. 나중에야 안 사실이지만, 나는 외우는 데 너무 집중한 나머지 이렇게 행동하는 목적을 까맣게 잊어버렸다. 관찰력이 높아지기는커녕 오히려 더 떨어진 것이다)."

우리 중 많은 사람도 이 이야기에서 왓슨이 자세히 말했던 곤란한 상황을 겪곤 한다. 누가 봐도 뻔하고, 늘 눈앞에 있었으며, 주변에서 쉽게 찾아볼 만한 것을 지적받았을 때 이를 전혀 알아채지 못한 경험은 누구에게나 있다. 왓슨은 겉보기에는 하찮은 단서들로부터 일련의 정확한 사실을 가려내 마법에 가까운 결론을 도출해내는 홈스의 초인적인 능력을 목격했다. 물론 이것은 마법이 아니었다. 단순히 보는 것과 관찰하는 것, 지켜보는 것과 알아차리는 것, 존재하는 것과 현재에 머무는 것 사이에 나타나는 차이였다.

우리는 얼마나 자주 유심히 관찰하고 진정으로 알아차리는 행동을 하고 있을까? 내 주변에는 이를 잘 해내지 못해 힘들어하는 사람이 많다. 온갖 문제를 손에 쥐고 끊임없이 여기저기에 신경을 쓴다면 현재 순간에 머물러 한 사람, 하나의 대화, 한 가지 경험에 온전히 주의를 기울이기가 어렵다고 느껴진다. 사실 그 일 자체는 그리 어렵지 않다.

듣는 것은 어려운 일이 아니다. 가만히 있지 못하는 마음을 잡아두기가 어려운 것이다. 현재에 머무는 것도 어렵지 않다. 과거와 미래를 늘 머릿속에 담지 않는 것이 어렵다.

알아차리기 자체는 어렵지 않다. 주변의 모든 소음을 무시하는

것이 어려운 것이다. 적어도 처음에는 그렇다. 하지만 우리의 시
야를 가리는 갖가지 생각거리, 걱정, 외부의 방해 요소를 없애고
나면 홈스의 '마법'이 조금은 쉬워 보인다.

이런 방해 요소들은 눈 속에 들어 있는 백내장과도 같다. 백내
장을 내버려두면 점점 커져서 상태가 악화된다.[3] 이와 함께 시력
도 나빠진다. 책을 읽기도 더 어려워지고, 대화 나누는 상대를 제
대로 보는 일도 몹시 힘겨워진다. 운전대를 잡는 것도 위험해진
다. 망막에 들어오는 빛이 적을수록 모든 일이 어려워진다. 결국,
백내장 때문에 시력을 완전히 잃게 된다.

온전히 현재에 머물지 못하게 하는 방해 요소들은 우리 마음의
백내장이라고 할 수 있다. 이 때문에 중요한 것을 알아차리기가
더 어려워지니 말이다. 마음속에 들어오는 빛도 점점 줄어들어 더
많은 것을 놓쳐버린다. 결국, 가장 중요한 일들을 전혀 알아보지
못한다.

다행히 백내장은 걷어낼 수 있다. 백내장을 없애면 다시 망막에
빛이 들어와 전에는 놓쳤던 것을 분명하고 수월하게 볼 수 있다.

명확하게 보는 법

스테판 커리는 아버지의 모교인 버지니아폴리테크닉 주립대학
Virginia Tech 에서 농구 선수로 뛰는 꿈을 간직해왔다.[4] 하지만 학교에
서는 그에게 장학금을 수여하려 하지 않았다. 그의 체구를 문제

삼은 것이다. 그의 키와 몸무게는 겨우 192cm와 84kg이었기에 점점 더 큰 체구의 선수들이 뛰는 농구판에서는 명백히 불리했다. 커리가 골든 스테이트 워리어스에 입단한 2009년 당시, NBA 선수의 평균 키는 204cm에 거의 가까웠다. LA 레이커스의 슈퍼스타 르브론 제임스Lebron James는 210cm의 장신이었고, 136kg이 넘는 거구였던 샤킬 오닐Shaquille O'neal은 백보드를 통째로 부서뜨릴 정도였다.

체구가 작은 NBA 선수들은 대개 민첩성과 신속성을 훈련한다. 하지만 커리는 다른 방법을 썼다. 두뇌 훈련에 집중하기로 한 것이다. 2010년 두 번째 시즌 이후로 트레이너 브랜든 페인Brandon Payne은 커리의 지각 능력을 높이기 위해 '신경 훈련'에 돌입했다.[5] 이 훈련은 다음과 같은 방식으로 점차 난이도를 키운다.

먼저 한 손으로는 테니스공을 저글링하면서 다른 손으로는 농구공으로 드리블을 연습했다. 그다음에는 방법을 바꿔 테니스공을 드리블했다. 뒤이어 벽에 대고 테니스공을 튕기면서 다른 손으로는 계속 농구공을 드리블했다. 그러고 나서는 두 다리 사이로 농구공을 튕겼다. 마지막에는 드리블하는 테니스공을 2개로 늘린다. 페인에 따르면 이 아찔한 연습은 이른바 '신경인지 효율성'이라는 능력을 높여 커리의 주의력을 향상하고자 고안한 것이었다. 각 단계를 넘어갈 때마다 커리는 점점 더 많은 정보를 처리하는 동시에 주어진 과제에 대한 주의력을 유지해야 했다.

'스테판 커리는 말 그대로 우리와 다른 각도로 세상을 본다'라는 제목의 기사를 쓴 드레이크 베어Drake Baer 기자는 이렇게 말했다. "커리의 외모만 보면 현재 리그를 주름잡는 가장 막강한 선수라고 짐작할 수 없다. 그는 192cm에 86kg이다. 불도저 르브론 제임스처럼 밀어붙이지도 않고, 마이클 조던처럼 날아다니지도 않는다. 그의 강점은 더 미묘하다. 커리의 놀라운 민첩성과 비범한 슈팅 기술은 이미 모두가 잘 아는 강점이다. 하지만 드러난 증거를 보건대, 커리는 가장 압박이 크고 복잡하며 급박하게 변하는 상황에서도 입력된 감각 정보를 처리하는 능력에 있어 보통 사람과는 매우 다른 아웃라이어outlier며, 천재라 해도 과언이 아닐 것이다. 쉽게 말해 그는 경기에서 더 많은 것을 포착함으로써 상대편 선수들의 위치 선점을 활용해 슛을 만들어내고, 패스 공간을 확보하며, 상대의 실책을 유발한다."[6]

워리어스의 감독 스티브 커Steve Kerr는 손-눈 협응에 있어 커리는 그가 "지금껏 만나온 그 어떤 선수에게도 뒤지지 않는다"라고 말했다. 현재 커리는 NBA 역사상 최고의 슈터로 널리 인정받고 있다.

최근 과학이 그 이유를 설명해준다. 한 연구에서는 주의력에 관한 근육을 훈련하면 놀라운 속도로 움직이면서 복잡한 정보를 처리하는 능력이 개선된다는 것이 밝혀졌다.

이 연구에서 영국 프리미어리그, 북아메리카의 프로 아이스하키 리그, 프랑스 럭비 리그에서 뛰는 전문 운동선수, 나아가 비전문 엘리트 운동선수와 운동선수가 아닌 사람까지 모든 참가자는 종횡으로 움직이며 서로 맞고 튕겨 나가거나 가상의 벽에 부딪히는 공 8개가 존재하는 가상 시뮬레이션에 참여했다. 그들이 할 일은 공 4개의 궤적을 추적하는 것이었고, 공이 멈추면 추적하던 공이 어떤 것인지 식별해야 했다.

이 과제에 성공하면 다음 라운드의 시뮬레이션에서는 속도를 더 높인다. 페인이 커리에게 적용했던 훈련 방식 그대로다. 연구 결과, 예상대로 빠르게 움직이는 복잡한 정보를 처리하는 데서는 전문 운동선수들이 다른 그룹보다 능숙했다. 하지만 NBA에서 뛸 일이 없는 우리에게 더 유용한 사실은, 연습을 진행하자 모든 그룹의 실력이 금세 향상했다는 것이다.[7] 중요한 정보에 집중하고 관련 없는 정보는 무시하는 점에서는 모든 사람이 더 나아졌다.

수월한 상태에 있다는 것은, 정보가 급속히 움직이며 방해 요소가 끝없이 쏟아지는 상황에서도 정신을 바짝 차리고 현재에 머문다는 것이다. 이런 상태를 예사롭게 보아서는 안 된다. 주의력이 높아진 상태에서는 대상이 다르게 보이기 때문이다. 즉 중요한 대상에 레이저를 비출 수 있게 된다. 코앞에 있었으나 전에는 놓쳤던 것을 알아차리게 된다.

대인 관계 속에서 경험하는 테니스 게임

물리적으로는 사람들과 함께 있으면서도 정신적으로는 그들과 함께 머물지 않는 경우가 있다. 그 결과 상대를 진심으로 알아차리고 명확히 보는 데 애를 먹는다.

존 가트맨John Gottman은 러브 랩Love Lab이라고도 알려진 공식 기관 '가트맨 인스티튜트Gottman Institute'에서 지난 40년간 인간관계의 과학을 연구해왔다. 존경받는 심리학자이기도 한 그의 아내 줄리 슈워츠 가트맨Julie Schwartz Gottman과 그는 결혼과 인간관계에 관해 여러 책을 저술했고 세계적으로도 유명한 전문가들이다. 인간관계의 난해한 작동 방식 그리고 안정된 결혼 생활과 이혼을 예견하는 역학에 관한 한 이 분야에서 이들 부부보다 더 많은 정보를 수집한 사람은 없다.[8]

가트맨 부부에 따르면 모든 사람은 인간관계 속에서 애정, 확신, 주목을 받으려고 크고 작은 시도를 한다고 한다.[9] 그들은 이를 가리켜 '소통을 위한 노력bids for connection'이라고 부른다. 주목을 얻으려는 노력에 대해 배우자가 반응하는 방식은 크게 세 가지다. 각각의 방식은 테니스 경기에 비유할 수 있다.

첫 번째 반응 유형은 '정확히 되돌려주기'다. 집에 돌아오면 사랑하는 상대의 볼에 가볍게 키스하고 "오늘 날씨 정말 좋지 않아?" 하고 말한다. 그러면 상대는 "그러게. 너무 좋더라! 창문을 좀 열까 봐"라고 답한다. 여기서 배우자는 코트 반대편에서 서브를 받아 다시 반대쪽을 향해 탄탄한 스트로크를 구사하고 있다. 이 공은 매우 수월하게 받아낼 수 있기에 경기가 계속 이어진다.

두 번째 반응 유형은 '받아치기 어렵게 넘겨주기'다. 이 경우, 배우자는 날씨에 대한 말에 다음과 같이 응대한다. "정말 그렇게 생각해? 오늘 바깥 날씨는 너무 더운 것 같던데. 이런 후텁지근한 날씨는 딱 질색이야!" 이때 두 사람은 네트를 넘기긴 하나 공을 코트 정반대 방향으로 보내는 탓에 전속력으로 달려가야만 공을 처 낼 수 있다. 경기는 이어지겠지만 첫 번째 유형보다 훨씬 힘이 많이 든다.

세 번째 반응 유형은 '딴청 피우기'다. 이때 배우자는 날씨에 관한 말에는 전혀 답변하지 않고, "자동차 오일 교체는 했어?"와 같이 전혀 상관없는 주제를 꺼낸다. 공이 정확히 네트에 맞는 순간이다. 이렇게 경기는 끝나버린다. 경기를 재개하려면 새로운 에너지(정신적, 육체적)가 필요하다.

가트맨의 연구에 따르면, 인간관계에 있어 첫 번째, 두 번째 반응 유형 모두 ― 심지어 따지는 듯한 반응이더라도 ― 대체로 건강하다고 볼 수 있다. 가장 피해가 큰 유형은 세 번째다. 이런 반응은 두 사람이 서로를 보지 않고 있다는 것을 신호하는 것이다. 뛰는 경기도 다르고, 심지어 종목도 다르다. 똑같은 벽을 바라보면서 한 사람은 "파란 벽이네"라고 말하고 다른 사람은 "빨간 벽이야"라고 우기는 셈이다.

손쉬운 관계란 없다. 하지만 더 손쉬운 방법으로 관계를 튼튼하게 만들 방법은 있다. 모든 일에 상대와 같은 의견을 가질 필요는 없다. 하지만 상대와 함께 머무르고, 상대를 진심으로 알아차리며, 상대에게 온전히 집중해주는 노력은 필요하다. 늘 그러지는 못해도 최대한 자주 이런 노력을 보여야 한다.

에크하르트 톨레Eckhart Tolle가 말했듯 현재에 머문다는 것은 '존재를 편하게' 해주는 것이다.[10]

현재에 집중할 때 느끼는 마법 같은 힘

로널드 엡스타인Ronald Epstein은 나이가 지긋한 의사가 걸어들어와 자신의 귀, 목구멍, 목, 가슴, 복부를 능숙하게 살펴보는 동안 불안감이 치솟았다.[11] 병을 진단하고 경과를 예상하며 약을 처방하는 모든 과정이 원활히 진행되었고, 전체 과정은 엡스타인의 그날 아침 식사 시간보다도 빨리 끝났다. 하지만 놀라운 점이 하나 있었다. 진료실에서 만난 그 의사는 마치 그날 진료할 환자가 엡스타인뿐인 듯 눈앞에서 초조해하고 있는 열일곱 살 환자의 물음에 성실하게 답해주었다.

그날 밤 잠자리에 들던 엡스타인은 진료실에서 경험한 일로 벌써 변화를 느꼈다. 하지만 정확히 무슨 일이 벌어진지는 이해할 수 없었다. 이 경험은 엡스타인이 병에서 회복하는 2주 내내 그의 마음속에 남아 있었다. 사실 그가 앓은 것은 전형적인 감기였다.

이후 엡스타인은 학습 지도 상담가들과 만났다. 그들은 성인이라면 으레 청소년에게 묻곤 하는 고등학교 졸업 후의 진로를 물었고, 엡스타인은 그런 뻔한 질문에 답하고 대학 지원서를 써 내려가는 동안에도 진료실에서의 경험을 간직하고 있었다. 배낭이 너무 무거워 몸은 짓눌려도 활력이 가득한 채로 터덕터덕 캠퍼스에 들어설 때도 그 경험은 남아 있었다. 그는 자신의 소명이라고 확신한 일에 온통 집중되어 있었다. 바로 아픈 사람들을 치료하는 데 필요한 모든 것을 배우겠다는 것이었다.

놀랍게도, 수년 전 한 의사와 만났던 짧은 순간—의사의 두터운 친절, 확신에 찬 차분함, 온전히 현재에 집중하는 모습—은 그동안 내내 엡스타인의 마음에 생생히 남아 있었다.

그토록 짧은 순간이 한 인생의 경로를 결정지을 만큼 강렬한 흔적을 남길 수 있을까? 차분히 앉아 이야기를 들어주며 자신의 주의력을 온전히 엡스타인에게 전달한 의사의 태도가 엡스타인의 미래를 다 결정한 것일까?

함께 있는 사람들에게 온전히 집중하는 것은 그 자체로 영향력을 발휘한다. 또한 이 영향력은 그 순간에 그치지 않는다. 극히 짧은 순간 동안이라도 세상에서 가장 중요한 사람이 된 듯한 경험은 이후로도 꽤 오랫동안 남아 있다. 현재에 집중하는 데는 마법과 같은 놀라운 힘이 있다.

사람들로 가득 찬 회의장이나 호텔 연회장에서 청중에게 여러 번 물어본 것이 있다. 지금껏 사는 동안 온전히 현재에 머물며 자기에게 집중해준 사람을 떠올려보고 그 순간의 느낌을 한 단어로 표현해 보라는 것이었다. 이를 거듭하면서 사람들이 내놓는 형용사의 개수, 강도, 다양함에 차츰 익숙해졌다.

답으로 나온 단어에는 관대함, 존중받음, 이해심, 새로운 활력, 진실함, 가치 있음, 평화로움, 중요함, 특별함, 놀라움, 시선을 받음, 공생, 집중, 날 것, 친밀함, 중요함, 기운을 북돋움, 기를 불어넣음, 고요함, 귀중함, 마법 같음, 따뜻함, 영향력 있음, 매력 있음, 확신을 줌, 받아들임, 값을 매길 수 없음 등이 있었다.

한 단어로 표현하기 사례를 통해 어떤 결론을 얻을 수 있을까? 이 단어들은 소심한 묘사가 아니다. 이렇게 의미심장한 말로 표현되는 사람이라면 산이라도 옮겨준 듯 대단한 일을 했으리라는 생각이 든다. 하지만 그렇지 않았다. 이들이 묘사한 대상은 그저 그들과 함께 온전히 현재에 머물러준 사람이었다.

누군가에게 집중해 온전히 현재에 머물면 상대가 더 명확히 보인다. 이를 통해 상대도 자신을 명확히 보게 된다.

명료화 모임[12]

살다 보면 문제를 정확히 파악하거나 분명한 결정을 내리지 못해 도움을 청해오는 사람들이 있다. 하지만 안타깝게도 상대의 이야기를 듣고는 다짜고짜 성급한 판단을 내리는 통에 문제를 더 어렵게 만드는 사람도 많다. 우리는 지나친 의욕을 보이며 "그럴 땐 이렇게 해야지", "처음부터 이렇게 했어야지", "나라면 이렇게 하겠어"라는 식으로 조언하려 든다. 아무리 의도가 좋다고 해도, 사태를 명확히 보려는 사람 앞에 이런 성급한 판단을 내놓는 것은 두 가지 면에서 문제를 더 어렵게 만든다.

첫째, 판단받기를 두려워하는 사람들은 내면의 목소리에 귀를 막는다. 이에 따라 자기가 실제로 보고 느끼는 것이 아니라 남들이 들어줄 것 같은 것에만 집중한다. 둘째, 우리의 판단과 견해를 전달한 순간, 이 내용은 상대 스스로 결론을 내리는 데 필요한 제한된 정신적 공간을 놓고 경쟁을 벌인다.

이와는 대조적으로 퀘이커 교도들이 실천하는 이른바 '명료화 모임clearness committee'을 생각해보자. 퀘이커 신앙 공동체 내에서 누군가('초점 인물') 중요한 딜레마에 빠졌을 때, 이들은 믿을 만한 몇 사람('연장자들')에게 찾아가 모임을 꾸려달라고 요청한다. 이 모임의 목적은 초점 인물에게 할 일을 지시하는 것이 아니다. 오히려 그들 스스로 해법을 찾아내도록 도우려는 것이다. 이를 고려해 모임에서는 논의에서 결코 판단을 내리지 않는다.

모두 자리에 모이면 먼저 초점 인물이 자신의 딜레마를 이야기하고 이 문제가 왜 중요한지 설명한다. 연장자들은 그저 조용히 이야기를 들어준다.

어떤 상황인지 파악한 연장자들에게는 몇 가지 선택지가 있다. 우선 '솔직한 질문'을 던질 수 있다. 이를 통해 그들이 답할 수 없는 질문들을 명확히 밝힌다. 또한 앞서 들은 내용을 검토하거나 초점 인물이 말한 내용을 재확인할 수도 있다. 이때 견해, 충고, 판단의 말은 꺼낼 수 없다.

명료화 모임의 활동 절차를 잘 알고 있는 파커 파머Parker Palmer는 이렇게 설명했다. "개개인의 내면에는 자기 문제를 해결하는 데 필요한 지침과 힘을 제공하는 자기만의 스승과 진실의 목소리가 들어 있습니다."[13] 명료화 모임의 목적은 이러한 내면의 목소리에 더 세심히 귀를 기울임으로써 명료함을 가지고 앞으로 나아갈 방법을 찾게 하려는 것이다.

우리도 이와 같은 방식으로 우리 삶에 찾아오는 사람들을 도울 수 있다. 자신의 견해, 충고, 판단은 모두 내려놓고 내가 생각하는 진실보다 상대가 진실이라고 여기는 것을 더 존중해주면 된다.

타인에게 줄 수 있는 최고의 선물은 우리의 기술도 돈도 수고도 아니다. 그저 우리 자신을 주면 된다. 타인에게 무한한 주의력과 관심을 기울일 수 있는 사람은 아무도 없다. 하지만 수월한 상태에서는 다른 사람, 나아가 자신이 매우 소중히 여기는 일에 마음을 다해 집중하기가 훨씬 쉬워진다.

필요할 때마다 고양된 지각력과 집중력을 발휘하려면 어떻게 해야 할까? 아래 내용을 날마다 실천해보길 권한다.

1. 나만의 공간 준비하기(2분)

조용한 장소를 찾는다. 휴대전화 전원을 차단한다. 10분 정도 혼자 시간을 보낼 것이라고 사람들에게 말해둔다. 잠시 시간을 가지며 책상을 치운다. 물건들을 제자리에 정돈한다.

2. 몸을 편안히 하기(2분)

등을 곧게 펴고 편안하게 앉는다. 두 눈을 감는다. 어깨도 풀어주고 머리도 양옆으로 움직여본다. 몸 구석구석의 긴장을 이완한다. 평소처럼 자연스럽게 호흡한다.

3. 정신을 편안히 하기(2분)

우리 머릿속은 온갖 생각으로 가득 차기 마련이다. 이 상태를 있는 그대로 인정하고 그 생각들을 알아차린다. 떠올랐다가 사라지는 생각들을 내버려둔다.

4. 마음을 풀어놓기(2분)

나에게 잘못을 저지른 사람이 떠오른다면 "당신을 용서합니다" 라고 말하고, 그 일에 얽매이게 만드는 사슬을 끊어버리는 장면 을 상상한다.

5. 감사의 마음을 들이마시기(2분)

삶에서 진심으로 감사했던 순간을 떠올린다. 모든 감각을 동원 해 그때 상황을 머릿속에서 재현한다. 어디 있었고, 어떤 기분 을 느꼈으며, 누구와 함께 있었는지도 생각해본다. 들숨과 함께 그때 감사했던 마음을 들이마신다. 이 과정을 세 번 반복한다.

최소 노력의 법칙 1
수월한 상태

수월한 상태란?	많은 사람이 수월한 상태를 경험해 보았다. 이 상태는 신체적으로 편안하고, 정서적으로 홀가분하며, 정신적으로 에너지가 가득한 상태를 뜻한다. 온전히 현재에 머물러 이 순간 가장 중요한 일에 주의를 기울여 집중하는 상태다. 이 상태에서는 가장 중요한 일을 손쉽게 집중할 수 있다.
뒤집어 생각하기	'왜 이렇게 힘든 걸까?'라고 묻던 질문을 '쉬운 방법이 있다면?'이라고 바꿔본다. '올바른' 방법은 더 힘든 법이라는 전제에 도전한다. 간접적인 접근 방식을 찾아봄으로써 불가능한 일을 가능하게 만든다. 너무 버거운 일에 부딪힐 때는 '필요 이상으로 내가 이 일을 어렵게 만들고 있지는 않을까?'라고 물어본다.
즐기기	가장 필수적인 활동을 가장 즐거운 활동과 엮어본다. 일과 놀이가 공존할 수 있음을 받아들인다. 따분한 과제를 의미 있는 의식으로 바꿔본다. 웃음과 재미를 통해 순간순간을 더 밝게 만든다.

풀어버리기	계속 짊어질 이유가 없는 정서적 짐을 내려놓는다. 모자란 것에 집중하면 가진 것도 잃어버리며, 가진 것에 집중하면 모자란 것이 채워진다는 것을 꼭 기억한다. '불평의 말을 꺼낼 때마다 감사한 것도 함께 말하는' 습관을 들인다. '나는 무엇을 위해 이 원한을 고용했을까?'라고 물음으로써 원한에 부여한 의무를 해제한다.
충분히 쉬기	아무것도 하지 않는 기술을 익힌다. 오늘은 내일까지 완벽히 회복할 수 있는 정도로만 일한다. 필수 활동은 3회에 나누어 실행하되 1회에 90분을 넘기지 않는다. 손쉽게 낮잠 자는 방법을 실천한다.
알아차리기	현재에 머무는 힘을 길러 더 생생하게 깨어 있는 상태를 이룬다. 중요한 일에 집중하고 관련 없는 것은 무시하도록 두뇌를 훈련한다. 다른 사람들이 사태를 더 명확히 보도록 돕고 싶다면 자신의 견해, 충고, 판단은 접어두고 상대의 진실을 더 존중한다. 머릿속 잡동사니를 정리하기 전에 물리적인 주변 환경부터 깨끗이 정돈한다.

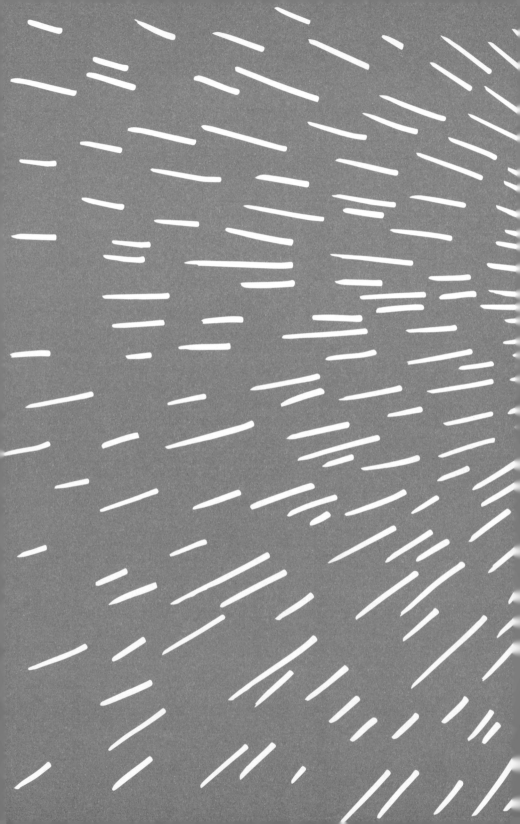

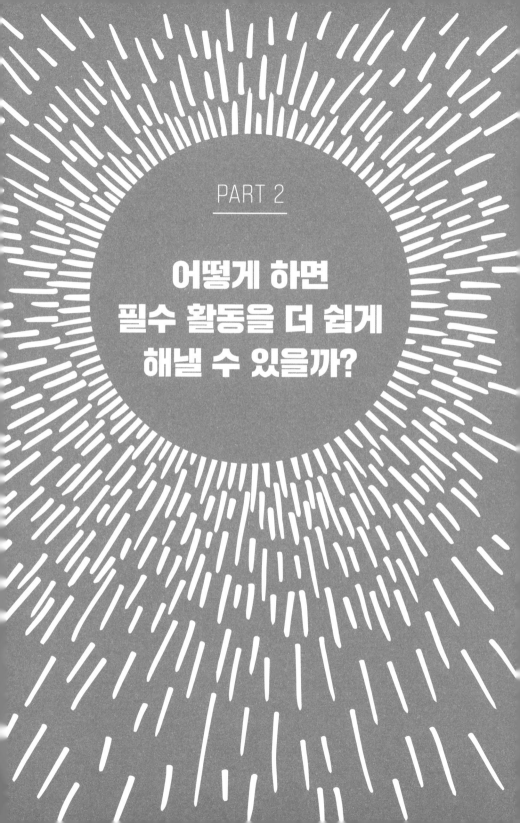

PART 2

어떻게 하면
필수 활동을 더 쉽게
해낼 수 있을까?

래리 실버베르그Larry Silverberg는 노스캐롤라이나 주립대학의 '역학 전문가'다. 즉 물리적인 것의 움직임을 전문적으로 연구하는 사람이다. 그는 연구의 목적으로 20년 넘게 수백만 회의 자유투 하나하나의 움직임을 조사하기도 했다.[1]

오랜 연구 끝에, 그는 자유투를 성공으로 이끄는 가장 중요한 요인은 공을 던질 때의 속도라는 사실을 발견했다. 운동감각적인 측면에서 가장 슈팅에 좋은 순간을 알아내려면 연습을 통해 근육 기억을 쌓아야 한다. 그러면 전혀 애쓰지 않고 슛을 시도할 순간을 포착하게 된다. 이 순간에는 물 흐르듯 자연스럽고 본능적으로 움직일 수 있다.

수월한 행동이란 바로 이 경우를 의미한다.

지나치게 심혈을 기울여 자유투를 던지려 하면 바짝 긴장해 너무 빨리 움직이게 된다. 더 많이 노력해야 좋은 결과를 얻는다고 믿는 많은 수완가에게도 비슷한 현상이 나타난다. 크나큰 노력을 기울이고도 원하는 결과를 얻지 못할 때, 이들은 더 많은 힘을 쏟아붓는다. 더 오래 일하며 상황에 더 집착한다. 진척이 더디면 아직 더 노력해야 한다며 상황을 잘못 해석하는 것이다. 하지만 이들이 아직 모르는 것이 있다.

일정 지점이 넘어서면 더 큰 노력이 더 나은 성과로 이어지지 않는다. 오히려 성과가 떨어질 뿐이다.

경제학자들은 이를 가리켜 수확체감diminishing returns의 법칙이라고 부른다.[2] 즉 일정 시점이 지나면, 투입을 한 단위씩 늘릴 때마다 산출 속도가 떨어진다는 것이다. 예를 들어, 나는 2시간 작업하면 원고 2페이지를 쓸 수 있다. 하지만 4시간 작업하면 4페이지가 아니라 3페이지가 나온다. 이렇게 산출 속도가 점점 느려진다. 이때 더 큰 노력을 기울일지는 잘 고민해봐야 한다. 하지만 몇몇 수완가들은 이때 노력을 2배로 늘린다. 산출량이 줄었으니 더 열심히 밀어붙여야 한다고 오판하는 것이다. 이 경우 어떤 결과가 나타날까?

**일정 지점을 넘어서면
더 큰 노력이 더 나은 성과로 이어지지 않는다.
오히려 성과가 떨어질 뿐이다.**

이를 가리켜 부정성 수확negative returns이라고 할 수 있다. 이 시점에 도달하면 투입을 늘릴 때마다 이에 따른 산출량만 줄어드는 것이 아니라 전체 산출량도 감소한다. 원고 작업을 예로 들면, 글을 쓰기 시작해 어느 시점이 되면 그때부터는 더 오래 붙잡고 있을수록 글이 나빠진다. 노래를 만들고, 청사진을 작성하고, 법리 논쟁을 준비하고, 컴퓨터 코드를 작성하는 등 다른 여러 경우에도

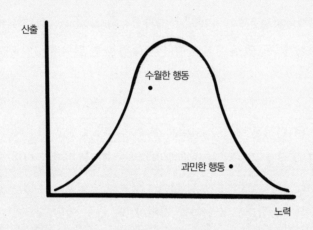

산출

수월한 행동 ●

과민한 행동 ●

노력

같은 현상이 나타난다. 피로에 눌리면 판단력이 흐려진다. 이때부터는 투입되는 추가적인 노력이 모두 손해로 돌아온다. 이 시점부터는 허위 절약(false economy, 겉보기에는 실속을 챙기는 듯하나 실제로는 지출이 커지는 것-옮긴이)이 계속된다.

전체적인 산출량만 감소하는 것이 아니다. 지나친 노력은 번아웃을 낳는 지름길이다.

이는 과민한 행동, 더 일상적인 용어로 말해 지나치게 애쓰는 경우를 가리킨다.[3] 사회적 상황에서 지나치게 애쓰다 보면 타인과 진솔하게 소통하기가 더 어려워진다. 승진을 위해 지나치게 애쓰다 보면 너무 절박하다는 인상을 풍겨 승진 대상으로서의 매력이 떨어질 수도 있다. 잠들려고 지나치게 애쓰다 보면 오히려 긴장을 풀 수가 없게 된다. 똑똑해 보이려고 지나치게 애쓰다 보면 진한 인상을 남기고 싶은 사람들에게 거의 아무런 감흥을 주지 못한다. 자신만만하고, 느긋하고, 기분 좋은 상태를 유지하려고 애쓰면 애쓸수록 그렇게 되기는 더욱 어렵다. 이것이 과민한 행동의 문제다.

과민한 행동이 흥미로운 것은 이 방식이 우리의 실제 경험과 매우 다르다는 것이다. 내가 생각해도 훌륭했다고 자부하는 최고의 결과를 냈을 때, 그 과정이 전혀 힘들지 않았다고 느껴본 적이 있는가? 거의 생각도 하지 않고 술술 움직였던 때 말이다. 이런 경우에는 꼭 해내겠다고 애쓰지 않고도 일을 완수하게 된다. 그야말로 흐름에 몸을 맡기고 최고의 성과를 내놓는 순간이다.

이곳이 중요한 일을 해낼 수 있는 최고의 지점이다.

동양철학의 스승들은 이 최고 지점을 가리켜 무위無爲라 부른다.[4] 무無는 '없음' 또는 '결여'를 뜻한다. 위爲는 '행동', '행위', '노력'을 말한다. 따라서 무위無爲, 즉 '행동의 결여' 또는 '노력의 결여'란 '애쓰지 않는 노력', '행동하지 않는 행위', '수월한 행동'을 의미한다.

무위의 목적은 노력을 늘리는 것이 아니라 오히려 노력을 줄임으로써 중요한 일을 성취하려는 것이다. 과민한 행동을 덜어내고 의욕을 절제함으로써 목표한 바를 이루고자 함이다. 수월한 행동Effortless Action 이란 바로 이것을 의미한다.

CHAPTER 6

정의 내리기

: '완료된' 상태란?

400년 전, 스웨덴의 왕 구스타프 2세는 자국 함대를 개선해야 한다고 절실히 느끼고 있었다.[1] 점점 커지는 스웨덴 주변의 해상 강국 사이에서 자국민을 보호할 방법이 필요했던 것이다. 왕의 관심을 사로잡을 것은 거대한 군함이었다. 이에 왕은 배 기술자 헨리크 휘베르트손Henrik Hybertsson을 초빙해 바사Vasa호 축조를 맡겼다.

이 프로젝트는 구스타프왕에게 더없이 중요한 일이었다. 그는 나무 천 그루가 심긴 숲을 통째로 바사호 건축 목재에 배당할 정도로 이 일에 관심을 쏟았다. 왕실 금고도 열었다. 왕은 이 프로젝트의 성공을 위해서라면 얼마든지 예산을 투입하겠다며 헨리크를 안심시켰다.

하지만 안타깝게도 왕에게는 최종 결과물에 관한 뚜렷한 비전이 없었다. 더 정확히 말하면, 최종 결과물의 형태에 관한 비전을 끊임없이 바꿨다. 애초에 구상된 군함은 33m 길이로 갑판에 대포 32개를 놓을 수 있을 만한 크기였다. 이 구상에 따라 목재를 재단해 뒀는데 목표 길이가 36.5m로 달라졌다. 바뀐 목표대로 헨리크의 일꾼들이 목재를 다듬자 이내 목표가 또 수정되었다. 이번에 왕은 군함 길이가 41m는 되어야 한다고 말했다. 배치할 대포 수량도 달라졌다. 32개를 한 줄로 배치하는 것이 아니라 '36개를 두 줄로 배치하고 소형 대포 12개, 박격포 48개, 소구경 무기도 10개를 배치'하라는 지시가 내려졌다.

일을 성사시키고자 약 400명이 매달려 어마어마한 노력을 쏟아부었다. 하지만 작업이 거의 마무리될 즈음, 왕은 또다시 마음을 바꿔 대포 64개를 놓으라고 지시했다. 이 소식을 들은 헨리크는 큰 압박을 느낀 나머지 치명적인 심장 발작을 일으켰다.

그런데도 이 끝없는 프로젝트는 계속되었고, 헨리크에 이어 그의 보조였던 헤인 야콥슨Hein Jacobsson이 지휘봉을 이어받았다. 투입 예산도 계속 불어나고, 작업공들의 노력도 날로 커졌다. 그러는 동안에도 왕은 최종 목표를 계속 바꿨다. 전혀 필요치 않은 포술 연습함(gun ship, 포 사격 전술이나 기술 훈련을 위한 특별 군함-옮긴이)을 요구하는 한편, 배의 측면과 현장, 선미판에는 700개의 화려한 조각품―전문 조각가 팀이 2년여 동안 매달려야 완성되는 작품―을 장식하라고 요구했다.

1628년 8월 10일, 바사호는 미완성 상태에서 스톡홀름을 떠나 첫 항해를 시작했다. 공해의 환경을 이겨낼 수 있는지 제대로 검증하지도 않은 상태였다. 이 와중에 왕은 바사호의 첫 항해를 축하하는 기념식을 마련해 두었다. 외국 외교관들이 참석한 가운데 곳곳에서 폭죽이 터지는 화려한 행사가 진행되었다. 항해를 떠나는 군함은 포문을 열어 총을 조준해 해안에 나와 있는 귀빈 쪽으로 예포를 쏘았다.

이때 별안간 돌풍이 몰아닥치면서 바사호의 돛이 휘말려 그 거대한 선박이 한쪽 측면으로 심하게 기울고 말았다. 대포들이 바다 쪽으로 기울어지자 바닷물이 포문으로 쏟아져 들어왔다. 선원들은 전력을 다해 애써봤지만, 눈 깜짝할 사이에 포열 갑판과 선창으로 물이 들어와 배는 중심을 잃고 위태로운 상태에 빠졌다. 선원 53명을 태운 바사호는 단 15분 만에 완전히 바닷속으로 가라앉는 비극을 맞이했다. 선원들은 해안에서 1.2km밖에 떨어지지 않은 곳에서 목숨을 잃고 말았다.

스웨덴 역사상 가장 큰 비용이 투입된 이 군함은 1km 남짓을 항해하고는 그대로 바닷속에 묻히게 되었다. 이 모두가 끊임없이 '최종' 상태를 재정의한 탓에 안전한 축조를 불가능하게 만든 왕 때문이었다.

무언가를 도무지 완료할 수 없을 정도로 어렵게 만드는 방법은 간단하다. 최종 목표를 최대한 모호하게 만들면 된다. 당연한 일이겠지만 분명하게 정의된 최종 목표 없이는 그 어떤 프로젝트도 완료할 수 없다. 목표가 모호하면 헛수고를 반복하고, 여기저기 자잘한 내용을 고치는 데 시간을 허비하며, 하던 일을 포기할 수도 있다(그럴 가능성이 크다). 하지만 중요한 프로젝트를 완료할 생각이라면 '완료된' 상태가 어떤 것인지를 반드시 정의 내려야 한다.

언뜻 들으면 뻔한 이야기일지도 모른다. 하지만 지금 붙잡고 있는 중요한 프로젝트들을 한번 생각해보자. 그 일들의 완성 상태에 관해 얼마나 뚜렷한 생각을 가지고 있는가?

자잘한 땜질이 불러오는 크나큰 대가

때로 중요한 프로젝트가 미완으로 그치는 이유는 그 일들을 붙잡고 끝없이 자잘한 수정을 이어가기 때문이다. 나와 작업하는 편집자는 일전에 한 에이전시로부터 매우 흥미 있는 출간 제안서를 받은 적이 있다. 편집자는 제안서를 잘 읽어보았다. 그런데 다음 날, "저자가 몇 가지를 수정했어요"라는 내용의 이메일과 함께 새로 작성된 제안서가 날아왔다. 새 버전을 읽어보니 크게 달라진 점은 없는 듯했다. 이틀 후, 또 다른 버전이 도착했는데 이번 제안서는 처음 것보다 세련미가 떨어졌다. 저자는 자잘한 수정을 멈추지 못했다.

출간 제안서를 쓰든, 의뢰인에게 내놓을 프레젠테이션을 정리하든, 군함을 만들든, 무엇을 하든 간에 땜질하듯 여기저기 고치면 일이 크게 향상되나 그것도 처음뿐이다. 어느 순간이 되면 노력한 만큼 개선점이 보이지 않는 '수확체감의 법칙'이 나타난다. 내가 정의하는 '완료된' 상태란 산출 결과가 투자한 노력보다 떨어지기 시작하는 지점 바로 직전을 가리킨다.

내가 들인 시간과 노력에 수확체감의 효과가 나타나지 않게 하려면, '완료된' 상태를 분명히 정의 내리고 이 상태에 도달한 뒤, 거기서 멈춰야 한다.

명료함에 이르는 집중된 1분

모든 사람에게는 꼭 완성하고픈 중요한 프로젝트가 있다. 하지만 우리는 너무도 자주 목표를 달성하지 못한 채 헛수고만 한다. 많은 경우에 해답은 '목표를 달성한다'라는 의미가 실제로 어떤 것인지 정의 내리는 데 있다.

'완료된' 상태를 분명히 정의 내리면 일을 끝내는 데 도움이 될 뿐 아니라 일을 시작하는 데도 유용하다. 명확한 결승점을 세워두지 못한 까닭에 일을 계속 미루거나 첫발을 떼기 어려워하는 경우는 너무도 흔하다. '완료된' 상태를 정의 내리면 그 즉시 의식과 무의식에 분명한 지시가 떨어진다. 이로써 일에 발동이 걸려 목표 상태에 도달하기 위한 경로를 수립하게 된다.

놀랍게도 1분간 바짝 집중력을 발휘하면 큰 명료함을 얻을 수 있다. 꼭 완수해야 할 중요한 프로젝트가 있는 경우, 일을 완료해 할 일 목록에서 지우려면 어떤 상태에 도달해야 할지 1분간 눈을 감고 머릿속으로 생각해본다. 이를테면 '고객들의 질문을 하나하나 검토해서 처리해놓은 상태일 거야'와 같은 방식이다. '완료된'

상태를 명확히 하기 위해서는 단 1분만 집중해서 생각하면 된다.

목표 결과물을 분명히 해두는 것만큼 주의력을 높여주는 것도 없다. 이 목표를 실현하기 위해 내가 가진 모든 자원을 동원하게 되니 말이다.

모호한 목표	'완료된' 상태
체중 감량하기	체중계에 올라갔을 때 80kg이란 숫자를 꼭 보게 될 거야.
더 많이 걷기	14일간 매일 만 보 걷기를 달성하겠어.
책을 더 많이 읽기	책 읽기 앱에서 《전쟁과 평화》를 '읽음' 상태로 만들어 놓겠어.
중요한 보고서 제출하기	구체적인 사례와 실천 가능한 조언을 담아 12페이지 분량의 문서를 작성해 고객들에게 '훌륭하다'는 평가를 받도록 해야지.
제품 출시하기	베타 버전 사용자를 10명 모집해 1주일간 제품을 테스트해 보고 피드백을 받겠어.
팟캐스트 에피소드 완료하기	콘텐츠를 녹음해서 파일을 올려놓을 거야.

'일일 완료' 목록 만들기

'완료' 상태를 정의 내리는 것은 개별 과업이나 프로젝트에만 적용되는 것이 아니다. 우리 모두는 끝도 없이 수북이 쌓인 '할 일' 목록을 보면서 답답한 기분을 느껴보았다. 대개 하루를 시작할 때보다 마감할 때 일이 더 많아 보인다. 도저히 이길 수 없는 전쟁을 벌이는 듯하다. 그렇다면 대체 하루 일을 '완료'했다는 것을 어떻게 확인할까? 안나와 나는 '일일 완료' 목록을 즐겨 활용한다.

'일일 완료 목록'이란 우리 두 사람이 오늘 하루 동안 이론적으로 할 수 있거나, 완료하길 원하는 것을 모두 적어둔 것이 아니다. 그 일을 다 하기에는 주어진 시간이 너무도 짧다. 우리가 활용하는 완료 목록은 꼭 필요하고 의미 있는 진전을 이루는 일들을 담고 있다. 목록을 작성할 때, 이 일을 완료하고 나면 어떤 기분이 들지 상상해보면 큰 도움이 된다. 이렇게 자문해본다. '이 목록에 적어둔 것을 전부 완료하면 하루를 마감할 때 만족감이 들까? 미처 처리하지 않아 밤새 찝찝함을 남길 다른 중요한 일은 없을까?' 두 번째 질문에 대해 떠오르는 일이 있다면, 그 일이야말로 오늘의 완료 목록에 들어가야 한다.

모든 것을 정돈해놓고 가는 배려

'스웨덴식 데스 클리닝Swedish Death Cleaning'이란 그동안 살아오면서 쌓아둔 잡동사니를 살아 있을 때 내 손으로 치우는 것을 말한다.[2] 이는 남겨진 가족이 고인의 짐을 치우도록 놔두던 일반적인 관행의 대안으로 나온 방법이다. 음울하게 들리는 이야기지만 어찌 보면 데스 클리닝은 자기를 자유롭게 하는 과정일 수도 있다. 이렇게 함으로써 집을 말끔히 정돈한다. 아직 내게 시간이 있을 때 물건들을 제대로―내가 원하는 방식으로―정리할 수 있다. 나아가 내가 아끼는 사람들이 짊어질 고통스럽고 불가피한 짐을 덜어줄 수 있다.

스웨덴식 데스 클리닝의 철학을 다른 방식으로 우리 삶에 적용할 수 있다. 수년간 나는, 사는 동안 인식하든 못하든 각자가 꼭 이뤄야 할 사명이 있다는 생각에 큰 감명을 받아왔다. 사람들은 저마다 나름의 목적의식과 고유한 목표를 품고 살며, 그것이 무엇인지 알아내 실현하는 것이야말로 우리 인생의 과업이다. "'완료된' 상태란 어떤 모습일까?"를 확대해서 생각하면 이 질문으로 이어진다.

최근 이 질문의 무게감을 유독 크게 느낀 한 친구와 대화를 나누었다. 그녀는 최근 몇 년 사이에 뇌졸중을 두 번이나 앓았다. 그 중에서도 두 번째 경우는 상태가 너무 심각해서 의사마저 목숨을 지킬 수 있을지 장담할 수 없었다. 하지만 그녀는 살아남았다.

지금 이 친구는 마지막 앙코르를 받고 무대에 나와 있는 것이나 다름없다. 이 땅에 머물 날이 그리 길지 않음을 자신도 알고 있다. 하지만 그녀에게는 꼭 완료하고픈 프로젝트가 두 가지 있다. 하나는 자서전을 쓰는 것이고, 다른 하나는 지금까지 자기가 만든 음악 하나하나의 역사를 목소리로 남겨두는 것이다. 그녀는 아침에 눈뜰 때마다 이 목표를 생각하고 이를 미완으로 남기지 않게 해달라고 신께 기도하는 것으로 하루를 시작한다. 인생 전체에 있어 '완료된' 상태가 무엇인지 분명히 알고 있는 것이다. 우리도 이 친구처럼 마치 스웨덴식 데스 클리닝 프로젝트를 대하듯 새로운 시각으로 삶의 목표를 생각해보면 어떨까?

CHAPTER 7

시작하기

: 분명한 첫걸음

오늘날 넷플릭스Netflix는 전 세계 1억 8,300만 가구가 이용하는 플랫폼이다.¹ 이는 넷플릭스의 탄생 일화를 생각해보면 믿기 어려운 현실이다. 넷플릭스의 CEO 리드 헤이스팅스Reed Hastings는 톰 행크스 주연의 〈아폴로 13호Apollo 13〉 비디오를 제때 반납하지 못해 동네 비디오 대여점에 40달러의 연체료를 낸 적이 있다. 그는 이를 계기로 사람들이 비디오를 대여할 더 나은 방법을 고민하게 되었다.

헤이스팅스는 1980년대에 스탠퍼드대학에 다녔던 컴퓨터 공학도였다. 그는 향후 10년 안에 보통 가정의 인터넷 연결 상태가 급속도로 발전해 막대한 양의 데이터를 엄청난 속도로 처리하게 될 것이라고 보았다. 그러면 원하는 영화는 무엇이든지 개인용 컴퓨터나 TV로 즉시 받아볼 수 있을 터였다. 우선 헤이스팅스는 넷플릭스를 DVD 서비스로 만들 생각이었다.[2] "그 뒤로 인터넷이 우편 체계를 따라잡았고 결국에는 이를 능가하게 됐죠."

넷플릭스에 관한 헤이스팅스의 최종 목표는 수년이 걸리는 원대하고 복잡한 사업이었고, 당시에는 이를 실현할 기술이 아직 나오지 않았었다. 그로서는 다년 계획을 세우고 절차에 따라 여러 단계를 차근히 밟아나갈 수도 있었다. 고속도로를 쌩쌩 달리는 페덱스FedEx 운송 트럭보다 인터넷 속도가 빨라졌을 때를 예측하고, 다양한 시나리오를 구상해 갖가지 사업 계획을 짜면서 DVD 수송 비용, DVD 한 장이 견뎌낼 수 있는 사용 횟수, 회수되지 않거나 훼손된 DVD로 인한 기업 손실 등 갖가지 변수를 따져볼 수도 있었다.

하지만 헤이스팅스는 달랑 CD 한 장을 자기 집 주소로 보냈을 뿐이었다. 그가 생각하기에 DVD 사업을 성공시키려면 일단 DVD가 훼손되거나 망가지는 일 없이 안전하게 우편으로 보낼 수 있어야 했다. 이에 헤이스팅스와 공동 창업자 마크 랜돌프Marc Randolph는 산타크루즈의 레코드점에 가서 중고 CD를 하나 샀다. 그후, 랜돌프 말에 따르면, 두 사람은 퍼시픽 애비뉴에 있는 작은 선물 가게에 가서 '파란색의 작은 연하장 봉투'를 샀다. 봉투 안에는 앞서 구매한 CD를 넣고, 겉에는 헤이스팅스의 집 주소를 쓴 뒤 1등 우표를 하나 붙여서 보내보았다. 랜돌프는 이렇게 말했다. "다음 날 저를 데리러 온 헤이스팅스의 손에는 파란 봉투가 들려 있었습니다. CD가 부러지지 않은 채로 집에 잘 도착한 거죠. 그 순간 우리 둘은 서로를 바라보며 '이렇게 하면 되겠군' 하고 말했습니다."[3]

두 사람은 원대한 꿈을 품었다. 누가 봐도 어마어마한 꿈이었으며 오랜 시간이 걸리는 야심 찬 계획이었다. 두 창업자는 그 꿈의 '완료된' 상태—오늘날 넷플릭스가 보여주듯 초대형 글로벌 스트리밍 서비스이자 콘텐츠 라이브러리—를 뚜렷이 알고 있었다. 하지만 이를 실현하기 위해 복잡하고 세세한 계획을 짜는 대신, 지극히 간단한 첫 단계를 살펴봄으로써 그다음 단계를 밟아도 좋을지를 판단했다. CD 한 장을 우편으로 보내는 것은 그들이 품은 원대한 아이디어를 실현하는 가장 간단하고도 분명한 방법이었다.

최소 기능의 행동

꼭 해야 할 프로젝트를 앞두고 매번 부담감을 느낄 필요는 없다. 때로는 분명한 첫 단계가 무엇인지 알아냄으로써 다섯 번째, 일곱 번째, 혹은 스물세 번째 단계를 고민하느라 정신적 에너지를 허비하는 일을 피할 수 있다. 맡은 프로젝트가 열 단계인지 천 단계인지는 중요치 않다. 이 전략에서 주의를 기울일 것은 오직 첫 단계뿐이다.

우리가 종종 부담감에 눌리는 것은 첫 단계가 무엇인지 오판하기 때문이다. 첫 단계라고 생각하지만 실은 여러 단계가 엉켜 있다. 이를 구체적이고 물리적인 행동들로 나누고 나면, 가장 먼저 실행할 첫 단계가 한결 수월하게 느껴지기 시작한다.

생산성 분야의 전문가인 에이프릴 페리April Perry는 지저분한 거실을 정리하는 데 도움이 필요했던 한 여성의 이야기를 들려준다.[4] 거실에는 사방에 책이 놓여 있었다. 여기저기 쌓인 책더미, 책이 담긴 상자들, 가구 위에 올려둔 책들, 물건을 놓을 수 있는 자리라면 빠짐없이 책이 점령하고 있는 통에 거실을 거의 사용할 수가 없었다. 사실 이 책들을 없애려면 책장을 구입해 서재에 두면 될 일이었고 이는 본인도 잘 알았다. 하지만 이토록 간단해 보이는 해법조차 그녀에게는 너무 버겁게 느껴졌다.

"제 노트북을 가져올 테니 지금 여기서 책장을 주문하시겠습니까?" 페리가 물었다.

"뭐 그러면 되겠죠. 하지만 그 전에 서재 벽 치수부터 재어보고 어떤 사이즈를 주문해야 할지 정해야 해요."

"좋습니다. 그럼 지금 바로 가셔서 서재 벽 치수를 재보시겠어요?"

그러자 여성은 줄자가 어디 있는지 몰라 당장은 그럴 수 없다고 답했다.

여기서 두 사람은 같이 웃음을 터뜨렸다. 사실, 거실 정리를 전혀 진척시키지 못한 것은 분명한 첫 단계를 파악하지 못했기 때문임을 문득 깨달은 것이다. 가장 먼저 할 일은 줄자를 찾거나 빌리거나 구입하는 일이었다.

이러한 첫 단계는 너무 사소해서 파악하기가 어려운 듯하다.

하지만 줄자 구입과 같은 사소한 단계가 한 단계, 또 한 단계 앞으로 나아가게 할 추진력을 제공할 때가 매우 많다.

나는 세계적으로 유명해진 곤도 마리에의 집 정리 방법을 시도하겠다고 생각했던 많은 사람을 알고 있다. 그들은 삶에 기쁨을 주는 물건을 제외한 모든 것을 없앤다는 아이디어를 매우 좋아했다. 하지만 안타깝게도 이들 중 일부는 몇 발자국 떼지 못하고 포기했다. 나는 아직 시작도 안 했는데, '콘마리' 방식은 '온 집안을 한 번에 정리'할 것을 요구하기 때문이다.[5] 물론 최종 상태는 바람직하다. 하지만 많은 사람은 첫 단계가 할 성싶지 않다고 느껴지면 시작하기도 전에 포기하고 만다.

여기에 대안을 제시한 사람이 《나는 단순하게 살기로 했다ぼくたちに、もうモノは必要ない》를 쓴 사사키 후미오佐佐木 典士다. 그가 제안하는 첫 번째 행동은 '지금 당장 버리는 것'이다. 그는 독자들에게 이렇게 권한다. "이 책을 읽고 난 다음에 버려야 하는 것도 아니다. 버리면서 책을 읽고, 버리면서 기술을 익히는 것이 가장 좋다. 바로 지금 이 책을 덮고 당장 쓰레기봉투를 사러 가도 좋다. … 버리는 것이 모든 일의 시작이기 때문이다."[6]

나는 이 문장을 읽고 사사키가 권하는 대로 해보았다. 책을 덮고는 오래 써서 말라버린 마커를 버렸다. 충분히 실천할 만한 일이었다. 한번 해보니 기분도 좋아져서 곧장 다른 물건도 버리면서 10분을 썼다. 오래된 명함, 너무 뭉뚝해진 연필, 평생 안 읽을 듯한 잡지 더미, '혹시 필요할지 몰라' 한쪽에 몰아뒀던 엉켜 있는 충전 케이블도 전부 버렸다. 사실, 이 글을 쓰는 지금도 잠시 멈추고, 손때 묻은 헤드폰 세트를 담던 골판지 상자를 버리고 싶은 심정이다. 이 외에도 많은 물건을 골라냈다. 구체적이고 물리적인 첫 단계를 밟는 것은 이토록 중요하다. 이 행동이 도화선이 되어 한결 수월하게 주의력을 쏟아 다음 행동을 차례로 해나갈 수 있다.

실리콘밸리의 사고방식, 나아가 디자인 계통 전반의 사고방식에서 중요한 요소 하나는 최소 기능 제품minimum viable product 을 설계하는 것이다. 《린 스타트업The Lean Startup 》의 저자인 에릭 리스Eric Ries 는 최소 기능 제품을 가리켜 '신제품 출시에 앞서 고객들로부터 최대한 검증된 정보를 많이 얻어내고자 최소한의 노력을 기울여 내놓는 제품'이라고 정의했다.[7] 최소 기능 제품을 내놓으면 손쉽게 설계 아이디어를 검증할 수 있다. 가장 간단한 버전을 출시해봄으로써 고객들이 무엇을 원하는지에 관한 믿을 만한 피드백을 얻을 수 있기 때문이다.

에어비엔비(Airbnb, 당시 명칭은 에어배드앤브렉퍼스트AirBedandBreak-fast)의 창업자들이 자신들의 아이디어를 검증했던 유명한 일화를 생각해보자.[8] 그들이 한 일이라곤 웹페이지 하나에 아파트 내부 이미지를 몇 개 올린 것뿐이었다. 그러자 시내에서 디자인 콘퍼런스에 참여하는 동안 비용을 지불하고 그곳에 머물고 싶다는 손님이 세 명이나 나타났다. 더 중요한 것은, 리스가 말한 '검증된 학습' 정보, 즉 고객들이 실제로 그들의 제품을 사용할 의향이 있다는 사실을 알아냈다는 점이다.

이 관행은 상대적으로 스타트업 세계에 더 널리 알려졌지만 다른 모든 중요한 목표나 프로젝트에도 같은 요령을 적용할 수 있다. 어마어마한 시간과 노력을 들여 수백만 가지 시나리오를 구상해보고 계획을 세우느라 일을 계속 미루거나, 잘못된 경로로 깊이 빠질 위험을 안고 처음부터 무리하게 달리기보다는, 최소 기능의 첫 단계를 밟을 수 있다. 즉 최소한의 노력을 통해 최대한의 정보를 얻을 수 있는 행동을 해보는 것이다.

이 원칙을 생각할 때면 늘 셰익스피어가 쓴《한여름 밤의 꿈A Midsummer Night's Dream》의 한 구절이 떠오른다. "비록 몸집은 작아도, 그렇게 사나울 수가 없어요."[9]

첫 번째 행동은 매우 사소하고 쉽게 지나칠 만한 것일 수 있다. 하지만 이는 놀랍도록 사나운 힘을 지니고 있다.

마이크로버스트의 마법

마이크로버스트microburst는 대개 10~15분간 비교적 짧은 기간에 돌풍과 폭풍을 일으키며 강력한 영향을 발휘하는 기상학적 돌풍을 말한다.[10] 이 바람이 불면 비구름에서 떨어져나온 바람기둥이 시간당 최대 97km의 속도로 땅에 몰아쳐 다 자란 나무들을 풀썩풀썩 쓰러뜨리기도 한다.

에이프릴 페리가 말하는 마이크로버스트란 꼭 완수해야 할 프로젝트에 즉각적인 효과를 일으킬 수 있도록 10분간 온전히 집중하는 활동을 의미한다.[11] 분명한 첫 번째 행동을 통해 짧게나마 강렬한 에너지를 얻고 자신에게 동기를 부여하는 것이다. 이 에너지와 자신감으로부터 후속 행동 하나하나가 쌓여 올라간다. 이를테면 다음과 같다.

꼭 완수해야 할 프로젝트	분명한 첫 번째 행동	마이크로버스트
차고에 널브러져 있는 잡동사니 치우기	빗자루를 찾는다.	창고를 깨끗이 쓴 다음 자전거들을 그 안에 옮겨놓는다.
제품 출시	클라우드 기반의 문서를 열어 아이디어를 모은다.	제품 기능에 관해 자유롭게 아이디어를 나눈다.
중요 보고서 완료	펜과 종이를 집어 든다.	보고서 개요를 써본다.

2.5초의 힘

최근 몇 년 사이에 신경과학자들과 심리학자들은 우리가 경험하는 '지금'이 단 2.5초간 지속한다는 사실을 밝혀냈다.[12] 이것이 우리가 느끼는 심리적 현재다. 즉 이렇게 짧은 순간에도 일을 진척시킬 수 있다는 것이다.

2.5초는 우리의 초점을 바꾸기에 충분한 시간이다. 휴대전화를 내려놓고, 검색창을 닫고, 심호흡을 할 수 있다. 그런가 하면 책을 펴고, 빈 종이를 꺼내고, 운동화 끈을 매고, 잡동사니 서랍을 열어 줄자를 찾을 수도 있다.

물론 2.5초는 필요 없는 활동에 사로잡히기에도 충분한 시간이다. 이를 잘 알고 있는 거대 기술회사들은 우리의 주의력을 끌기 위해 치열한 경쟁을 벌인다. 그들은 트위터의 280글자, 페이스북과 인스타그램의 '좋아요', 이 밖에 쓱 훑어내리며 한번에 정보를 흡수할 수 있는 뉴스피드 등 작은 단위의 정보를 제공할 방식을 끊임없이 테스트하고 있다. 이렇게 자잘한 활동들은 시간을 낭비한다는 느낌이 들지 않을 수도 있다. '그래봤자 몇 초인데 뭐' 하는 생각이 든다. 하지만 이러한 활동에 계속 빠져 있으면 원하는 목표를 성취하는 데 전혀 도움이 되지 않는다.

분명한 첫 번째 행동을 알아내기가 어렵다고 느껴진다면, 지금 내게 중요한 일을 실행하기에 조금이나마 쉬운 여건을 만들어야 한다. 혹은, 지금 하지 않아도 되는 사소한 일에 한눈팔기에 조금이나마 어려운 여건을 만들어야 한다. 자신의 태도를 바꿔 2.5초의 렌즈를 통해 첫 번째 단계 혹은 활동을 들여다보면 다른 모든 변화도 이룰 수 있다. 이것이야말로 유용한 습관이다.

CHAPTER 8

간소화하기

: 0에서부터 시작하기

1998년 2월, 페리 하트먼Peri Hartman은 워싱턴주 시애틀의 세컨드 앤드 파이크가에 벽돌로 지은 4층 건물을 나섰다.[1] 이곳은 아마존 본부로서 아마존의 첫 번째 직원인 제프 베이조스Jeff Bezos와 소프트웨어 개발 총괄을 맡은 셸 카판Shel Kaphan이 회의를 열던 장소였다. 하트먼은 한두 블록을 걸어가 유명한 파이크 플레이스 마켓에 위치한 작은 양조장으로 갔다. 두 사람과 점심 약속이 잡혀 있었기 때문이다.

베이조스는 급성장 중인 전자상거래 사이트의 결제 절차를 놓고 고민하다가 회의를 소집했다. 당시 이 결제 절차는 사용하기에 매우 불편했다. 주문을 원하는 고객은 여느 온라인 주문에서처럼 기나긴 단계를 거쳐야 했다. 주소를 입력하는 페이지를 클릭하면 도시명, 우편번호, 신용카드 유형, 신용카드 번호, 유효 날짜를 써야 했다. 청구서 발송 주소를 추가하면 몇 단계를 더 거쳐야 하고 그만큼 확인할 페이지도 많다. 이를 전부 클릭한 뒤에는 물품 수신 주소를 추가해 해당 사항에 클릭한다. 그때만 해도 자동 입력 기능이 없었던 터라 구매를 완료하려면 몇 분(혹은 그 이상)이 걸렸다.

식사하며 대화하다가 베이조스가 이렇게 말했다. "주문 시스템을 수월하게 만들 뭔가가 필요해. 고객이 최소한의 노력으로 상품을 주문할 수 있도록 해야 해. 클릭 한 번으로 가능하게끔 말이지."[2]

하트먼은 이때를 회상하며 베이조스의 지시가 매우 명확했다고 말했다. "목표는 더 쉽게 만드는 것이었습니다." 베이조스는 '단계가 많을수록 (고객이) 변심할 가능성도 커진다. 클릭 한 번으로 상품을 구매하도록 만든다면 구매를 완료할 확률이 더 높다'라는 사실을 깨달았다.

그때만 해도 온라인 구매는 많은 사람이 부담스러워하는 생소한 방식이었다. 하나하나 클릭하며 진행하는 기나긴 절차는 전혀 직관적이지 않았고 사람들에게 익숙했던 이전 방식—카운터로 가서 가게 점원에게 신용카드를 건네주는 방식—보다 훨씬 번거로웠다. 매번 계좌 정보, 지불 방법, 수령할 주소를 일일이 입력하기란 매우 귀찮은 일이었다. 이 모든 복잡한 과정을 클릭 한 번에 처리할 수 있다면 엄청난 돌파구가 생길 터였다.

지나고 보니 원클릭 주문은 명백한 해법이었다. 하지만 당시에는 지적이고 열정적인 프로그래머였던 하트먼도 결제 절차를 합리적이고 간소하게 만드느라 두세 달을 쏟아부으면서 한순간도 원클릭 주문 방식을 생각해보지 않았다. 하트먼은 "그러는 사람이 아무도 없었으니까요. 그때 제프가 해보자고 말했습니다. 그래서 하게 된 거죠"라고 설명했다.

아마존이 특허 출원한 원클릭 결제 절차는 이후 20년간 안정되게 유지되었고 이로써 아마존은 다른 온라인 경쟁사들보다 훨씬 높은 이점을 누렸다.[3] 이 혁신이 얼마만큼의 가치를 가져왔는지를 정확히 밝힐 수는 없으나 어마어마한 가치를 낳았음은 분명하다.

소홀히 여기기 쉬운 간단한 단계들

하트먼이 온라인 주문 절차의 각 단계를 단순하게 만들려고 몇 달을 고생하면서도, 몇몇 단계를 제거해 전체 절차 자체를 단순하게 만들려고 시도한 적은 없다니 매우 놀랍다. 이 둘 사이에는 엄청난 차이점이 있다.

아무리 단순한 단계라 해도,
아예 단계가 없는 것보다는 불편하다.

내 아들은 열두 살 때 열네 살이 되기 전에 이글스카우트가 되겠다는 목표를 세웠다. 어느 모로 봐도 무리한 목표였지만, 우리 부자는 이를 함께 성공시켰고 그 과정에서 소중한 추억도 만들었다.

열네 살이 되기 직전, 아이는 마지막 이글 프로젝트에 돌입했다. 이 프로젝트는 40명이 팀을 이뤄 1년 전 캘리포니아 화재로 무너졌던 55m 길이의 울타리를 다시 세우는 것이었다. 남은 작업은 프로젝트에 관한 보고서를 마무리하는 일이었다. 그리 대단한 일은 아닌 듯하지만, 근 2년간 쉼 없이 해온 스카우트 활동 중에서도 이 프로젝트는 점점 더 큰 일로 여겨져 자꾸만 미루게 되었다.

시작이 늦지는 않았다. 사실, 추진력을 잃었을 즈음에도 벌써 반 정도는 일이 완료되어 있었다. 하지만 때로 어떤 일은 전반전보다 후반전이 훨씬 버겁게 느껴지기도 한다. 우리는 보고서를 한층 훌륭하게 만들어줄 온갖 추가 정보를 떨쳐버릴 수 없었다. 정확하고 생생한 세부 정보가 가득한 서문, 수십 장의 사진, 전문가라고 해도 손색이 없을 듯한 그래픽 자료도 넣고 싶었다. 다른 스카우트 단원들(사실 대개는 부모님들)이 수백 시간을 공들여 만들었다던 훌륭한 프로젝트를 참고해봐도 소용이 없었다. 오히려 이런 예를 볼수록 그만큼의 결과물을 내려면 더 많은 노력을 들여야 한다는 생각에 기준만 높아졌다.

그러다 프로젝트가 중단되고 말았다. 다시 진행해야겠다고 생각할 때마다 부담이 몰려왔다. 아무런 진척도 없이 날짜만 흘러가기 시작했다.

이렇게 몇 주를 보내던 중 복잡한 조직에서 실행하는 절차 간소화 기법을 알아보게 되었다. 생각해보니 아들과 나는 필요 이상으로 절차를 복잡하게 만들고 있었다. 우리는 너무 많은 단계를—비록 머릿속에서만 구상했지만—덧붙인 탓에 어느 단계도 실천하지 못하고 있었다. 우리는 한 걸음 물러나 '이 일을 완료하는 데 필요한 최소 단계는 무엇일까?'를 고민하기 시작했다.

군이 특별한 목재 바인더를 만들어 보고서를 담을 필요는 없었다. 찍은 사진을 전부 포함시킬 필요도 없었다. 사진마다 장문의 설명을 달지 않아도 되고, 화려한 표지 디자인도 필요 없었다. 대단한 걸작을 쓰듯 서문에 힘을 줄 필요도 없었다.

우리 부자가 함께 정한 필수 단계는 다음과 같았다. '20개의 문장 또는 인용문을 타이핑한다. 타이핑한 내용을 출력한다. 출력한 것을 자른다. 자른 조각을 붙인다. 표지로 쓸 것을 출력한다. 각 섹션을 구분할 칸막이를 3개 넣는다. 답해야 할 질문에만 정확히 답하는 3페이지 분량의 에세이를 작성해 출력한다. 차를 몰고 스카우트 사무소에 가서 보고서를 제출한다.' 그러면 끝이었다.

아들이 중요하게 여기던 프로젝트를 손도 못대고 있다가 어느 순간 신속히 완료한 것은 개요를 구성하고 최소 단계를 정해 이를 완료한 덕분이었다. 아이는 열네 살을 1주일 앞두고 이글스카우트가 되었다.

이 개념은 이글스카우트 프로젝트에만 국한하지 않는다. 모든 상황에서 극심한 두통을 말끔히 씻어내고 몹시 어렵고 복잡해 보이는 중요한 프로젝트를 처리하게 만드는 한 가지 질문은 다음과 같다.

이 일을 완료하는 데 필요한
최소 단계는 무엇일까?

분명히 말하건대, 최소 단계를 파악하는 것은 '시늉'만 한다거나 썩 내키지 않는 무언가를 만들어내는 것이 아니다. 불필요한 단계는 그야말로 필요치 않다. 이를 없애야만 모든 에너지를 모아 중요한 프로젝트를 완수하는 데 쓸 수 있다. 분야를 막론하고 일을 완료하는 것은 군더더기 단계를 덧붙이는 것보다 훨씬 낫다. 일을 완료하는 것은 충분히 자부심을 가질만 하다.

어떤 일을 성공하기 위해서는
반드시 그 일을 완료해야 한다.

모든 일에 150%를 쏟을 이유는 없다

성장기에 나와 가장 친하게 지냈던 친구는 늘 나보다 몇 시간 덜 공부하면서도 항상 좋은 성적을 받았다. 비결이 뭘까? 선생님이 무언가를 지시하면 그는 딱 지시한 것만 완료했다. 그걸로 끝이었다. 나는 늘 한 걸음 더 나갔다. 읽으라고 정해준 것보다 더 읽었고, 필요한 것보다 더 많은 것을 조사했다. 이렇게 뭔가를 더 하느라 너무 분주한 나머지 원래 해야 할 것을 제대로 완료하지 못했다.

한층 더한 노력을 기울여야 하는 경우는 정해져 있다. 이를테면, 외과 의사는 절개한 자리에 염증이 생기지 않도록 추가적인 처치를 해야 한다. 하지만 불필요한 군더더기 장식을 하는 것은 전혀 다른 문제다. 이에 관해 내가 발견한 유용한 규칙은 다음과 같다. X를 요구받은 것이 Y를 해야 할 충분한 이유는 아니다.

예를 들어, 프레젠테이션을 요구받았다고 해서 모든 슬라이스에 각종 영상과 화려한 그래픽을 가득 채우고 빽빽하게 자료를 준비할 이유는 없다. 끝없이 슬라이드가 제시되는 프레젠테이션을 보느라 기나긴 시간을 앉아 있어 보았을 것이다. 슬라이드 하나에 너무 많은 내용이 들어간 경우도 있었을 것이다. 아니면 이 둘 모두가 해당하는 경우도 있다. 정말 이런 경험을 다른 사람에게 안겨주고 싶은가?

전설적인 대전환을 이뤄낸 IBM은 사소하지만 중대한 순간을 통해 더 나은 접근법을 발견한 적이 있다. CEO 자리에 오른 첫날, 루 거스너Lou Gerstner는 중역 임원 중 닉 도노프리오Nick Donofrio에게 기업의 현황과 비전을 모색하는 회의에서 발표해 달라고 부탁했다. 거스너는 이렇게 회상했다. "당시 IBM 중요 회의의 표준 형식은 OHPoverhead projector에 슬라이드 도표들—아무도 그 유래를 모르지만 IBM 직원들은 이것을 '포일foil'이라고 불렀다—을 비추는 프레젠테이션이었다. 닉 도노프리오가 두 번째 포일을 올렸을 때 나는 앞으로 나가 최대한 예의를 갖춰 OHP를 껐다. 한동안 어색한 침묵이 흘렀다. 내가 잘라 말했다. '그냥 사업 이야기나 합시다.'"[4]

사실 대다수 프레젠테이션의 목표는 '그냥 사업 이야기나 하는' 것이어야 한다. 그러므로 다음번에 보고서를 쓰거나, 프레젠테이션을 하거나, 영업을 목적으로 설득을 하려거든 불필요한 추가 자료를 덧붙이고픈 유혹을 이겨내라. 자신에게도 방해 요소지만 상대에게도 방해가 된다. 이런 이유로 나는 프레젠테이션을 할 때면 6장의 슬라이드만 사용하고 각 슬라이드에 넣는 내용은 10단어를 넘기지 않는다.

필요한 수준보다 한 걸음 더 나아가야 하는 경우는 거의 드물다. 그렇게 해서 아무것도 이루지 못하는 것보다 필요한 것을 제대로 완료하는 편이 낫다.

0에서 시작하기

애플Apple의 가장 훌륭한 제품 디자이너 팀이 스티브 잡스Steve Jobs와 만나 선보인 디자인은 결국 iDVD―컴퓨터에 저장된 음악, 영화, 디지털 사진 파일을 물리적인 DVD에 구울 수 있도록 해주는 지금은 사라진 앱―가 되었다. 이 팀은 잡스가 자신들의 디자인을 환호해줄 것이라고 기대했다. 아름답고 깔끔한 디자인을 갖춘 데다가 최초 버전보다 훨씬 간소해진 기능이 많아 자부심을 느꼈던 것이다. 여기에는 1,000페이지에 달하는 사용자 설명서가 딸려 있었다.

팀의 기대와 달리 잡스는 다른 것을 마음에 품고 있었다. 그는 화이트보드 쪽으로 걸어와 직사각형을 하나 그리고는 이렇게 말했다. "이것이 새 애플리케이션입니다. 창을 하나 엽니다. 비디오를 끌어다 창에 놓습니다. 그다음 '굽기' 버튼을 클릭합니다. 이게 전부입니다. 이렇게 만들면 됩니다."[5]

이 회의에 참석했던 제품 디자이너 마이크 에반젤리스트Mike Evangelist 는 잡스의 말을 듣고 숨이 넘어갈 만큼 놀랐다. 그는 "그때 준비했던 슬라이드를 아직도 가지고 있는데요. 슬라이드마다 말도 안 되게 복잡한 내용이 가득했습니다"라고 말했다. 지금에 와서야 그는 '없어도 될 온갖 내용이 방해가 되었다'는 사실을 알 수 있었다.

에반젤리스트는 디자인 팀이 절차를 잘못된 방식으로 바라봤다는 것이 가장 큰 '깨달음'이었다고 말했다. 디자인 팀은 우선 극도로 복잡한 제품을 만들어놓고 이를 점차 간소하게 만들려고 노력했다. 하지만 잡스는 정반대 각도에서 접근했다. 그는 0에서 시작해 원하는 결과를 얻기까지 소요되는 최소한의 단계를 알아내려고 노력했다.

우리는 살면서 접하는 온갖 복잡한 절차에 너무 익숙해진 나머지 잠시 멈춰 그 절차에 이의를 제기하는 경우가 거의 없다. 예를 들어, 나는 이 책을 쓰면서 팟캐스트를 시작했다. 애초에 내 팟캐스트에 출연하는 게스트에게 보내야 할 지침은 총 15단계로 구성되었다.

1. 아래 정보를 사용해 Zencastr.com에 로그인한다.

2. 사용자 이름: XYZ

3. 비밀번호: ABC

4. 이메일로 받은 Zencastr 링크를 인터뷰 직전에 클릭한다.

5. 크롬을 사용할 경우, 최고의 음질을 위해 Zencastr 알림을 허용한다.

6. 잘못되었을 경우 3단계로 돌아갈 수 있도록 Zencastr을 즐겨찾기 해둔다(크롬의 URL 막대 오른쪽에 있는 별 모양 아이콘을 클릭한다).

7. 마이크 자체 검사 후 '합격'이라는 소리가 나는지 확인한다.

8. 그렇지 않을 경우, 자신의 이름이 달린 사운드바 상자 하단 중앙의 탭을 클릭해 문제를 확인하고, 관련 링크로 들어가 문제를 해결한다.

9. 호스트의 목소리가 들리는지 확인하고, Zencastr로 서로 대화할 수 있는지 확인한다.

10. 이메일로 발송한 줌Zoom 링크를 클릭한다(캘린더 초대에도 들어 있을 것이다).

11. 줌 영상으로 입장하면 즉시 줌 마이크의 음을 소거한다.

12. 줌 비디오를 활성화한다.

13. 호스트가 Zencastr와 줌 녹화 버튼을 누르면, 양쪽 화면에서 녹화 아이콘이 보이는지 확인하고 호스트와 함께 박수 테스트를 한다.

14. 인터뷰를 시작한다.

15. 인터뷰가 완료되면 Zencastr에서 로그아웃한 뒤에 창을 닫는다.

이 지침은 게스트가 실제로 따라 하는 것은 둘째치고 내가 읽기조차 버거웠다.

나는 0에서부터 다시 시작해 '누군가 Zencastr로 나와 채팅하는 데 필요한 최소한의 단계는 무엇일까?'를 고민해 보았다. 답을 얻은 뒤 간소하게 줄인 절차는 다음과 같다.

1. 이메일로 받은 Zencastr 링크를 인터뷰 직전에 클릭한다.
2. 호스트가 인터뷰를 시작하고 녹음을 마칠 때까지 채팅만 하면 된다.

이것이 전부였다. 필요한 것은 2단계뿐이었다. 너무 많은 단계가 관여되는 절차를 다루고 있다면 0에서부터 다시 시작해보자. 그런 다음, 더 적은 단계로 같은 결과를 얻을 방법은 없는지 살펴보자.

피할 수 있는 단계를 최대화하기

2001년 2월, 느긋하게 쉬고, 대화하고, 먹고, 스키도 즐기는 가운데 소프트웨어를 논의하고자 독립적인 성향을 지닌 17명이 로지 앳 스노우버드(Lodge at Snowbird, 유타주 중부의 와사치 산맥에 있는 스키 리조트)에 모였다. 이들은 주말 동안 대화를 나눈 끝에 지금은 널리 알려진 '애자일 소프트웨어 개발 선언문Manifesto for Agile

Software Development'을 작성했다.[6] 이들이 선언문에 정리한 것은 각종 장애와 불편 사항을 제거해 사용자에게 손쉬운 경험을 선사하는 더 나은 소프트웨어를 개발할 일련의 원칙이었다.

애자일 선언문에 적힌 열두 가지 원칙 중 하나는 다음과 같다. "간소화, 즉 피할 수 있는 일의 양을 최대화하는 기술이 필수적이다." 이 원칙은 고객을 위한 가치 창출을 목표로 삼되, 이를 실현할 더 적은 코드와 더 적은 기능이 있다면 마땅히 그 방식을 택해야 한다는 것을 의미한다.

이는 소프트웨어 개발 절차에 관한 원칙이지만 다음과 같이 일상의 모든 절차에 적용할 수 있다. "간소화, 즉 피할 수 있는 단계를 최대화하는 것이 필수적이다." 다시 말해, 궁극적 목표가 무엇이든 간에 가치를 더하는 단계에만 집중해야 한다. 불필요한 모든 단계는 기회비용을 수반한다. 따라서 이런 단계를 없앨 때마다 더 많은 시간, 에너지, 인지적 자원을 아껴 필수적인 일에 쓸 수 있다.

몇 단계만으로 복잡해 보이는 목표를 성취하고, 복잡해 보이는 과업을 완수하는 경우가 얼마나 많은지 알고 나면 깜짝 놀라게 된다. 스포츠 전문기자 앤디 브누아Andy Benoit가 관찰한 대로 대다수 천재는 '복잡하게 얽혀 있는 문제를 해체하는 것이 아니라, 사람들이 알아차리지 못한 단순함을 활용해 성공에 이른다.'[7]

CHAPTER 9

진전시키기

: 하찮은 시작을 받아들일 용기

1959년 영국인 기업가 헨리 크레머 Henry Kremer 는 대중을 위한 인력 비행기의 탄생을 꿈꿨다.[1] 그는 이 꿈을 실현하기 위해서라면 무엇이든 하겠다는 각오로 '크레머 상'을 개최했다. 한 사람의 동력으로만 작동되는 비행기를 설계해내는 사람을 위해 크레머 상과 함께 후한 상금을 내걸었다.

첫 번째 크레머 상(상금 5만 파운드)은 약 800m 떨어진 두 지점을 돌아 '8'자 형상으로 비행하는 항공기를 가장 먼저 만들어내는 팀에게 걸었다. 두 번째 상(상금 10만 파운드)은 영국 해협을 가로질러 비행하는 항공기를 처음으로 만들어내는 팀에게 선사했다.

당시 항공 기술을 고려할 때, 비행이 가능한 자전거를 만드는 것은 충분히 해볼 만한 일이었다. 이미 반세기 전에 오빌 라이트Orville Wright가 노스캐롤라이나의 키티 호크 남쪽 비행에 성공했고, 첫 대서양 횡단 비행도 40년 전의 일이었다. 10년 전에는 조종사 척 예거Charles Yeager가 인류 최초로 음속의 장벽을 돌파했다. 한편 10년만 있으면 닐 암스트롱Neil Armstrong과 버즈 올드린Buzz Aldrin이 달 표면을 걸을 터였다. 시대 분위기를 볼 때 이 도전과제는 매우 해볼 만한 일이었지만, 재능 있다는 팀들이 줄줄이 크레머가 내건 도전에 시도하고 실패했다. 그렇게 17년이 흘렀다.

이때 폴 맥크레디Paul MacCready가 등장한다. 당시 그는 엄청난 빚에 허덕이던 터라 함께 작업할 팀이 없었다. 곁에 있는 사람이라곤 가족과 친구뿐이었고, 시험 조종사로는 어린 아들의 이름을 올렸다. 한편 그의 경쟁자들은 구성원을 제대로 갖추고 넉넉한 지원을 받으며 '크고, 복잡하며, 우아한 항공기'를 설계했다. 커다란 날개도 달았고, 본체로는 여러 개의 목재 '뼈대'를 얹은 다음 금속이나 육중한 플라스틱으로 덮었다. 그런데도 이 팀들은 크레머 상에 '가까이 가지 못했다.'

처음에 맥크레디는 이를 이해할 수가 없었다. 그러다 문득 든 생각이 있었다. 그들은 모두 잘못된 문제에 매달려 있었다. 정말 중요한 문제는 두 지점을 돌아 '8'자를 그리며 비행하는 우아한 비행기를 만드는 것이 아니었다. '아무리 투박한 모양이라도' 일단 크고 가벼운 비행기를 만들어 추락 후에도 '신속히 수리하고 보완하여 재설계할' 수 있어야 했다.[2] 갑자기 '그렇다면 쉬운 방법이 있지' 하는 생각이 들었다.

맥크레디는 아들과 함께 즉시 모형 작업에 돌입했다. 그는 자연 속에서 가장 단순한 형태로 공기역학을 가장 잘 활용하는 새의 비행에서 영감을 얻었다. 그로부터 두 달 만에 두 사람은 '고사머 콘도르Gossamer Condor'라는 첫 비행기를 날려 보았다. 무게가 고작 55파운드(25kg)인 이 비행기는 다른 사람들이 만든 매끈한 모형에 비하면 매우 미숙해 보였으나 이것이 중요한 점이었다. 맥크레디는 이렇게 말했다. "만약 착륙할 때 잘못 추락하면 강력 접착 테이프를 가져다가 빗자루 손잡이 같은 부분을 잘 고정시키고 5분 뒤에 다시 비행을 시도할 수 있습니다. 다른 비행기(더 크고 정교한 팀들이 만든 작품)에 이런 사고가 난다면 아마 6개월은 비행이 중단되겠죠. 우리는 이 비행기로 엄청나게 많은 비행을 시도할 수 있었습니다."

고사머 콘도르는 단 몇 달간 약 222회 비행을 시도했고 때로는 하루에도 몇 번씩 비행을 시도했다. 그의 경쟁자들이 만든 기체 중에는 수명이 다할 때까지 이만큼 비행하지 못한 것들도 있었다. 콘도르는 223번째 비행에서 8자 그리기 과제에 성공해 첫 크레머 상을 거머쥐었다. 2년 뒤, 맥크레디는 고사머 알바트로스Gossamer Albatross로 영국 해협 횡단에 성공함으로써 두 번째 크레머 상도 차지했다.

그의 가장 뛰어난 통찰은 비행 과학에 돌파구가 될 만한 발견을 한 것이 아니었다. 단지 그는 우아하고 정교한 비행기를 만드는 데 몰입하면 일을 진전시킬 수 없음을 깨달았다. 모양은 투박해도 추락 후에 신속히 수리하고 재설계할 수 있는 비행기는 정말 중요한 일을 훨씬 쉽게 진전시킬 수 있었다. 맥크레디의 말마

따나 "왼쪽과 오른쪽으로 돌고, 비행 시작과 끝에 어느 정도 높은 지점까지 올라갈" 비행기를 만들 수 있었다.

중요한 일을 추구하며 '더 나은 비행기를 만들길' 원한다면 처음부터 모든 것을 완벽하게 해내려고 애쓰지 마라. '아무리 투박한 모양이라도' 보잘것없는 그 모습을 받아들여야 한다. 그래야 추락하더라도 쉽게 수리하고 보완하고 재설계할 수 있다. 이것이야말로 배우고 성장하고 중요한 일을 진전시키는 훨씬 쉬운 방법이다.

하찮은 상태로 일단 시작하기

많은 사람이 무언가 훌륭한 것을 만들어내는 데서 계속 후퇴하는 것은 창작의 과정을 오해하고 있기 때문이다. 우리는 뛰어나고 아름다운 완성물을 볼 때면 처음부터 그런 모습으로 출발했을 것이라고 상상한다. 하지만 진실은 정반대다.

픽사Fixar의 CEO였던 에드윈 캣멀Edwin Catmull은 "우리는 모두 투박하게 시작합니다. 픽사의 모든 이야기가 그런 방식으로 시작합니다"라고 말했다.[3] 캣멀에 따르면, 픽사 작품의 초기 스케치들은 '어색하고 미숙하며 취약하고 불완전'하다. 이런 이유에서 캣멀은 늘 '투박한' 것들을 충분히 고민할 여지를 허락하는 문화를 조성하려고 애썼다. 수백 개의 엉터리 아이디어를 이리저리 고민해보지 않는 이상 버즈 라이트이어(Buzz Lightyear, 픽사 애니메이션 〈토

이 스토리〉 시리즈에 등장하는 캐릭터-옮긴이) 같은 캐릭터는 나올
수 없다고 생각했기 때문이다. 그의 말대로 "픽사는 감독이 구상
한 못난이 아기를 보호하기 위해" 존재하는 기업이었다.

제약회사 화이자Pfizer는 '과감한 시도Dare to Try'라는 프로그램을
통해 일곱 가지 구체적인 행동을 강조함으로써 혁신을 장려한다.
'참신함freshness'은 직원들에게 색다른 곳에서 아이디어를 발견하
도록 장려하는 항목이며, '장난스러움playfulness'은 어린아이 같은
호기심과 재미를 활용하라는 의미다. 한편 '온실에서 가꾸기green-
housing'는 아무리 하찮은 것이더라도 초기 아이디어가 가혹한 비판
을 받지 않고 잘 성장하도록 보호하자는 뜻이다.[4]

높은 성과를 거두는 수완가들은 하찮은 상태로 시작하는 것을
어려워하는 경향이 있다. 그들은 일의 모든 진행 과정에서 완벽이
라는 높은 기준을 세워놓고 자신을 채찍질한다. 하지만 자기에게
부여한 이 기준은 현실적이지도 능률적이지도 않다.

예를 들어, 많은 사람은 새로운 언어를 익히는 것이 꼭 필요한
활동이라면서 자신의 중요한 꿈이라고 말하곤 한다. 하지만 실제
로는 부끄러움을 피하고 싶은 마음에 전혀 이를 실천하지 않는다.
처음부터 완벽하길―또는 적어도 창피한 일은 없기를―바라기
때문이다. 하지만 스페인어를 가르치고 있는 내 친구는 언어 학습
을 다른 눈으로 바라본다. 이례적으로 뛰어난 학생(스탠퍼드대학
로스쿨에서 법학박사를 취득하고 프린스턴대학에서도 박사 학위를 받았
다)이었던 그는 언어 학습에 관한 한 실수를 받아들여야 속도가
붙는다는 사실을 깨달았다. 그는 학생들에게 구슬 천 개가 빽빽하

게 담긴 상자를 가졌다고 상상하라고 가르친다. 새로 배우는 언어로 누군가에게 말을 걸다가 실수할 때마다 구슬 하나를 꺼낸다고 생각한다. 이렇게 해서 상자를 다 비우면 1단계가 완벽히 숙달된 것으로 본다. 실수가 빠를수록 진전 속도도 빠른 셈이다.

배우고는 싶지만 부담스럽게 느껴지는 것이 있는가? 개인적으로나 직업적으로 큰 가치를 더해줄 것은 알지만 숙달하기까지 먼 길을 가야 한다는 생각에 겁나는 일이 있는가? 그렇다면 자기만의 '구슬 상자'를 상상하고, 시작부터 최대한 많은 실수를 내겠다는 쪽으로 초점을 옮겨보자.

실수 없이는 숙달도 없다. 또한 하찮은 상태를 받아들일 용기 없이 나중에 배울 수 있는 일도 없다.

최근에 나는 온라인 수업을 듣기로 마음먹었다. 이 수업을 통과하려면 연습 퀴즈에서 매번 만점을 얻겠다는 목표로 산더미 같은 강의자료를 주의 깊고 빈틈없이 읽고, 강의 영상을 빠짐없이 시청하고, 노트 정리도 꼼꼼하게 하고, 모든 것을 외울 수도 있었다. 하지만 그러려면 엄청난 노력을 기울여야 할 듯했다. 아마 처음 한두 번 정도는 선두에 있겠지만 금세 녹초가 되어 모든 노력을 포기하고는 다시는 시험을 치르지 못하게 될 확률이 높았다. 나는 절반 정도만 정답을 맞히리라 생각하고 아무런 준비 없이 퀴즈를 풀기로 했다. 실제로 이것이 내 목표였다. 최대한 빨리 오답을 내서 올바른 답을 확인하려는 것이었다. 이미 아는 것에는 시간과 에너지를 낭비하고 싶지 않았다. 내가 모르는 것을 확인하고 그 내용에만 집중하고 싶었다. 처음 몇 번은 연습 시험 점수가 형편없었다. 나는 틀린 문제를 확인하고 더 많은 연습 시험을 풀었다. 머지않아 점수가 점점 나아졌고, 나중에는 그리 나쁘지 않은 점수를 얻었다. 이렇게 해나간다면 결국 시험에 통과할 만한 점수를 얻게 될 것이다.

최대한 저렴한 대가로 실패하기

자기에게 실패를 허락하는 데는 용기가 필요하다. 이는 두려운 일이며 자기를 취약한 상태에 두는 일이다. 사안이 중대할수록 더 많은 용기가 필요하다. 각자가 지닌 용기는 무한하지 않다는 것을 고려할 때, 최대한 대가가 저렴할 때 실패를 경험하고 이로부터 배울 방법을 찾아야 한다.

우리 아이들이 어렸던 시절, 안나와 나는 조금이나마 부담이 적을 때 아이들에게 금전적으로 서투르게 행동할 기회를 주고 싶었다. 성인이 되어 저축 자금을 가지고 실수하는 것보다는 여덟 살, 열 살 때 용돈을 가지고 실수하는 편이 낫다고 본 것이다. 우리는 아이들에게 유리 항아리 3개를 주었다. 하나는 기부금, 하나는 저축, 하나는 쓸 돈을 모으는 용도였다. 용돈을 받으면 자기가 원하는 대로 돈을 나누어 담도록 했다. 저축과 쓸 돈을 어떻게 나누어야 할지 전혀 조언하지 않았다. 우리는 아이들 스스로 결정을 내리길 바랐다. 서투른 결정을 내릴수록 더 좋다고 생각했다.

예를 들어, 아들은 경주용 전기 자동차를 사려고 모았던 40달러를 다른 데 써버리고는 뒤돌아 후회했다. 그 돈을 모았더라면 저축하며 기다리던 멋진 레고 제품을 살 수 있었을 거라며 아쉬워했다. 십 대가 된 지금, 아이는 천 달러 정도가 드는 봉사활동에 참여하려고 용돈을 모으고 있는데 이번에는 후회하지 않으리라 확신한다. 위험 부담이 적을 때 이미 실수를 통해 교훈을 얻었기 때문이다.

나는 이런 실수를 가리켜 '교훈을 얻기에 좋은 실수'라고 말한다. 우리 부부는 아이들이 뼈아프고 쓰라린 방식이 아니라 저렴한 대가를 치르는 쉬운 방식으로 금전 관리를 배웠으면 한다.

중요한 일을 손쉽게 진전시키기 위해서는 교훈을 얻기에 좋은 실수를 권장해야 한다. 자신과 타인이 끊임없이 형편없는 결과물을 내도록 놔두라는 말이 아니다. 다만 모든 일을 항상 완벽하게 해내야 한다는 터무니없는 압박을 내려놓으라는 것이다. 페이팔 마피아(PayPal Mafia, 페이팔에서 퇴사한 후 테슬라 모터스, 유튜브 등 유명 기업을 설립한 페이팔의 초기 일원들-옮긴이)의 일원이자 링크드인의 공동 창립자인 리드 호프만은 새로 고용한 수석 보좌관 벤 카스노카Ben Casnocha에게 이렇게 말한 적이 있다. "빨리 움직이려면 어느 정도 풋 폴트(foot fault, 서브를 넣을 때 선을 밟는 실수-옮긴이)를 저지르리라 생각합니다. 10에서 20퍼센트의 오류는 괜찮습니다. …그렇게 해서 빨리 움직일 수 있다면 말이죠."[5]

벤은 "이 비율을 염두에 두었더니 적극적으로 의사결정을 내릴 수 있었고 한껏 자유로워진 느낌이 들었습니다"라고 회상했다.

놀랄 것도 없이, 리드는 기업 경영과 사업에도 같은 철학을 적용했다. "제품을 처음 내놓을 때 전혀 부끄럽지 않다면 너무 늦게 출시한 겁니다. 제품 출시에 관한 한 불완전한 것이 완벽한 것입니다."[6]

내면의 손가락질 피하기

최대한 저렴한 대가로 실패할 수 있는 또 다른 방법은 자신의 하찮은 수행을 스스로 가혹하게 비판하지 않도록 보호하는 것이다. 공이 네트에 맞았다며 자책하는 대신, 일단 코트에 서 있다는 사실을 기쁘게 여기자. 사소한 오류 하나하나를 꼬투리 잡아 스스로를 질책하는 대신, 다시는 같은 실수를 저지르지 않으리라는 데 자부심을 느끼자. 뜻깊은 도전에 나서서 불안감을 느낄 때마다 이제 막 걷기를 배우는 걸음마 아기에게 말을 걸듯 자기에게 말을 걸어보자. '첫걸음을 뗀 거야. 흔들거리는 기분이 들겠지만 어쨌든 시작은 했다는 거지. 반드시 목적지에 도착할 거야.'

모든 위대한 성취가 처음에는 하찮게 시작한다는 사실도 되새기자. 예외는 없다. 아일랜드 출신의 극작가 조지 버나드 쇼George Bernard Shaw는 이렇게 말했다. "실수하며 보낸 나날은 아무것도 하지 않은 날보다 영예로울 뿐 아니라 더 유용하다."[7]

'제로 드래프트' 접근법

그동안 나는 책을 쓰겠다는 소명을 가진 사람을 여럿 만났다. 하지만 그들은 첫 장의 초고를 쓰기도 전에 포기하는 경우가 많았다. 모든 문장은 지면이 아깝지 않을 정도로 완벽해야—또는 완벽에 가까워야—한다는 믿음 때문에 시작도 못 한 채 망설이는 것이다. 나는 그들에게 '제로 드래프트'라는 접근법을 취하라고 권한다. 즉 첫 장을 쓸 때 초고라고도 볼 수 없을 만큼 조잡한 글을 써보라는 말이다.

제로 드래프트의 요점은 아무거나 쓰는 것이다. 투박할수록 더 좋다. 누구에게 보여줄 필요도 없으며 비난받을 일도 전혀 없다. 초고라는 생각 자체를 버려야 한다. 그저 종이 위에 쓰인 글자들일 뿐이다. 이 방법을 실천하면 깜짝 놀랄 정도로 수월하게 창의력이 뿜어져 나온다. 미국 시인이자 회고록 집필가인 마야 안젤루는 이렇게 표현했다. "글을 쓸 때 저는 그냥 씁니다. 그러다 보면 뮤즈가 내 진지한 모습을 보고는 '알았어, 알았어. 영감을 보내줄게'라고 말하는 듯합니다."

시집 18권, 소설 18편, 논픽션 18권, 단편소설집 9권, 동화책 8권을 집필할 정도로 왕성하게 활동하는 작가 마거릿 애트우드Margaret Atwood는 "꼬리에 꼬리를 물고 이어지는 글자에는 힘이 있다"라고 말하기도 했다.[8] 아무리 조잡한 단어들이라도 비어 있는 종이보다 강력하다. 사실 이러한 글들이 훨씬 더 강력하다. 그런 조잡한 단어들 없이는 최고의 걸작이 나올 리 없기 때문이다.

처음부터 흠 없는 결과물을 만들어내야 한다는 생각에 중요한 프로젝트를 버겁게만 느끼고 있다면 부담 없이 시작 기준을 낮춰 보자. 책을 쓰든, 작곡을 하든, 캔버스에 그림을 그리든, 그 외 창의력을 요구하는 활동에 관심을 두고 있는 경우, 우선 하찮은 상태에서 시작할 용기를 품는다면 영감이 샘솟을 것이다.

자신의 불완전함을 받아들이고 하찮은 상태에 머물 용기를 갖는다면 충분히 시작할 수 있다. 일단 첫발을 떼고 나면 시간이 흐름에 따라 투박한 모습이 점점 다듬어진다. 이렇게 미약하게 한 걸음 한 걸음 옮기다 보면 중요한 일에서 특별하고도 손쉬운 돌파구를 얻게 된다.

CHAPTER 10

페이스 찾기

: 느린 것은 부드럽다. 부드러운 것은 빠르다

20세기 초반, 미지의 세계를 향한 탐험이 한창일 때 전 세계적으로 가장 관심을 끈 곳은 남극이었다.[1] 그때까지 인류 역사상 남극점에 도달한 예는 없었다. 기원전 320년경에 살았던 최초의 극지방 탐험가인 퓌레아스Pytheas, 그로부터 수천 년이 지난 후의 바이킹족 그리고 대영제국 시절에 위용을 자랑하던 영국 해군도 남극에는 도달하지 못했다.

1911년 11월, 이 어려운 목표를 달성한 최초의 주인공이 되겠다며 '극지방을 향한 맞수' 2명이 나섰다. 한 사람은 영국 해군의 로버트 팔콘 스콧Robert Falcon Scott 대령이었고, 다른 한 사람은 '최후의 바이킹'이라고도 알려진 로알 아문센Roald Amundsen 이었다.

두 사람은 목숨을 걸고 시간과 싸우는 2,400km 레이스에 며칠

차이로 돌입했다. 한쪽 팀은 승리를 안고 돌아올 것이며 다른 한쪽 팀은 돌아오질 못할 터였다.

하지만 이들의 탐험일기를 읽어보면, 우리의 예상과 달리 두 팀은 정확히 같은 여건에서 정확히 같은 여정을 거쳤음을 알 수 있다. 스콧은 날씨가 좋은 날이면 기진맥진할 때까지 팀원들을 이끌고 갔다. 날씨가 궂은 날에는 텐트에 웅크리고 앉아 일기장에 불평을 털어놓았다. 어느 날은 '우리의 날씨 운은 형편없다. 앞서 간 사람들이 경험한 것과 이렇게 날씨가 다르다니 씁쓸하다'라고 적었다. 또 어느 날에는 '과연 이런 날씨 속에서 움직일 수 있는 팀이 있을까 싶다'라고 썼다.

하지만 움직인 팀이 있었다. 스콧 팀이 맞은 것과 비슷한 눈보라가 치던 날, 아문센은 일기에 이렇게 적었다. '폭풍, 표류, 동상을 겪으며 힘든 날을 보냈다. 하지만 우리는 목표에 21km나 더 다가섰다.'

1911년 12월 12일, 상황은 더 복잡해졌다. 아문센이 이끄는 팀은 남극점과 72km 거리의 지점까지 다다랐다. 이때껏 시도한 예 중 남극점에 가장 가까운 기록이었다. 이들은 온갖 역경을 헤치고 1,046km를 이동했고 인생을 건 경주에서 승리를 목전에 두고 있었다. 그날따라 날씨도 그들 편이었다. 아문센은 일기에 '언제나처럼 원활하게 나아가고 있다. 햇볕이 내리쬐는 차분한 날씨가 눈부시기만 하다'라고 적었다. 남극 고원에 선 그들은 남극점까지 스키로 활주하며 미끄러져 나아갈 완벽한 여건에 놓여 있었다. 한번 힘차게 밀기만 하면 하루 만에 남극점에 도달할 수 있었다.

하지만 사흘이 걸렸다. 왜 그랬을까?

남극 탐험의 첫발을 내디딜 때부터 아문센은 더도 말고 덜도 말고 매일 정확히 24km씩 이동해야 한다고 주장했다. 마지막 구간도 예외는 아니었다. 비가 오든 눈이 오든 아문센은 '매일 24km를 초과하지 않겠다'라는 뜻을 굽히지 않았다. '얼어붙듯 추운' 날에만 휴식을 취하고 '몸이 풀리는' 날에는 팀원들을 '비인간적으로 혹독하게' 밀어붙이던 스콧과는 달리, 아문센은 '충분한 휴식을 고집'했고 남극점으로 향하는 여정 내내 꾸준한 페이스를 유지했다.

사안을 대하는 간단한 차이로 인해 아문센 팀은 남극점 도달에 성공한 반면, 스콧 팀은 모두 목숨을 잃고 말았다. 남극점을 향한 경주를 흥미로운 책으로 펴낸 아문센은, 노르웨이 팀이 '특별한 노력 없이' 목적지에 도달할 수 있었던 것은 꾸준히 지킬 만한 일관되고 지속 가능한 페이스를 설정했기 때문이라고 설명했다.

특별한 노력이 없었다고? 그들은 수천 년간 모험가들이 이루지 못한 업적을 달성했다. 물론 날마다 수월했던 것은 아니다. 하지만 가장 가혹한 여건 속에서도 그들의 목표는 충분히 실천할 만했다. 무슨 일이 벌어지든 매일 24km를 넘기지는 않겠다는 간단한 규칙 덕분이었다.

1911년 12월 14일, 아문센은 팀을 이끌고 인류 역사상 최초로 남극점에 도달했다. 그리고 이들은 다시 25,750km를 이동해 안전하게 귀가했다. 한편 기진맥진하고 사기가 떨어진 스콧 팀도 남극점에 도달했지만 앞 팀보다 34일이나 늦었다. 그들의 귀환 여정은 더 혹독했다. 완전히 지친 상태에서 비틀거리며 이동한 탓에 심각한 동상에 걸려 팀원 5명이 전부 얼어 죽었다. 몇몇 팀원은 자신의 운명이 다했음을 확신하고 언젠가 가족과 친구들이 읽어주길 바라는 마음에 유서를 남겨놓기도 했다.

무조건 의지로 밀어붙이면 될까?

어떤 목표나 프로젝트에 돌입해 초반부터 대대적인 진전을 이루려고 애쓰다 보면 악순환의 덫에 빠질 수 있다. 처음부터 무리하다가 피곤해져서 잠시 쉰다. 그러다 문득 잃어버린 시간을 메울 생각에 또다시 전력 질주하는 식이다. 사업 계획서를 얼른 마무리하고 싶어 하던 친구가 있었다. 그 친구는 주말 내내 깨어 있는 모든 순간을 여기에 쏟겠다고 마음먹고는 의지로 밀어붙였다. 하지만 이로 인해 녹초가 되어 사업 계획서는 생각조차 하기 싫어졌고, 또다시 몇 주간은 이렇다 할 진전을 이루지 못했다. 그녀는 "좀 해보려고 하면 두뇌 활동이 딱 멈추는 걸 어떻게 해"라고 말했다.

나는 청소년기를 보냈던 영국 요크셔에서 열리는 4.8km 크로스컨트리 경주에 나가겠다는 목표를 세운 적이 있었다. 대회 당일이 되자 몹시 초조했다. 부모님과 조부모님이 지켜보는 가운데 출발선에 섰다. 완벽히 준비되지는 않았지만 내가 생각한 대로 천천히 시작한다면 괜찮을 것 같았다. 나는 천천히 시작해 점점 속도를 높이며 다른 사람들을 제칠 때 아드레날린이 솟구치는 것을 느끼며 경주하는 방식을 좋아했었다. 하지만 초조해지자 그런 생각은 온데간데없었다. 애초의 계획은 무시하고 다른 경주자들과 함께 초반부터 돌진했다. 처음 몇백 미터를 전력 질주했더니 숨이 차 멈춰서야 했고 그 뒤에도 100m밖에 나아가지 못했다. 결국 숨을 돌렸지만 이미 피해는 컸다. 다른 사람들보다 훨씬 뒤처져 경기 내내 그 상태를 벗어나지 못했다. 뼈아픈 날이었다. 나는 60명 주자 중 57등으로 들어왔다. 뒤돌아 생각해보니 초반부터 전력 질주한 탓에 잃은 것은 경기만이 아니었다. 그날의 패배가 너무 굴욕적이었던 탓에 이후로는 한 번도 크로스컨트리 경주에 나가지 않았다.

중요한 일을 성취하려고 할 때면 초반부터 온 에너지를 쏟아붓고 싶은 유혹이 들기 마련이다. 문제는 처음에 너무 빨리 내달리다 보면 뒤로 갈수록 점점 처지기 십상이다.

이렇게 과한 노력과 저조한 수행을 오르락내리락하는 방식으로 중요한 프로젝트에 접근하면 크나큰 대가를 치르게 된다. 전력 질주하는 날에는 기진맥진하고 속도를 늦추는 날에는 피로에 휩싸여 사기가 떨어지기를 반복하다 보면, 앞서 말한 영국 탐험가들처럼 두들겨 맞은 듯 온몸이 상하면서도 정작 원하는 목표에는 다가가지 못할 가능성이 크다.

다행히 대안이 있다. 전혀 힘이 들지 않는 페이스를 찾으면 된다.

나만의 상한치

작가 지망생 초기 시절에 나는 열정과 의지는 넘쳤지만 꾸준하지 못했다. 며칠은 글을 썼지만 또 며칠은 글쓰기에 관해 말만 늘어놓았다. 그 사이의 며칠은 글쓰기에 관해 무슨 생각을 하고 있는지 말하는 데 썼다. 그러던 중, 음악가인 친구가 자기 노래에 관한 책을 쓰겠다고 했다. 그 친구는 그때까지 총 3,000곡을 작곡하고 101개의 앨범을 내며 9편의 칸타타를 발표할 정도로 왕성하게 활동했다.[2] 국가조찬기도회, 대통령 취임식, 〈오프라 윈프리 쇼The Oprah Winfrey Show〉 등 세계 곳곳에서 그 친구의 음악이 흘러나왔다. 그렇게 오랜 기간 꾸준한 속도로 작품을 내놓았다는 것을 알고 나니 정말 놀라웠다. 과연 작가로서는 어떨까?

알고 보니 그녀는 작가로서도 훌륭했다. 그녀는 100곡을 선정해 각 곡에 관한 이야기를 책에 담기로 했다. 매주 2편씩 쓰기로 했는데 "그렇게 했더니 충분히 할 만했다"고 설명했다. 2편을 다 쓴 주에는 더 쓰고픈 욕구와 에너지가 남아 있더라도 일을 멈췄다. 매주 2편이 상한치였다. 이후 9개월 만에 최종 원고를 준비해 출판사에 보냈다는 이야기를 듣고 어안이 벙벙했다. 그때도 나는 글을 쓰는 둥 마는 둥 하고 있었으니 말이다.

기운이 남아 있는데 자제하는 것은 중요한 일을 완료하는 데 부적절한 방식처럼 보인다. 하지만 사실 이러한 자제력이야말로 획기적인 생산성을 발휘하는 핵심 요소다. 18편의 베스트셀러 소설을 내놓은 작가 리사 주얼Lisa Jewell은 이렇게 말했다. "페이스를 찾으세요. 너무 많은 양을 급히 쓰다 보면 갑자기 옆길로 빠져 길을 잃게 됩니다. 어쩌다 한 번씩 글을 쓴다면 추진력이 생기질 않죠. 매일 천 단어씩 쓴다면 무리 없이 꾸준히 해나갈 수 있습니다."[3]

철인 3종 경기 선수였던 벤 베르즈롱Ben Bergeron은 영국 최고의 운동선수들을 지도하고 있다.[4] 분명 그는 의뢰인이 원한다면 몇 시간씩 더 움직일 만한 체력을 보유하고 있다. 하지만 그에게는 직업적으로나 개인적으로 훌륭한 수행을 유지하기 위해 지키는 규칙이 있다. 그는 매일 오후 5시 25분이 되면 사무실을 나선다. 느긋한 날에도 오후 5시 25분에 퇴근하고, 일이 많은 날에도 오후 5시 25분이 되면 사무실을 떠난다. 다른 여지는 없다. 심지어 회의 중일 때도 시계가 오후 5시 25분을 가리키면 자리에서 일어나 문 쪽으로 걸어간다. 고민할 필요도 없다. 이제 그와 함께 일하는 모든 사람은 그가 무례해서 그렇게 행동하는 것이 아님을 잘 알고 있다. 그의 상한치가 오후 5시 25분인 것뿐이다.

'매일 몇 km', '매일 몇 글자', '매일 몇 시간'과 같이 나만의 상한치를 정하는 것처럼 수월하게 자기 페이스를 유지하도록 도와주는 방법은 없다.

알맞은 범위

모든 사람이 자기가 바라는 결과(원고 마감, 5km 달리기, 프로젝트 착수하기)를 최대한 빨리 이루고 싶어 한다. 모든 사람이 지지

부진한 날보다 성큼성큼 일을 진척시키는 날을 선호하는 것은 당연지사다. 인생에서 성취감만큼 만족스러운 것도 없으니 말이다. 하지만 일을 완료하겠다는 과한 의욕은 모든 진전이 똑같다는 잘못된 생각을 심어줄 수 있다.

모든 진전이 동등한 것은 아니다.

우리 딸아이는 닭(그렇다, 우린 닭을 키운다)을 돌보는 임무를 맡았을 때 이 사실을 힘들게 배웠다. 닭을 돌보려면 달걀을 모아오고, 먹이를 주고, 물통을 채워줘야 했다. 우리는 아이더러 날마다 그 일을 하라고 권유했다. 하지만 아이는 일을 며칠 거르더라도 그다음 사흘간 더 열심히 하면 똑같은 것 아니냐며 따졌다. 세 번 모아올 달걀을 한꺼번에 가져오고, 먹이와 물도 세 번 줄 양을 한 번에 줄 수 있다고 주장했다. 그런데 뜻밖의 변화가 생겼다. 날이 더워진 것이다. 닭들은 평소보다 물을 많이 마셨고, 게다가 남아 있는 물도 평소보다 더 빨리 증발했다. 아이는 충격에 빠진 얼굴로 우리에게 와서는 물이 말라버린 탓에 닭 한 마리가 열기 속에 죽었다고 말했다.

인생의 많은 일이 우리의 통제를 벗어나 있다. 우리는 날씨를 통제할 수 없다. 산불, 허리케인, 코로나바이러스도 전부 우리의 통제 밖에 있다. 아이가 감기에 걸리고, 차가 고장 나며, 친구가 힘든 상황에 놓여 조언을 구할 때처럼 뜻밖의 위기들이 불시에 다가와 일정이 틀어질 때, 어떻게 하면 꾸준히 내 페이스를 지킬 수 있을까?

냉전이 종식된 후, 군에서는 전 지구적 상황을 VUCA라는 축약

어로 묘사해왔다.[5] 우리가 처한 세계적 상황이 변덕스럽고Volatile, 불확실하며Uncertain, 복잡하고Complex, 모호하다Ambiguous는 것이다. 이러한 뉴노멀에 대응해 군은 일상의 전장에서 중요한 일을 더 수월하게 해낼 수 있는 몇 가지 접근법을 개발했다.

하나는 '느린 것은 부드럽다. 부드러운 것은 빠르다'라는 군의 신조에 담겨 있다.[6] 이 말은 천천히 움직일수록 일 처리가 부드럽고, 일 처리가 부드러울수록 빨리 움직일 수 있다는 뜻이다. 이런 자세는 사방의 위험 요소에 경계심을 유지하는—그리고 때로는 무기를 소지하는—동시에 잘 조율된 형태로 움직이는 능력이 필수적인 분쟁 상황에서 더욱 중요하다. 가만히 있거나 너무 천천히 움직이면 손쉬운 공격 목표가 된다. 이에 대해 컨설턴트인 존 인드비크Joe Indvik는 "하지만 너무 빨리 움직이면 적들에게 둘러싸여 공격당하게 된다"라고 말했다.

뒤이어 인드비크는 이렇게 말했다. "엘리트 보병을 자세히 살펴보면 그들은 이렇게 움직인다. 걷는 듯 달리는 듯 움직이면서 빠르지만 조심스럽게 발걸음을 옮기고, 무기를 들고 있되 사방의 전장을 리듬감 있게 훑어본다."

그에 따르면 미숙한 보병은 "열정적으로 전장을 향해 질주하며 무서운 기세를 보여주곤 한다." 하지만 이렇게 움직이면 위험이 닥쳤을 경우, 전속력으로 움직이며 처음 눈에 들어온 곳에 피신해야 하는데 그곳은 제대로 조사해보지 못한 곳일 수도 있다. "…토끼와 거북이 이야기에 나오는 토끼처럼, 당장은 이렇게 질주하고 회복하는 방식이 빨라 보일지 모른다. 하지만 자신이 처한 상황에서 장기간에 걸쳐 발전을 이루는 것은 느린 과정이며 그 사이에 정체불명의 여러 위협도 만나게 된다."

천천히 움직이면 일 처리가 부드럽다. 관찰하고, 계획을 세우고, 다양한 노력을 조화롭게 발휘할 시간이 있다. 하지만 너무 느리게 움직이면 정체에 빠져 추진력을 잃게 된다. 전장에서의 상황이 우리 삶과 일에도 그대로 적용된다. 날마다 마주치는 복잡하고 불확실한 상황에서도 진전을 이루려면 알맞은 범위를 정하고 그 안에 머물러야 한다.

최우선 과제를 꾸준하고 일관성 있게 진척시키려 할 때도 불가피한 일들이 터지곤 한다. 오전 내내 책상 앞에 앉아 있으려 했는데 꼼짝없이 회의에 붙들려 있을 때도 있다. 중요한 일을 처리하려고 몇 시간을 따로 떼어 놓았는데 무작정 떼를 쓰는 걸음마 아이를 돌봐야 할 때도 있다. 이렇게 해야 할 일을 미처 완수하지 못했을 때는 주말 내내 미친 듯이 서두르며 일에 매달린다. 하지만 여기에는 대가가 따른다는 것을 우리 모두 잘 알고 있다. 해놓은 일은 형편없고, 죄책감은 커지고, 자신감도 떨어진다.

이보다 수월한 대안이 있다. 자신의 상한치와 하한치를 설정하는 것이다. 간단하게 다음의 규칙을 사용해보자. '무슨 일이 있어도 X 이상은 해내고, Y를 넘기지는 않는다.'

필수 프로젝트	하한치	상한치
6개월 안에 《레미제라블 Les Misérables》 읽기	매일 5페이지 이상 읽는다.	매일 25페이지를 넘기지 않는다.
이달의 영업 목표치 달성하기	매일 5통 이상의 영업 상담 전화를 돌린다.	매일 10통을 넘기지 않는다.
한 달간 매주 가족에게 전화하기	매번 5분 이상 통화한다.	매번 1시간을 넘기지 않는다.
온라인 수업 완료하기	매일 강의를 수강한다.	매일 연습 문제를 푸는 데 50분을 넘기지 않는다.
출간할 책의 초고 완료하기	매일 500단어 이상 쓴다.	매일 1,000단어를 넘기지 않는다.

알맞은 범위를 찾으면 꾸준한 페이스로 움직이며 일관된 진전을 이룰 수 있다. 하한치는 의욕을 잃지 않을 만큼 높게 잡되, 뜻밖의 혼선이 있을 때도 충분히 실천할 수 있을 정도로 낮게 정해야 한다. 상한치는 양호한 진전이라고 보일 만큼 높게 잡되 지칠 정도로 높아서는 안 된다. 한번 리듬을 타기 시작하면 물 흐르듯 일이 진전된다. 이로써 수월한 행동을 할 수 있다.

최소 노력의 법칙 2

수월한 행동

수월한 행동이란?	더 적은 노력으로 더 많이 성취하는 것을 의미한다. 질질 끄는 것을 멈추고 분명한 첫발을 내디딘다. 지나치게 생각에 골몰하는 대신 완료 지점까지 도달한다. 의지로 밀어붙이기보다는 자기 페이스를 찾음으로써 진전을 이룬다. 무리하지 않고도 기대보다 높은 성과를 달성한다.
정의 내리기	필수적인 프로젝트를 시작하기 전에 우선 그 일의 '완료된' 상태를 분명히 정의 내린다. 완료된 상태를 명확히 설정하고 거기 도달하면 멈춘다. 60초간 내가 원하는 결과에 주의를 기울인다. '일일 완료' 목록을 작성한다. 목록에는 의미 있는 진전이라고 여길 만한 항목만 담는다.
시작하기	가장 분명한 행동을 첫 단계로 삼는다. 분명한 첫 행동을 구체적인 단계로 잘게 나누고, 각 단계에 이름을 붙인다. 최소한의 노력으로 최대한의 정보를 얻는다. 10분간 바짝 집중하는 마이크로버스트 활동을 시작해 에너지와 의욕을 얻는다.

간소화하기	단계를 간소화하지 말고 아예 없앰으로써 전체 절차를 간소화한다. 모든 일에 150%를 쏟을 필요는 없다는 사실을 인정한다. 제외할 단계를 최대한 늘린다. 진척 상황을 촘촘히 확인한다.
진전시키기	프로젝트에 돌입할 때는 하찮은 상태 그대로 시작한다. '제로 드래프트' 방식으로 빈 종이에 일단 무슨 단어든 적어본다. 대가가 저렴할 때 실패하고, 교훈을 얻을 만한 실수를 저지른다. 자기가 이룬 진전이 가혹한 내면의 비판에 부딪히지 않도록 보호한다.
페이스 찾기	손쉬운 페이스를 정한다. 느린 것은 부드럽고, 부드러운 것은 빠르다. '의지로 밀어붙이면 된다'라는 거짓 신념을 거부한다. 올바른 범위를 설정한다. '무슨 일이 있어도 X 이상은 해내고 Y를 넘기지는 않는다.' 모든 진전이 동등하지 않다는 것을 기억한다.

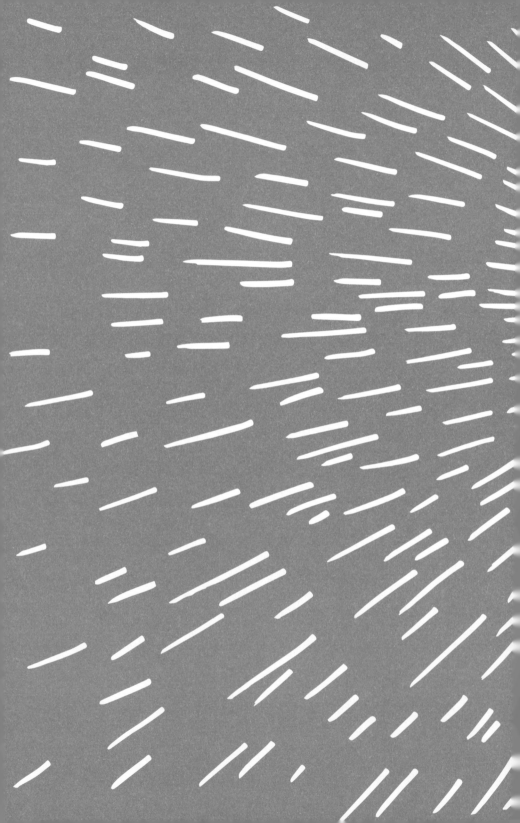

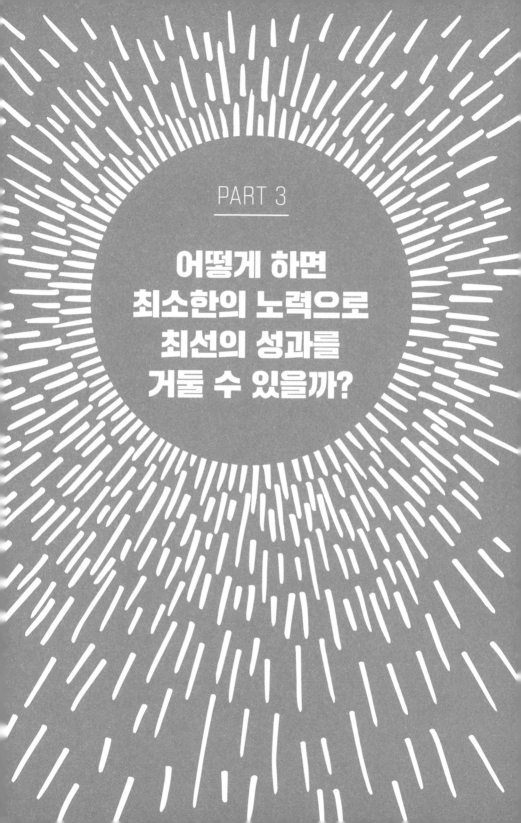

PART 3

어떻게 하면
최소한의 노력으로
최선의 성과를
거둘 수 있을까?

스티브 내쉬Steve Nash가 NBA 선수 시절에 기록한 자유투 성공률은 지금까지도 최고 기록으로 남아 있다.[1] 은퇴할 때 그의 기록은 90.43%였다. 현재 엘리트 선수들의 평균 자유투 성공률은 70~75%다.

내쉬의 비결은 무엇이었을까? 은퇴 후 몇 년 만에 내쉬를 인터뷰했던 기자는 이렇게 설명했다. "슛을 날리는 내쉬를 보고 있으면 놀라울 정도로 정교한 자동 장치를 보는 듯하다. 그의 몸은 실수를 저지를 수 있는 인간의 몸이라기보다는 시계 장치에 더 가까울 정도로 정확하게 움직인다. 오후에 만났을 때 지켜보니, 그는 너무도 정확히 골망을 맞히는 바람에 공을 가지러 움직일 필요도 없었다. 마치 자기장이라도 존재하는 듯, 매번 골망을 벗어난 공은 통통 튀어 그에게 돌아왔다."

수월한 결과Effortless Results란 이런 경우를 말한다. 즉 집중적인 노력이 하나의 결과를 낳고 끝나는 것이 아니라 손쉬운 결과를 여러 번 선사하는 것이다.

무슨 뜻일까? 무언가를 투입할 때마다 일회성의 산출물을 얻는다면 이는 선형적인 결과lineal results다. 매일 0에서 시작하는 셈이다. 오늘 노력을 투입하지 않으면 얻을 수 있는 결과도 없다. 투입한 노력의 양과 이로써 얻는 결과가 일치하는 일대일 비율이다. 다음 예들과 같이 선형적 결과는 모든 분야에 존재한다.

- 1시간 일하고 시급을 받는 직원은 선형적 소득을 번다.
- 같은 내용을 반복해서 암기하며 벼락치기로 시험을 준비해 성적을 얻는 학생은 선형적 지식을 습득하는 것이다.
- 오늘은 1시간 운동하겠다고 결심하지만, 내일 운동할지는 내일 다시 생각해야 한다면 선형적 결정을 내린 것이다.
- 적극적으로 움직일 때만 돈을 버는 기업가는 선형적 사업 모델을 가진 사람이다.
- 한 번 봉사함으로써 하나의 영향력을 발휘한 자원봉사자는 선형적 기여를 했다고 말할 수 있다.
- 오늘 무언가를 하도록 '자신을 유도하는' 데 엄청난 노력을 기울이는 사람은 선형적 행동을 하고 있는 것이다.
- 날마다 자녀에게 같은 허드렛일을 하라고 매번 일러주는 아버지는 선형적 양육법을 실천하고 있다고 할 수 있다.

선형적 결과는 제한적이어서 결코 투입된 노력의 양을 넘어설 수 없다. 하지만 많은 사람은 이보다 훨씬 더 바람직한 대안이 존재한다는 사실을 모르고 있다.

부가적인 결과는 완전히 다르다. 이러한 결과에 관심을 두면 한번 노력한 대가로 여러 번 유익을 거둘 수 있다. 추가적인 노력 여부와 관계없이 계속해서 새로운 결과가 흘러들어온다. 자는 동안에도, 휴일에도 계속 결과가 흘러들어온다. 부가적인 결과는 사실상 한계가 없다. 다음의 경우가 그 예들이다.

- 책을 집필한 이후 수년간 인세를 받는 작가는 부가적인 결과를 얻는다.
- 기본 원칙을 익혀 이를 다양한 방식으로 적용하는 학생은 부가적인 지식을 얻는다.
- 한번 정한 사항을 날마다 실천하는 사람은 부가적인 의사결정을 내린 셈이다.
- 6개월간 휴가를 떠나 있더라도 사업이 운영된다면 기업가가 부가적인 이윤을 발생시키는 사업을 일군 것이다.
- 상환이 가능해 계속 대출을 받을 수 있는 소액 융자를 제공하는 사회적 기업가는 부가적인 기여를 하고 있는 것이다.
- 날마다 생각과 노력을 기울일 필요도 없이 습관적으로 무언가를 하는 사람은 부가적인 행동을 통해 유익을 얻는다.
- 어떤 허드렛일을 통째로 자녀에게 맡기되 이를 재밌게 만들어줌으로써 날마다 자녀를 귀찮게 할 필요가 없게 한 엄마는 부가적인 양육법을 실천하는 셈이다.

지나친 과장 같은가? 그렇지 않다. 하나의 행동으로 하나의 결

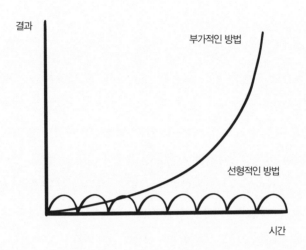

과를 얻는 데 익숙한 사람에게는 영속적인 결과를 얻는다는 것 자체가 비현실적으로 들릴지 모른다. 하지만 소박한 노력을 통해 반복해서 수월한 결과를 얻게 할 도구가 분명 존재한다.

부가적인 결과는 복리 이자와 같다. 벤자민 프랭클린Benjamin Franklin은 다음과 같은 말로 복리 이자를 간결히 설명했다. "돈이 돈을 번다. 그리고 돈을 벌어주는 돈이 돈을 낳는다."[2] 달리 말해, 복리 이자를 발생시킬 때 손쉽게 부를 창출할 수 있다는 뜻이다.

이 원칙을 다른 여러 분야에도 적용할 수 있다.

복리로 나타나는 결과

내 친구 제시카 재클리Jessica Jackley는 동아프리카에서 자원봉사를 하다가 현지에서 생선 장수 캐서린을 만난 적이 있다.[3] 캐서린의 마을은 생선에 대한 수요가 높았다. 캐서린은 날마다 중개인으로부터 생선 6마리 정도를 사서 가판대에서 되팔곤 했다. 하지만 먹여야 할 자녀가 7명이나 있던 캐서린은 어부에게 직접 생선을 사서 이윤을 더 많이 남기고 싶었다. 그러자면 100km를 움직여야 했는데 버스비도 없었고 시장에서 물건을 팔 시간도 모자랐다. 문제를 해결하자면 500달러 정도가 필요했다.

제시카는 캐서린과 같은 처지인 마을 사람들을 보고, 최근에는 그라민 은행에 관해 무하마드 유누스(Muhammad Yunus, 그라민 은행의 설립자이자 前 총재-옮긴이)와도 이야기를 나눈 뒤, 키바Kiva라는 플랫폼을 공동 설립했다.

키바는 누구든지 원하는 만큼 개발도상국의 기업가들에게 대출을 지원하도록 도와주는 크라우드소싱 플랫폼이다. 하지만 결과는 여기서 그치지 않는다. 상환되는—98% 이상이 상환된다—대출금은 키바 크레디트 형태로 돌아오므로 이 자본은 다른 기업가에게 다시 대출금으로 제공할 수 있다. 이 형태가 무한히 이어질 수 있다. 한번 투자한 금액이 영구 기금으로 남아 수년, 수

10여 년간 수많은 기업가를 지원하는 셈이다.

제시카는 캐서린에게 500달러라는 일시 기금을 제공하는 대신 유용한 플랫폼을 설립했고, 그 결과 지금까지 13억 달러가 넘는 대출금이 지원되었다. 선형적인 결과와 부가적인 결과는 이렇게 나 다르다.

무력한 수고 vs. 수월하게 발휘하는 힘

지렛대는 일을 수월하게 만들어주는 단순한 기구다. 이 기구는 지렛목 위에 고정 빔을 올려 만든다. 힘을 쏟는 빔의 위치와 지렛목 사이의 거리가 멀수록 무거운 물체를 옮기거나 중량을 들어 올리는 데 필요한 힘이 줄어든다. 다시 말해, 지렛대는 우리가 들이는 노력의 영향력을 크게 높여준다. 시소를 타거나, 병따개나 쇠 지렛대를 사용하거나, 노를 젓는 것은 모두 지렛대의 원리를 활용한 것이다.

처음으로 지렛대의 원리를 발견했다고 알려진 사람은 고대 그리스의 수학자이자 기계 공학자였던 아르키메데스Archimedes다.[4] 그는 충분히 긴 지렛대와 그것을 받칠 만한 지렛목을 준다면 지구도 움직일 수 있다고 말했다. 지렛대의 원리를 다른 영역에도 적

용할 수 있다는 것은 매우 흥미로운 생각이다. 아래 몇 가지(많은)
예를 살펴보자.

지렛대	가벼운 노력, 부가적인 결과
배우기	개인의 역량은 시간에 따라 쌓여간다. 한번 좋은 평판을 얻으면 그 뒤로 수년간 갖가지 기회가 따라온다. 기본 원칙을 자세히 익히고 나면 이를 수월하게 계속 적용할 수 있다. 한번 만들어둔 좋은 습관은 평생 이롭다.
가르쳐주기	지식을 공유하는 것은 큰 영향력을 발휘한다. 다른 사람에게 가르치는 기술을 전수하면 기하급수적인 영향력이 나타난다. 한번 만들어낸 훌륭한 이야기는 수천 년 동안 살아남을 수 있다. 가르치면 가르칠수록 배우는 것도 많다.
자동화하기	일단 무언가를 자동화해 두면, 그 이후로는 전혀 신경 쓰지 않아도 계속해서 일이 저절로 진행된다. 일종의 치트 시트(cheat sheet, 코딩 작업 시 생각나지 않는 문법이나 구문을 정리해둔 자료—옮긴이)를 만들어 날마다 활용한다. 직접 코딩을 하거나 이를 담당할 사람을 채용해두면 수천 번이라도 같은 기능을 실행할 수 있다. 한번 집필한 책은 수백 년이 지나서도 수백만 명이 읽을 수 있다.
신뢰 쌓기	한번 적임자를 고용하면 이들이 무수히 많은 결과를 내놓을 것이다. 팀들이 겪는 불편 사항 혹은 팀들 간의 마찰을 해결하면, 이후 여러 프로젝트를 진행할 때 원활한 협업이 이루어진다. 누가 무슨 일을 하는지 서로 잘 알고 있는 끈끈한 팀을 구축해 놓으면, 각자의 역할과 책임, 각종 규제, 보상, 원하는 결과를 일관되게 유지하기가 더 수월해진다.

예방하기	문제를 미리 해결해두면 나중에 시간을 낭비하거나 사태가 악화되는 것을 피할 수 있다. 문제의 근원을 해결하면 같은 문제가 계속 나타나는 것을 막을 수 있다. 늘 지금 위기를 예방하는 것이 나중에 상황을 수습하는 것보다 쉽다.

물론 지렛대에도 단점은 있다. 경우에 따라서는 똑같이 적은 노력을 기울였는데도 매우 나쁜 부가 결과를 낳는 지렛대도 있다. 나쁜 평판을 얻으면 이후로 오랫동안 많은 기회를 놓치게 된다. 잘못된 습관은 수십 년간 건강에 해로울 수 있다. 잘못된 사람을 채용하면 갖가지 방식으로 사업에 악영향을 끼칠 수 있다. 잘못된 코드를 작성하면 사용자들에게 계속된 좌절을 안겨줄 수 있다. 힘이 쏠리는 방향을 좌우하는 것은 전적으로 우리의 몫이다.

일을 완료하는 방식에는 두 가지가 있다. 열심히 노력하면서도 힘을 발휘하지 못하는 힘겨운 방식이 있는가 하면, 전혀 힘들이지 않고도 힘을 발휘하는 쉬운 방식도 있다. 앞으로 이어질 여러 장에서는 이 강력한 도구를 활용해 올바른 결과를 얻는 방법을 이야기하고자 한다.

CHAPTER 11

배우기

: 다른 사람들이 가진 최상의 정보를 활용하기

1642년은 관측 천문학의 아버지인 갈릴레오 갈릴레이Galileo Galilei 가 유명을 달리하면서 시작되었다. 같은 해의 끝 무렵인 크리스마스에는 아이작 뉴턴Isaac Newton 이 예정일보다 일찍 세상에 태어났다. 뉴턴의 어머니는 고작 1.4kg으로 태어난 뉴턴을 보고 '쿼트 포트(quart pot, 주로 액체를 보관하는 밑이 긴 용기-옮긴이)에 들어갈 만큼 작다'라고 표현했다.[1] 사람들은 뉴턴이 며칠밖에 못 살 것이라고 예상했다. 하지만 그는 무럭무럭 자라 케임브리지 대학의 트리니티 컬리지에서 수학했고, 《자연철학의 수학적 원리Philosophiae Naturalis Principia Mathematica》, 짧게 줄여 《프린키피아Principia》라고 불리는 책의 저자가 되었다.

뉴턴의 여러 업적 중에서도 이 특출한 문서는 만유인력뿐만 아니라 운동의 제3법칙을 체계적으로 정리했으며 이 원칙들이 물리학 전체의 토대를 형성하게 되었다.

이 원리들은 물체가 세계 속에서 어떻게 움직이는지를 설명하고, 태양계 안에 있는 행성들의 움직임도 기술했다. 나아가 이 원칙들은 뒤이은 과학혁명과 산업혁명에 불을 댕기는 중요한 역할을 했다. 이 원리들이 세상을 바꿔놓았다고 해도 과언이 아니다. 뉴턴이 정리한 운동 법칙들이 없었다면 자동차 설계, 제트기 발명, 달 착륙이 모두 불가능했을 것이다.

물론 뉴턴의 저작 속에 자동차 엔진, 제트 항공기, 우주 비행기 설계 방식이 세세히 기술되어 있던 것은 아니다. 하지만 이 법칙들은 훨씬 더 가치 있는 것을 선사해 주었다. 자동차 공학, 항공 기술, 우주여행 등 다양한 분야에 적용할 일련의 원리를 제공했기 때문이다.

삶이 나날이 분주하고 버겁고 숨 가빠지다 보니, 자연히 정신적 에너지를 쏟지 않고도 곧장 문제에 적용할 만한 손쉬운 지침이나 방법을 찾게 된다. 이것은 실수다. 왜일까? 하나의 방법은 특정한 유형의 문제 하나를 해결하는 데 유용할 수 있다. 하지만 원리는 더 넓은 영역에 반복해서 적용할 수 있다. 최고의 원리들은 시대를 막론하고 보편적으로 적용된다.

다시 말해 특수한 방법들은 선형적인 결과만을 낳을 뿐이다. 부가적인 결과를 추구하려면 원리에 관심을 두어야 한다. 사실, 프린키피아principia라는 단어는 '제1원리, 근본이 되는 시작점 또는 요소'를 의미한다.[2] 제1원리는 지식의 기본 구성물과 같다. 한번

이 원리들을 제대로 익히면 수백 번이고 활용할 수 있다.

경영학 분야에 선구적으로 기여했다고 알려진 미국의 능률 전문가 해링턴 에머슨Harrington Emerson은 이렇게 말했다. "방법은 백만 가지도 넘게 존재하지만 원리는 소수에 불과하다. 원리를 파악한 사람이라야 성공적으로 자기만의 방법을 선택할 수 있다. 원리를 무시하고 방법만 실행하는 사람은 반드시 어려움을 겪게 된다."[3]

원리를 추구하기

모든 지식이 영구적 가치를 지닌 것은 아니다.

어떤 지식의 쓸모는 한 번뿐이다. 시험에 대비해 외워둔 사실 정보는 시험이 끝나자마자 머릿속에서 **빠져나간다.** 휴대전화로 훑어본 흥미로운 기사도 1시간만 지나면 그 내용이 전혀 떠오르지 않는다. 십 대 자녀가 컴퓨터로 무언가를 가르쳐 주었는데 뒤돌아 혼자 다시 해보려고 하면 도무지 먹히지 않는다.

그런가 하면 끝없이 유용한 지식도 있다. 일의 발생 원인이나 작동 방식을 이해하면 이 지식은 몇 번이고 반복해서 활용할 수 있다. 이를테면 다음의 예들이 있다.

- 어떤 분야에서든 근본 원리를 습득한 학생은 이후로도 다양한 방식으로 이를 쉽게 활용할 수 있다.
- 고객이 진정으로 원하는 바를 제대로 이해한 기업가는 수많

은 다른 제품과 서비스에도 이 지식을 적용할 수 있다.

- 팀을 끈끈하게 유지하는 방법을 알게 된 관리자는 어떤 팀을 만나더라도 같은 방식을 적용할 수 있다.
- 어떻게 의사결정을 내려야 할지 이해한 개인은 지속적으로 의사결정을 내릴 수 있다.

한번 올바른 것을 익히는 것은 중요한 흥정이다. 한번 올바른 곳에 에너지를 투자해 놓으면 이후로도 몇 번이고 손쉬운 결과를 얻을 수 있다.

공통점 찾기

《가난한 찰리의 연감Poor Charlie's Almanack》의 편집을 맡았던 피터 카우프먼Peter Kaufman은 '세상 만물의 작동 원리'가 궁금했다.[4] 대개 이런 거창한 목표는 헛웃음이 나올 정도로 버거워 보인다. 대다수 사람이라면 이런 탐구는 시작하기도 전에 포기하고 말 것이다. 카우프만은 지름길을 찾았다. 약 6개월에 걸쳐 이때껏 온라인으로 출간된 〈디스커버Discover〉 잡지를 전부 뒤져서 매호 마지막 페이지에 실린 인터뷰 요약본을 읽어보았다. 카우프만이 읽은 인터뷰는 총 144개였다. 짧은 인터뷰였지만 매회 과학의 한 측면을 훌륭하게 요약한 내용이었고, 비전문가인 독자를 위해 분명한 예시와 흥미를 끄는 이야기를 알기 쉬운 문체로 전달했다.

머지않아 카우프만은 자신이 알게 된 모든 것을 3개의 데이터 묶음으로 분류할 수 있다는 것을 알아냈다. 제1묶음인 무기물의 우주는 가장 오래되고 방대한 데이터로서 우주 생성 이래로 130억 년 이상을 아우르는 물리학과 지리학을 다뤘다. 제2묶음은 지구상에 살아 있는 모든 것을 다루는 생물학으로서 약 30억 년을 다뤘다. 제3묶음은 인간사 전체에 관한 것으로서 우리가 하나의 종으로 존재해 온 비교적 짧은 기간을 다뤘다.

내용을 분류한 뒤에는 공통점을 알아보았다. 3개의 자료 묶음 전체에서 사태가 벌어지는 방식을 일관되게 설명해줄 원리를 찾으려 했다.

제1묶음에서는 뉴턴이 말했던 운동의 제3법칙, 즉 모든 작용에는 동등한 크기의 반작용이 존재한다는 원리를 찾을 수 있었다. 다시 말해 무언가에 가하는 힘이 세질수록 반대로 작용하는 힘도 세진다는 뜻이다. 제2묶음에서는 마크 트웨인Mark Twain이 말했던 고양이 이야기가 떠올랐다. 즉 꼬리를 잡힌 고양이는 공격한다는 것이었다. 제3묶음에서도 비슷한 원리를 발견했다. 지금 내가 타인을 어떻게 대하느냐에 따라 그들이 나를 어떻게 대할지가 결정된다는 원리다.

카우프만은 이와 같은 공통점에 '거울 보상', 더 간단한 표현으로 '주는 대로 받는다'라는 원리가 담겨 있음을 알게 되었다. 이 원리를 적용할 방법은 무궁무진하다. 감사의 편지를 보내면 나도 감사의 편지를 받게 된다. 누군가를 향해 진심으로 미소를 지으면 상대방도 나를 보고 미소를 짓는다. 대화 중에 정보를 제공하면 상대방도 그 보답으로 정보를 공유한다.

거울 보상의 원리를 조사해본 한 실험에서, 연구자는 약 600명의 낯선 사람에게 친필 크리스마스카드를 보냈다.[5] 카드에는 짧은 글과 함께 그의 가족사진을 담았다. 머지않아 생면부지의 사람들에게서 답장이 오기 시작했다. 그가 받은 답장은 총 200통에 달했다.

보편 원리는 과학에만 적용되는 것이 아니다. 사실 이러한 원리는 사람을 이해하는 데도 유용한 정신적 요령을 제공한다.

신혼 때 아내가 좋아하는 미트 피스트 피자로 아내를 깜짝 놀라게 해줘야겠다고 생각한 적이 있었다. 그날 늦게 귀가한 아내는 내가 기대했던 대로 매우 즐거워했다. 다음 날도 또 한 번 미트 피스트 피자로 아내를 놀라게 해줄 생각으로 신나게 같은 행동을 반복했다. 아내는 너무 공손한 사람이었던지라 내가 3일 연속으로 '놀라게' 해준 다음에야 "아, 또 미트 피스트 피자야?"라고 말했다. 첫째 날 대성공이었던 방식은 분명 정해진 횟수만큼만 효력이 있었다. 이 경우 한 번이면 족했다.

이 방법을 (너무 자주) 반복하는 대신 아내가 진정 소중히 여기는 일, 아내에게 끊임없는(연속 3일 이상) 기쁨을 주는 일 등 아내의 참모습에 관한 원리를 알려고 했다면 어땠을까? 물론 이 정도의 통찰을 얻으려면 더 큰 노력을 기울여야 한다. 하지만 이렇게 해서 얻은 원리는 몇 번이고 계속 활용할 수 있다.

지식 트리 만들기

　많은 사람은 테슬라Tesla 와 스페이스엑스SpaceX 를 창립한 일론 머스크Elon Musk 가 기계 공학과 로켓 공학을 공부했을 것이라고 짐작한다. 하지만 그는 이 학문들에 관한 지식이 별로 없는 상태에서 벤처 기업들을 시작했다.

　언젠가 그는 새로 접하는 복잡한 원리들을 어쩌면 그렇게 빨리 숙지할 수 있었냐는 질문을 받았다.[6] "책도 많이 읽고, 뛰어난 인재를 대거 채용해 그들의 지식을 흡수한다는 건 잘 알겠는데요. 현재 살아 있는 사람 중에서 가장 다양한 지식을 머릿속에 담을 방법을 찾아내신 것 같습니다. 비결이 뭐죠?"

　그는 이렇게 답했다. "지식을 일종의 의미 트리라고 보는 것이 중요합니다. 나무의 원줄기와 큰 가지라 할 수 있는 근본 원리를 먼저 이해하고, 그다음에 잎에 해당하는 세부 내용을 살펴보는 거죠. 이렇게 하지 않으면 아무것도 나무에 열리지 않습니다."

　달리 말해, 튼튼한 지식의 토대를 갖춰야 추가 정보를 잘 쌓아 올릴 수 있다는 말이다. 그래야 이미 가지고 있는 머릿속 모델에 새로운 정보를 잘 고정할 수 있다.

　학습에 관한 과학적 사실을 살펴보면 머스크의 접근 방식이 옳다는 것을 알 수 있다. 신경 가소성Neuroplasticity 은 뇌의 변화 능력을 일컫는 말로 개별 뉴런(신경세포) 수준은 물론이고, 로켓 제작법을 배우는 것처럼 새로운 기술을 익히는 매우 복잡한 수준에서도 신경 가소성이 나타난다.[7] 뭔가 새로운 것을 배우는 것은 시도, 실패, 조정의 연속일 때가 많다. 성과가 좋은 신경 연결은 더 강화되어 튼튼해진다. 나무가 더 두껍고 튼튼하게 자라면서 새로운 가지의 성장을 뒷받침하듯이, 우리 뇌도 뉴런 간 연결을 키워가며 새로운 정보를 기존의 지식 토대에 통합할 수 있다. 한편 효과를 내지 못하는 연결들은 결국 세력이 약해져 죽은 나뭇가지처럼 끊어지고 만다.

이처럼 머스크는 근본 원칙과 제1원리를 추구한 덕분에 에너지 산업에 혁명을 불러일으키고, 광역 인공위성을 우주로 쏘아 보내고, '하이퍼루프hyperloop'라는 초고속 열차 시스템을 설계하고, 더 나은 태양 전지를 만들고, 화성으로 우주선을 보낼 수 있었다. 그는 가장 근본적인 수준에서 사안을 이해한 뒤 이를 새롭고 놀라운 방식으로 활용할 수 있음을 보여주는 살아 있는 증거다.

남들이 발견해놓은 최상의 정보 익히기

버크셔 해서웨이의 부의장인 아흔여섯 살의 찰리 멍거Charlie Munger는 워런 버핏의 오른팔이다. 하지만 멍거 자신도 투자에 관한 한 전설적인 인물이다. 그는 1960년대와 70년대에 매년 24% 이상의 수익을 달성하는 회사를 운영했다.[8] 만약 멍거가 이사회에 합류한 날 버크셔 주식에 100달러를 투자했다면 지금쯤 180만 달러가 넘는 금액을 손에 쥐었을 것이다.

전문적인 투자자는 대부분 금융 시장의 전문가가 된다. 그들은 호황과 침체를 불러일으키는 경제 세력들을 유심히 살펴본다. 채권 수익률, 거시경제학, 다수의 소형 주식에 관해서도 꼼꼼히 익힌다. 하지만 찰리 멍거는 다른 방식으로 접근했다.

영국 철학자 이사야 벌린Isaiah Berlin 이 1953년에 내놓은 유명한 수필《고슴도치와 여우The Hedgehog and the Fox》초판에는 다음과 같은 고대 그리스 시인 아르킬로코스Archilochus 의 말이 인용된다. "여우는 많은 것을 알지만, 고슴도치는 큰 것 하나를 안다."[9] 미국의 경영학자인 짐 콜린스Jim Collins 는 여우들은 산만하고 에너지를 낭비한다면서 비즈니스 세계에서는 고슴도치의 방식을 따라야 성공한다고 공공연히 밝히기도 했다.[10]

하지만 아르킬로코스의 비유가 의미했던 바는 이와 다르다. 즉 많은 것을 아는 데 그치지 말고 이것들을 서로 연결할 수 있다면 여우가 더 낫다는 말이다. 많은 것을 연결할 줄 아는 여우가 바로 찰리 멍거다.

멍거는 투자와 삶을 대하는 자신의 접근법을 가리켜 '세상 사는 지혜worldly wisdom'라고 부른다.[11] 그는 다양한 분야—심리학, 역사, 수학, 물리학, 철학, 생물학 등—에서 배운 것들을 조합함으로써 부분의 합보다 큰 무언가를 만들어낼 수 있다고 믿는다. 멍거는 서로 분리된 사실들을 '이론의 격자에 함께 엮지' 않는다면 무용지물이라고 생각한다.

서로 떨어져 있는 각양각색의 아이디어는 선형적 지식을 나타낸다. 하지만 이 아이디어들을 서로 연결하면 부가적인 지식을 형성한다. 멍거의 보조였던 트렌 그리핀Tren Griffin 은 다음과 같은 예를 들려준다. 어떤 기업이 제품 가격을 인상했는데 오히려 판매량이 늘었다. 경제학의 원리와 수요공급의 규칙만 따진다면 이해가 되지 않는 결과다. 하지만 심리학의 원리를 고려한다면, 구매자들이 고가의 제품은 품질도 좋을 것이라고 보고 해당 제품을 더 많이 구매한다는 사실을 이해할 수 있다.

때로는 나와 관련 없는 분야에서 가장 유용한 지식을 얻기도 한다. 노스웨스턴대학 켈로그 경영대학원에 소속된 연구팀은 1,800만 개의 과학 논문을 분석한 끝에, 대개 최상의 새 아이디어는 한 분야의 기존 지식을 다른 분야에서 '침범해 들어온 이례적인 정보군'과 융합할 때 탄생한다는 사실을 알아냈다.[12] 이런 점에서 볼 때, "지금껏 다른 사람들이 알아낸 최고의 것을 익히는 요령을 신뢰한다"라는 멍거의 자세는 현명한 것이다.

그는 이렇게 말했다. "그저 가만히 앉아서 스스로 모든 것을 이뤄내겠다고 애쓰는 것은 소용없습니다. 그 정도로 똑똑한 사람은 아무도 없으니까요."

분야를 넘나들며 아이디어를 교환하면 참신한 결과를 낳을 수 있다. 또한 수월하게 창의력을 발휘하는 데서는 관습적인 것을 뭔가 참신한 것으로 바꾸는 것이 중요할 때가 많다. 이는 과학뿐만 아니라 투자, 음악, 영화 제작 등 다양한 영역에 적용되는 사실이다.

조엘 코엔Joel Coen, 에단 코엔Ethan Coen 형제 감독은 〈파고Fargo〉와 같은 할리우드 히트작으로 널리 이름을 알리기 전, 1984년에 자신들의 첫 블록버스터 영화로 신 느와르 범죄영화인 〈블러드 심플Blood Simple〉을 만들었다.[13] 처음 시나리오를 읽었을 때, 두 형제는 내용이 일반적인 추리 소설 패턴을 따른다는 점을 염려했다. 이에 그들은 가위를 가져다 시나리오 각 페이지의 첫 번째 문단을 잘라냈다. 오려낸 종이를 갈색 상자에 넣고 흔든 다음 공중에 뿌렸다. 그런 다음 떨어진 종잇조각을 주워 아무렇게나 정렬한 뒤, 이 내용을 토대로 시나리오를 다시 써보았다. 〈블러드 심플〉은 기존의 신 느와르 범죄영화의 느낌을 주면서도 그 장르에서는 이례적이었던 예상 밖의 우여곡절을 담아낸 영화로 알려지게 되었다. 노스웨스턴대학의 브라이언 우치Brian Uzzi 교수는 이러한 방식이 '극도의 참신함'을 추구하는 동시에 '전통의 심화'도 보여주었다고 설명했다.

독서를 최대한 활용하는 방법

독서는 지구상에서 투자 대비 효율이 가장 높은 활동에 속한다. 평일 하루 정도(그리고 약간의 돈)를 투자하면 내로라하는 똑똑한 사람들이 이미 발견해놓은 정보를 접할 수 있다. 독서, 즉 진정한 이해로 이어지는 독서는 어느 면으로 보나 부가적인 결과를 가져다준다.

안타깝게도 이런 독서의 유익을 얻는 사람이 극히 드물다. 미국인의 경우 평균적으로 고작 1년에 4권의 책을 읽는다(또는 부분적으로 읽는다).[14] 미국인의 4분의 1 이상은 전혀 책을 읽지 않는다.

이 추세는 점점 나빠지고 있다.

독서는 지구상에서 투자 대비
효율이 가장 높은 활동에 속한다.

독서에서 최대의 유익을 얻어내는 방법으로 다음의 원리를 제
안한다.

1. 린디 효과Lindy Effect를 활용하자 [15]

이 법칙에 따르면 책 한 권의 수명은 대체로 그 책의 현재 연령
에 비례한다. 즉 오래된 책일수록 미래에도 읽힐 확률이 높다.
그러므로 오랫동안 사람들에게 읽혀온 책을 우선순위에 놓아
야 한다. 그러므로 고전과 고대 작품에 눈을 돌려보자.

2. (읽었다는 표시를 위해서가 아니라) 책 속에 빠져보자

내가 읽은 책 중에는 분명 읽긴 읽었는데 내용이 전혀 기억나
지 않는 것들도 있다. 반면에, 어떤 책들은 처음부터 끝까지 읽
지는 않았지만 몇몇 장이나 구절은 하도 여러 번 읽어서 내 일
부가 되었다. 부끄럽지 않게 책장에 꽂아둘 생각으로 책을 읽
는다면 독서의 진짜 목적을 놓치게 된다. 하지만 책 속에 완전
히 빠져들면 마치 그 내용을 실제로 경험하기라도 한 것처럼
내 존재가 달라진다.

3. 정리하며 완전히 이해하자

나는 책 한 권을 읽고 나면 10분 정도 시간을 갖고 종이 한 장을 꺼내 책에서 알게 된 것을 나의 말로 요약해본다. 방금 읽은 책에서 얻은 주요 내용을 요약하면 이를 더 제대로 습득하게 된다. 요약을 통해 여러 정보를 핵심 내용으로 간추리는 과정은 정보를 이해하고 이를 고유한 지식으로 변화시키는 데 유용하다.

아무도 모르는 나만의 지식

1968년 멕시코 하계 올림픽을 앞두고, 대다수 사람은 높이뛰기 선수 딕 포스베리Dick Fosbury가 꼴찌를 면치 못할 거라고 예상했다.[16] 포스베리는 삐쩍 마르고 키만 큰 스물한 살의 토목공학생이었고, 운동화도 제대로 갖추지 못한 데다 운동 실력도 의심스러웠다. 언론에서는 그를 가리켜 '두 발 달린 낙타'라면서 그의 점프는 '공중 발작'과 같다고 묘사했다. 그에 관한 관심은 이내 사그라들었다.

포스베리는 고등학교 2학년 때부터 당대 최고의 높이뛰기 기술을 배우느라 애를 먹었다. 놀랍게도 이 기술은 19세기에 스코틀랜드에서 열린 첫 기록 대회 이후로 한 번도 변하지 않았다. 즉 선수들이 측면 또는 정면에서 바를 향해 달려와 안쪽 발로부터 도약하는 것이었다. 그동안 약간의 변형을 거치면서 세계 기록이 조금 향상되긴 했지만, 오랜 기간이 흐르는 동안 천천히 매우 조금씩 늘었을 뿐이었다.

　일반적인 기술을 쓰던 어린 포스베리는 고등학교 육상 대회의 참가 자격이었던 1.5m도 넘지 못했다. 그 정도 실력이라면 푹신한 가죽 소파도 못 넘을 거라는 데 내기를 하는 사람도 있었다. 포스베리는 내기에서 지고 착지하다가 손이 부러졌다. 포스베리의 코치는 좀 더 열심히 하라며 그를 다그쳤다. 하지만 이 방식은 아무 효과도 내지 못했고 계속된 연습은 좌절감만 안겨주었다.

　결국, 포스베리는 다른 방식을 시도해 보기로 했다. 그는 도약할 때 한쪽 발로 뛰어야 한다는 규칙만 지키면 된다는 것을 알았다. 바를 넘는 것에 관해서는 아무것도 규정된 것이 없었다. 이에 포스베리는 날로 늘어가는 공학 지식을 적용해 색다른 높이뛰기 방식을 실험해보기 시작했다. 한 번은 바를 등지고 머리부터 시작해, 포물선처럼 바 위로 몸을 구부려 마지막에 공중으로 두 발을 차는 실험도 했다.

　평론가들은 그다지 놀라지 않았다. 한 일간지는 포스베리의 사진을 실으면서 그 아래 '세계에서 가장 게으른 높이뛰기 선수'라는 설명을 달았다. 또 다른 머리기사에는 '포스베리, 바에서 몸을 틀다'를 제목으로 실었다.

　그러는 동안 포스베리는 본인의 기술을 점점 더 정교하게 만들었다. 'J'자를 그리며 도약하는 그만의 새 기술은 더 높은 속도를 안겨주었다. 포스베리는 마지막 스텝에서 엉덩이를 회전시켜 안쪽 발이 아닌 바깥쪽 발로 도약함으로써 아치를 그리면서 바를 넘어 위쪽을 바라보고 무게 중심이 아래쪽에 오도록 했다. 포스베리는 기계적 이점을 활용하고자 자신이 아는 물리 과학 지식을 총동원했다. 이 방법은 톡톡한 효과를 냈다.

높이뛰기의 세계는 1968년 10월 20일 전과 후로 나뉜다. 그날 포스베리는 (더는 놀림을 받지 않는) '포스베리 플롭Fosbury Flop'이라고 알려진 기술로 청중을 놀라게 하며 멕시코 올림픽에서 금메달을 목에 걸었다. 그전까지 올림픽에서 높이뛰기 선수가 하늘을 바라보며 도약한 경우는 없었다. 포스베리 이후로 모든 세계 기록 보유자는 이 기술을 썼다.

포스베리가 선보인 기술은 탄탄한 기계적 바탕뿐만 아니라 그 독특함에도 힘이 있었다. 포스베리 플롭은 다른 선수들이 수십 년간 해왔던 것과 너무도 달랐기에 높이뛰기 세계 기록에서 '하키스틱' 모양의 성장 곡선을 일궈냈다. 전처럼 그저 조금씩 조금씩 성장하는 추세였다면 이런 기록을 이루기까지 얼마나 오랜 시간이 걸렸을지 모를 일이다. 포스베리는 진지한 운동선수라면 누구나 품고 있는 꿈, 즉 자기가 선택한 종목의 판도를 완전히 바꿔놓는 것을 이뤄냈다.

모두가 시도하는 일에서 탁월함을 이루는 것보다 아무도 시도하지 않는 일을 능숙히 해내는 편이 훨씬 낫다. 하지만 아무도 하지 않는 것에서 전문가가 된다면 그 가치는 기하급수적으로 높아진다.

지식으로부터 부가적인 결과를 거두려면, 우선 남이 알고 있는 것을 내게 유리하게 이용할 줄 알아야 한다. 하지만 최종적으로는 나만이 가치를 알아보는 지식을 식별하여 이를 활용해야 한다. 다른 사람들은 어려워하지만 자신은 쉽다고 생각하는 것이 있는가? 내가 이미 알고 있는 것과 연관되기에 수월하게 배움을 이어나갈 수 있고, 이를 통해 나의 능력을 향상시킬 만한 것이 있는가? 그렇다면 지금이야말로 나만의 고유한 지식을 만들어낼 좋은 기회다.

지식은 하나의 기회로 이어지는 문이지만, 고유한 지식은 끝없는 기회를 만들어낸다.

신용을 얻으면 사람들이 다가오고 기회도 다가온다. 정확한 전문지식을 보유한 유일한 사람이 되고 나면 놀랍도록 유리한 위치에 설 수 있다. 달리 말해, 아무도 모르는 것을 아는 사람이라고 알려지면 오랜 기간에 걸쳐 수많은 기회가 흘러들어온다. 다음의 경우들이 그렇다.

- 평판이 좋은 기업가는 투자자 자본이 꼬리에 꼬리를 물고 그들에게 흘러들어오게 만든다.
- 평판이 좋은 연설가는 자신이 수락할 수 있는 것보다 더 많은 강연 요청을 받게 된다.
- 평판이 좋은 교사에게는 매 학기 수업을 들으려는 학생들이 줄을 선다.
- 평판이 좋은 변호사는 담당 사건을 고를 수 있다.
- 평판이 좋은 사진기자는 전 세계를 누비며 가장 좋은 프로젝트를 맡을 수 있다.

《에센셜리즘Esesntialism》을 출간하고 나서 내게도 이 일이 벌어졌다. 나는 책 한 권을 썼을 뿐인데 지금까지도 날마다 독자들의 연락을 받고 있다.

자기만의 고유한 지식을 얻으려면 시간을 들이고 온 힘을 쏟으며 노력해야 한다. 하지만 여기에 한번 투자해보자. 그러면 평생 기회를 끌어모으게 될 것이다.

CHAPTER 12

협동하기

: 열 사람의 힘을 모으는 방법

신종 코로나바이러스 감염증(코로나19)이 미국에 처음 퍼지기 시작할 때, 현지 의료인들은 임상용 마스크가 부족했다. 상업적 용도로 생산하는 마스크마저 공급량이 떨어지자 'DIY Do It Yourself'형에 가까운 해법이 절실히 필요해졌다.

자신이나 사랑하는 사람이 쓸 마스크가 필요하다면 직접 만드는 법을 검색해보고 손쉽게 마스크를 만들 수 있다. 하지만 몇 주 안에 수백만 장의 마스크가 필요하다면 어떻게 해야 할까?

'프로젝트 Project'라는 프로젝트에 답이 있다.[1] 이 프로젝트는 유타주의 다양한 커뮤니티가 모여 만든 협력 프로그램이다. 이들의 목표는 5주 안에 마스크 500만 장을 만드는 것이었다. 이를 위해 프로젝트에 참여한 사람들은 다른 사람에게 마스크 만드는 법을 전수하고, 그들이 또 다른 사람에게 이를 쉽게 가르쳐줄 수 있도록 했다.

첫 번째 사람에게는 만드는 법을 직접 가르쳐 주었다. 이때 가르쳐주는 모습을 녹화했고, 마스크 만드는 방법과 자원봉사자를 모집하는 내용을 담은 5분짜리 영상을 각자 웹사이트에 게시했다. 프로젝트에서 재료를 준비해두면 자원봉사자들은 자신이 할 수 있는 만큼―또는 다른 사람에게 가르쳐줄 수 있는 만큼―재료 세트를 가져가 완성된 마스크를 되가져오면 되었다.

첫 주 동안 자원봉사자 만 명이 마스크 100만 장을 만들었다. 5주간 총 5만 명의 자원봉사자가 프로젝트에 참여한 결과, 불가능해 보이던 마스크 500만 장을 채울 수 있었다. 한 사람 또는 열 사람, 아니 100명이었다면 이 목표를 달성하는 데 얼마나 많은 시간과 노력이 들었을지 상상해보라. 실로 놀라운 일이었다. 프로젝트 초반에는 자원봉사자 중 마스크 만드는 법을 아는 사람이 거의 없었다는 사실을 생각하면 더욱 놀랍다.

폭넓은 영향력을 발휘하고 싶다면 다른 사람들에게 가르치는 법을 전수하는 것이 효과적인 전략이다.

교훈을 주는 이야기의 힘

나의 할아버지는 몇 년 전 뉴욕시에서 돌아가셨다. 미국에 사는 피붙이라곤 나뿐이었던지라 할아버지의 아파트에 가서 유품을 정리하는 일은 당연히 내 몫이었다. 유품을 정리하면서 내가 발견한 것은 아무것도 없었다.

할아버지의 집에는 책과 옷들이 있었고, 그림 몇 점과 사진들도 있었다. 주소록도 있었다. 하지만 할아버지의 인생 이야기나 그에게 정말 중요했던 것들은 그와 함께 사라져 버렸다. 주소록에 적힌 이름들을 훑어봐도 누가 평생 친구였는지, 누가 잠깐 스친 사람인지 도무지 알 수 없었다. 다들 할아버지에게는 나름의 의미가 있었을 것이다. 하지만 내게 의미 있게 다가온 이름은 하나도 없었다. 전에는 전혀 인식하지 않았지만, 문득 우리 각자가 삶을 마감하면서 참 많은 것을 가지고 떠난다는 생각이 들었다. 의도한 것은 아니어도 남겨진 이들에게 자기에 관해 너무도 적은 실마리만 남기고 떠나는 경우가 많다.

이전 세대를 잊어버리기가 얼마나 쉬운지 생각하면 정말 놀랍다. 대다수 사람은 자신의 8대 위 조부모님의 정확한 이름을 모른다. 이 점을 잠시 생각해보자. 우리가 말하는 언어, 살고 있는 장소, 우리가 물려받은 역사를 만든 사람은 이름조차 모르는 선조들이다. 너무도 많은 것들이 빛바랜 기억 속으로 사라진다. 이렇게 잊힌 것이 너무 많은 까닭에, 살다가 어느 나이에 다다르면 불현듯 강렬한 호기심에 사로잡혀 조상에 관한 모든 실마리를 추적하려고 애쓰곤 한다.

사실 우리의 역사를 미래 세대에 전수할 훨씬 간단한 방법이 있다. 가족 이야기를 공유하면 된다. 이야기는 과거와 현재 사이의 다리가 되어 역사를 생생하게 되살린다. 이 과정에서 우리의 자아감이 확장된다.

내가 아는 한 가족은 이전 세대를 생생히 기억하려는 유일한 목적으로 매년 한자리에 모인다. 사진 앨범도 가져오고, 소중한 추억들이 담긴 슬라이드 파일도 만든다. 모인 자리에서는 특정 조상에 관해 좋아하는 이야기를 서로 나눈다. 벌써 50년째 이 모임을 유지했다고 한다.

이야기의 힘을 활용하는 것만큼 좋은 가르침은 없다. 실제로 잘 만들어진 이야기는 수백만 년이 지나도 살아남는다. 이솝우화를 생각해보자.

이솝은 이야기꾼이자 노예였다.[2] 그는 2,500여 년 전 고대 그리스에서 살았던 사람이다. 남들에게 교훈을 전하고 싶었던 이솝은 기억에 남을 만한 이야기 속에 교훈을 담아 전했다. 그의 이야기는 쉽게 기억하고 공유할 수 있었기에 입에서 입으로 계속 퍼져 나갔다.

이야기는 사람들에게 사랑받고, 이해하기 쉬우며, 기억에도 오래 남는다. 즉 공유하거나 가르치기가 더 쉽다는 뜻이다. 이야기는 어떤 청중이든 교사로 만들 힘을 지녔다.

가르치는 법을 익힐 때 쌓이는 지혜

다른 사람을 가르치는 것은 무언가를 빨리 배우는 방법이기도 하다. 가르치는 자리에 놓일 수 있다는 생각만 해도 참여도가 높아진다. 더 주의를 기울여 집중하며, 주어진 내용을 자신의 말로 설명할 수 있도록 사안의 핵심을 파악하려고 노력한다.

감사하게도 나는 《에센셜리즘》을 출간한 이후로 책 속에 기술한 원리와 실천사항에 관해 사람들에게 설명할 기회가 많았다. 이 내용을 가르치면서 나 역시 계속 배우는 중이다. 실제로 에센셜리스트가 되는 방법에 관해 청중에게 설명할 때마다 내 인생에서 더 나은 에센셜리스트가 되는 방법에 관해 새롭게 배우고 있다. 어떤 에센셜리스트가 책 내용을 삶에 적용한 예를 전해 들을 때면 나도 뭔가 새롭게 실천해야겠다고 다짐하곤 한다. 매일 재택 사무실을 나설 때마다 현재 시각을 큰 소리로 읊는다. 머나먼 옛날 관청의 포고를 크게 외쳐 알리던 관리처럼 말이다. "오후 5시 1분!"이라고 크게 말한다. 재미 삼아 하는 것도 있지만 책임을 다하겠다는 뜻도 있다. 사람들에게 알려준 내용을 나의 삶에서도 지키기 위해서다.

누군가 길을 물어봤을 때, 수십 번씩 지나다니던 길을 제대로 기억해 내기가 얼마나 힘든지 한번 생각해보라. 남에게 설명해 주려고 자기가 읽은 소설의 줄거리를 완벽히 이해하는 것도 매우 어려운 일이다.

간결하고 명확한 메시지의 힘

나와 협력했던 유명한 다국적 소프트웨어 회사의 마케팅 책임자가 좌절에 빠진 적이 있다. 그는 회사 전체가 같은 내용을 이해하도록 엄청난 노력을 쏟아부었다. 대내외 경영 컨설턴트를 고용해 전략을 짜보려고도 했다. 사내 구성원들을 대상으로 전략에 관한 발표도 진행했다. 전략을 공유하는 방식에서는 고객들에게도 일관된 태도를 보였다. 하지만 결과는 엉망이었다. 영업사원마다 제각각 설명하는 방식이 달랐다. 직원들도 다들 자기 방식대로 전략을 받아들였다. 마치 서로 다른 언어로 말하는 것 같았다. 이 기업은 세계 130개국에서 10만 명이 근무하는 대규모 조직이었기에 전략의 실행은 둘째치고 전략을 이해시키겠다는 것조차 비장한 도전이었다.

이때 문득 다른 아이디어가 떠올랐다. 전달하려는 메시지를 화이트보드에 간략히 적어 10분 이내에 설명할 수 있을 정도로 간략하게 만들자는 것이었다. 마케팅 책임자는 우선 시범 집단에 이를 설명했다. 그 후 그들이 앞에 나와 서로에게 설명하도록 연습시켰다. 그다음에는 그들을 내보내 자기 팀원들에게 이를 설명하라고 요청했다. 모든 사람이 들은 내용을 잘 이해할 뿐만 아니라 이를 전수하는 법도 배울 것이라고 예상했다. 누구든지 언제라도 사람들 앞에 서서 이를 설명해줄 수 있을 정도가 되었다. 이렇게 몇 주를 보내자 모든 불협화음이 사라졌다. 독일 지부의 인사 책임자도 이를 설명할 수 있었고, 캘리포니아의 재무 매니저도 똑같은 방식으로 이를 설명했다. 즉, 언제 어디서나 고객들이 같은 메시지를 받게 되었다. 머지않아 놀라운 영향력이 나타나기 시작했다. 한때 몇 개월을 쏟아부어도 좌절감만 남기던 일이 사실상 매우 수월하게 성공을 가져다주는 일로 바뀌게 되었다.

모든 사람에게 모든 것을 알려주려고 하다 보면 아무것도 전수하지 못할 위험이 있다. 다른 사람이 남들에게 설명해 주었으면 하는 가장 중요한 메시지를 명확히 식별하고 이를 간소화한다면 더 이른 시일 내에 부가적인 결과를 얻을 수 있다.

그러려면 이해하기는 쉽고 오해하기는 어려운 메시지를 만들어야 한다. 프록터 앤드 갬블Procter & Gamble, P&G의 CEO였던 A.G. 래플리A.G. Lafley는 이를 일컬어 '세서미 스트리트 심플Sesame Street Simple' 룰이라 불렀다.[3] 지나치게 정교한 메시지를 추구하지 마라. 똑똑해 보이려는 목적으로 메시지를 정하지 마라. 쉽게 이해되고 반복할 수 있는 간결하고 명확한 메시지를 추구하라.

가장 중요한 것이라면 가장 전수하기 쉽고 가장 이해하기 쉽게 만들어야 한다.

CHAPTER 13

자동화하기

: 한번 실행하고 다시는 반복하지 않는 방법

우리 아이들이 갓 걸음마를 시작하던 시절, 우리와 가족 구성이 매우 비슷한 사람들이 옆집에 살았다. 그 집도 우리처럼 어린아이가 둘 있었고, 부부가 참여하는 모임도 같았던 터라 주말마다 얼굴을 보곤 했다. 집의 층별 용도도 같아서 그 집에 가면 우리 집을 보는 듯했다.

어느 날 그 부부의 남편이 얼마 전에 받았다는 무릎 수술 이야기를 들었다. 모든 처치가 순조롭게 진행되는 듯했으나 회복은 예상보다 더뎠다. 몇 주가 지났는데도 고통이 잦아들기는커녕 더 심한 통증이 몰려왔다. 알고 보니 수술 팀이 실수로 작은 수술 도구를 몸 안에 빠뜨린 채 무릎을 봉합한 것이었다.

고도로 숙련된 의료 전문가가 이런 실수를 저지르다니 믿을 수 없는 일이다. 당시 수술을 맡았던 팀은 그야말로 고도의 훈련을 받은 사람들이었다. 일류 의과대학에서 학위를 취득하고 다년간 경험을 쌓았으니 말이다. 그런 그들이 이렇게 복잡한 수술에서 충격적일 만큼 부주의했던 탓에 충분히 피할 만한 실수를 저질렀다.

사건의 원인은 간단했다. 의료진은 자기 기억에 의존했고 이로 인해 절차상 중요한 단계를 잊어버렸다. "의료진이 잘 생각하기만 했더라도…"라고 말하긴 쉽다. 하지만 나는 "의료진이 전혀 생각할 필요가 없었더라면 좋았을걸…" 하고 생각했다.

영국 출신의 수학자였다가 미국에서 철학자가 된 알프레드 노스 화이트헤드Alfred North Whitehead 는 이렇게 말했다. "문명의 발전은 되새기며 생각하지 않고서도 사용할 수 있는 중요한 연산 규칙의 수가 증가함으로써 이룩된다."[1] 달리 표현하자면, "필수적인 단계와 활동을 최대한 자동화해야 한다"는 말이다.

자동화에도 공식이 있을까?

1935년, 항공기 제조업의 경쟁사였던 보잉Boeing, 마틴Martin, 더글라스Douglas 는 막대한 수익이 걸린 장거리 폭격기 계약을 따내기 위해 경합을 벌였다. 승자로 예상된 기업은 보잉이었다. 보잉의 모델 299기는 쌍발 엔진이 아닌 4발 엔진이 달려 있어 훨씬 강력했다. 이 폭격기는 군의 요청 사양보다 5배 많은 폭약을 실을 수 있었고, 이전에 나온 폭격기들보다 2배나 먼 거리를 운행할 수 있었다.

그런데 운명적인 시험 비행이 모든 것을 바꿔놓았다. 다섯 명을 태우고 우아하게 활주로를 떠난 모델 299기는 100m 상공에서 갑자기 엔진이 꺼지면서 한쪽 날개 쪽으로 기울더니 그대로 추락하고 말았다. 이 사고로 시범 운행 조종사였던 육군 소령 플로이어 힐Ployer P. Hill을 포함해 승무원 2명이 사망했다.

사태의 진상을 조사한 결과, 미 육군항공대 조종사로서 17년 경력을 자랑하던 힐 소령이 깜빡하고 방향타와 승강타의 새 제어 장치를 해제하지 않은 것이 화근이었다. 그야말로 치명적인 실수였다. 하지만 더 중요한 사실은, 이토록 중요한 동작을 실행해야 할 시간에 정작 힐 소령은 다른 복잡한 장치들에 온통 신경을 기울였다는 것이다. 결국, 육군은 모델 299기—당시 기술적으로 가장 정교했던 항공기—가 한 사람이 운행하기에는 너무 복잡하다고 판단하고 더글라스와 계약을 맺기로 했다.

그런데도 여전히 보잉의 항공기가 더 우수하므로 국가에 명확한 군사적 이익을 가져다줄 것이라고 믿는 시험 조종사들이 있었다. 단, 그들에게는 조종사 1명이 고도의 항공 기술을 운용하도록 도와줄 도구가 필요했다.

외과 의사이자 베스트셀러 작가인 아툴 가완디Atul Gawande 박사는 그의 저서 《체크! 체크리스트The Checklist Manifesto》에서, 힐 소령이 저지른 비극적인 실수와 외과 의사들이 저지르는 이해 못할 실수들은 모두 같은 인간적 한계에서 비롯된다고 말했다.[2]

인류는 수많은 분야에서 방대한 지식을 쌓음으로써 과학적, 기술적, 인문학적으로 놀라운 진보를 이뤘다. 하지만 가완디가 지적한 대로 이 진보에는 단점도 있다. 갖가지 노하우가 지니는 어마어마한 정보와 복잡성은 전문가가 감당할 수준을 넘어섰다. 여기서 비극적인 사건이 발생한다.

인간은 기억을 저장하는 데 엄청난 능력을 보유하고 있다.[3] 노스웨스턴대학의 심리학 교수인 폴 레버 Paul Reber 는 만약 뇌가 영상녹화장치 DVR 라면 TV 프로그램 300만 시간 분량을 담을 만큼 방대한 기억 용량을 가지고 있다고 추산했다. 하지만 필요할 때마다 재현할 수 있는 정보의 RAM(임시 주기억장치), 즉 우리의 작업 기억은 훨씬 제한적이다. 지적 능력이 매우 뛰어난 사람이 열쇠 둔 곳을 잊어버리거나, 고도의 전문성을 갖춘 의사들이 환자 무릎에서 수술 도구를 제거하는 것을 잊어버리는 것도 이로써 어느 정도 설명된다. 피할 수 있는 실수를 저지르는 것은 작업 기억의 한계 때문이다.

극도의 복잡성은 인지적 부하를 높여 오류를 더 잘 일으키게 만든다. 따라서 우리에게 필요한 것은 더 많은 지식이 아니라 작업 기억에 부담을 주지 않고 지식을 제대로 적용하게 해줄 새로운 요령과 전략이다. 아니면 가완디가 논한 대로 "경험을 토대로 하고 사람들이 보유한 지식을 이용하되 불가피한 인간적 경향성을 보완할 수 있는" 전략이 필요하다.

분명 이러한 전략이 존재한다. 물론 얼핏 들으면 너무 단순해서 터무니없다고 느껴질 수 있다. 오랜 시간 주의를 기울여 고도의 기술을 습득한 사람들에게는 말도 안 되는 이야기일 수도 있다.

가완디의 주장에 따르면 우리에게는 소박하면서도 놀라운 도구, 즉 체크리스트가 필요하다.

가완디는 보잉의 시험 조종사들이 체크리스트를 실행한 이후 오랫동안 무사고 운행을 이어가자 육군항공대에서 수천 대의 모델 299기를 주문했다고 말했다. B-17이라는 새 이름을 얻은 모델 299기는 제2차 세계대전 중 다른 어떤 미 항공기보다 많은 폭발물을 투하하며 전세를 역전시키는 데 일조했다. 체크리스트 덕분에 조종사들은 최소한의 정신적 자원을 동원해 필수 단계를 빠짐없이 이행할 수 있었다.

항공기 조종과 같은 매우 전문적인 작업에만 체크리스트가 유용한 것은 아니다. 세상이 점점 더 복잡해짐에 따라 우리 모두는 중요한 것을 기억하는 데 유용한 도구가 필요하다.

체크리스트의 묘미는 생각을 미리 해둔다는 데 있다. 작업을 수행하는 단계에서는 생각이 관여하지 않는다. 달리 말해, 생각한 내용이 이미 작업 안에 녹아들어 있다고 할 수 있다. 그러므로 중요한 일을 가끔씩만 제대로 처리하는 것이 아니라 매번 원하는 결과를 얻는다.

치트 시트는 고도의 기술적 지식 없이도 손쉽게 사용할 만한 효과적인 도구의 하나로서 우리 삶에 존재하는 거의 모든 것을 자동화해 준다. 체크리스트도 그중 한 유형이다. 그 외 다른 유형으로는 다음의 예들이 있다.

- 일과의 우선순위를 손쉽게 세우기 위해 일일 플래닝 소프트

웨어를 사용하는 직장인

- 가장 중요한 사안을 빠뜨리지 않기 위해 주간 회의의 안건을 정해놓는 매니저
- 가장 중요한 논점을 모두가 쉽게 기억하도록 판촉 회의 때마다 슬라이드 모음을 챙겨가는 기업인
- 훌륭한 에세이를 손쉽게 쓸 수 있도록 학생들에게 작문 요령 목록을 제공하는 교사
- 자녀들이 그날그날 해야 할 집안일을 쉽게 기억하도록 허드렛일 달력을 만드는 부모

이는 일부에 불과하다. 치트 시트의 관건은 머릿속에 있는 것들을 밖으로 꺼내놓음으로써 기억에 의존하지 않고서도 필요한 일을 자동으로 할 수 있게 만드는 데 있다.

100년간 이어진 부가 효과

대가족의 휴가를 앞두고 장소를 정하다가 좌절감을 느껴본 적이 있는가? 저마다 의견도 많고, 일정도 제각각이며, 고를 수 있는 선택지도 너무 많다. 장소를 정하느라 엎치락뒤치락하며 수개월을 보낼 수도 있다. 올해는 어떻게 정했다고 해도 내년이 되면 또다시 이 과정을 반복해야 한다.

스티븐 리처드Stephen Richards와 아이린 리처드Irene Richards는 다른

묘안을 떠올렸다.[4] 리처드 부부는 자녀들이 주기적으로 모이는 일을 쉽게 만들고 싶었다. 이들은 매년 목적지를 선정하고 새로운 여행을 기획하는 과정을 자동화하기로 했다. 이를 위해 몬태나에 작은 오두막집을 마련하고, 매년 여름 모든 가족이 오두막집에 와서 원하는 만큼 시간을 보내도록 했다.

시간이 흐르면서 가족들은 여름 휴가를 손꼽아 기다리게 되었다. 그 자체로 원활히 반복되는 과정이 된 것이다. 해마다 자녀들이 찾아왔다. 자녀들이 결혼해 아이가 생기자 그 아이들도 오두막집을 찾아왔다. 몇 대에 걸쳐 자녀들이 하나둘 새 오두막집을 지으면서 근처에 오두막집들이 점점 늘어났다.

5대가 흐른 지금도 이 가족은 해마다 여름이면 그곳에 모여 함께 놀고, 수영하고, 추억을 만든다. 여름 중에는 어느 날이라도 30명에서 40명에 이르는 가족들이 호숫가에서 놀고 있는 모습을 발견할 수 있다. 어떤 날에는 100명도 넘는 가족이 모여 파티를 즐긴다.

의사결정은 그 자체가 정신적으로 지치는 일이다. 수십 명의 선호도와 제약 조건, 우선순위까지 고려해 의사결정을 내린다는 것은 정신적으로 지칠 뿐만 아니라 거의 불가능한 일이다. 오래전 리처드 부부가 내린 하나의 결정은 이후 7대에 이르는 자손들이 짊어질 정신적 부담을 없애주었다. 앞으로도 이 효과는 이어질 것이다. 온 가족이 함께 시간을 보내도록 모두의 일정을 조율하고, 목적지를 선정하고, 호텔을 예약하고, 활동을 계획하는 일이 사라졌으니 말이다. 리처드 가문에서 휴가 계획은 자동화되어 있고,

이는 지금껏 내가 봐왔던 몇몇 가족의 휴가 계획에 비하면 매우
손쉬운 방법이다.

기술을 활용해 노력을 줄이는 방법

"처음 운전을 시작할 때 제가 좀 부주의했다는 것은 인정합니
다."[5] 18세였던 조슈아 브라우더Joshua Browder 는 운전대를 잡은 첫해
에 받은 약 10개의 교통 위반 딱지에 관해 묻자 소심한 태도로 이
렇게 답했다. 하지만 브라우더는 자신의 위반 사항 대다수는 딱지
를 뗄 정도도 아니었고, 악명 높은 교통 감시관들(영국의 주차 집행
관)이 실수를 저지른 탓에 발생했다고 생각했다.

브라우더는 자신이 받은 위반 딱지에 대해 상소하기로 했다.
재판을 여는 족족 그의 뜻은 동의를 얻어 승소를 이어나갔다. 머
지않아 그는 자기가 아는 거의 모든 사람이 불공정한 위반 딱지
에 이의를 제기하도록 돕기 시작했다. 상소 절차는 비교적 형식적
이었다. 상투적인 내용을 담아 간단하게 상소문을 작성해 제출하
기만 해도 부당하게 부여된 벌금을 피할 수 있었다.

하지만 그가 보니 관청의 번거로운 절차가 그에겐 간단한 일일
지 몰라도 노인, 장애인, 그 외 지역사회의 취약 계층에게는 전혀
가벼운 일이 아니었다. 브라우더는 다양한 사람들에게 유익을 줄
수 있는 방법을 떠올렸다. 당시 스탠퍼드대학에 재학 중이었던 브
라우더는 단 2주 만에 '두낫페이DoNotPay'라는 웹사이트(이후 앱으로

출시)를 만들고 '세계 최초의 로봇 변호사'라는 제목을 붙여 도움이 필요한 이들을 위한 상소 절차를 자동화했다.

이 개념이 사람들에게 성공적으로 인식되자, 그는 사용자의 이메일 수신함을 자동으로 스캔해 여행 예약 사항을 알아낸 뒤, 항공편과 호텔 예약과 관련해 비용을 아낄 방법을 일러주는 서비스를 추가했다. 누구든지 '이 문제를 해결해 주세요Solve This Problem for Me'라는 버튼을 클릭하기만 하면 자동화 절차가 알아서 처리해 주었다.

현재 이 앱은 차량국(DMV, 차량 등록과 운전면허를 담당하는 행정관청-옮긴이)과 관련된 약속 일정을 잡고, 그럽허브(GrubHub, 미국의 유명 배달업체-옮긴이)로부터 환불을 받고, 스팸 메일을 차단하는 등의 서비스를 통해 사용자들의 시간과 돈을 절약해주고 있다. 심지어 스팸 메일을 보내는 사람들을 상대로 제기한 기존 소송의 원고란에 이름을 올리는 일도 자동으로 처리해준다.

의도한 기능을 수행할 때 인간의 도움이나 노력을 최대한 줄이는 것은 모두 자동화라고 할 수 있다. 사방에서 자동화가 이루어지고 있다. 어떤 것들은 너무 평범해서 자동화라는 생각조차 들지 않는다. 세탁기, 식기세척기, 냉장고가 모두 여기에 해당한다. 덕분에 얼마나 많은 시간과 노력을 아꼈는지는 이 기기들이 오작동하거나 고장이 난 뒤에야 깨닫는다.

이와 달리, 그리 오래되지는 않았지만 이제 매우 익숙해 눈에 띄지 않는 자동화도 있다. 자동이체, 프로그램 기반의 자동 온도 조절기, 장바구니에 담아둔 물품을 알려주는 가상 비서가 모두 이에 속한다.

이 도구들은 날이 갈수록 똑똑해지고 있다. 이제 가상 비서는 AI 알고리즘을 활용해 과거 구매 패턴을 분석해 샴푸나 치약을 살 때가 되었다고 알려줄 정도다. 자동 온도 조절기 역시 종일 집 안 온도를 어느 정도로 유지하려는지 파악해 실내 온도를 조절할 줄 안다.

지금은 정신 활동을 필요로 하는 수많은 작업을 기술로 해결할 수 있는 시대며 이 경향은 날로 가속화되고 있다. 자율주행 자동차 기술도 이미 실현되었으니 말이다.

2012년 익스피디아Expedia의 임원들은 익스피디아 사이트에서 예약을 진행하는 고객 100명 중 58명은 콜센터를 이용해 추가적인 도움을 요청한다는 것을 알게 되었다.[6] 가장 많이 들어오는 요청사항은 일정표를 재발송해 달라는 것이었다. 이 요청으로 해마다 2억 통의 전화가 걸려왔다. 수치로 비유하자면, 호주 인구 전체가 매년 익스피디아에 전화를 거는 셈이었다. 당시 익스피디아의 CEO는 낮게 잡아도 통화당 5달러가 드는데 이를 합산하면 적어도 1억 달러가 드는 문제라고 말했다.

익스피디아는 고객 요청을 전처럼 일일이 응대하는 데서 벗어나, 고객들이 웹사이트에서 곧바로 일정표를 확인하거나 자동화된 메시지 시스템을 통해 일정표를 전달받게 하는 체계를 구축했다. 여기에 든 시간과 노력은 비교적 적었지만, 이 하나의 조처 덕분에 그날 이후로 매일 걸려오는 전화를 43%나 줄일 수 있었다.

익스피디아는 한 가지를 변화시켜 상당한 시간과 비용을 아끼게 된 이 사례에서 교훈을 얻어, 지금은 인공지능과 머신러닝을 통해 시시각각 변하는 고객의 다양한 필요 사항을 충족시키는 다양한 셀프서비스 기능을 활용하고 있다. 익스피디아의 고객 경험 운용을 총괄하는 라이언 오닐 Ryan O'Neill 은 최종적으로 전체 고객서비스 기능의 90~95%가 완전히 자동화될 것이라고 내다보고 있다.

우리의 일상생활에서 가장 중요한 일들을 자동화하는 데 기술을 활용하려면 어떻게 해야 할까?

필수 영역	손쉬운 자동화
건강	연례 건강검진은 매년 같은 날로 맞추고, 치과 검진은 6개월마다 같은 날로 맞춘다. 약국에서 꾸준히 구매하는 의약품은 정기 배달로 주문하고 자동이체로 금액을 지불한다. 취침 2시간 전에는 '야간 조명' 모드가 적용되도록 휴대전화 설정을 맞춘다.
인간관계	가장 중요한 사람들과는 정기적인 통화나 모임을 정해둔다. 캘린더 알림에 가족, 친구들의 생일을 입력한다. 중요한 사람의 생일, 기념일, 그 외 연례행사에 보낼 꽃이나 선물을 미리 주문한다.
금전 관리	매달 월급의 일정 비율을 저축 통장에 자동이체한다. 가족들이 모여 금전 상황을 점검하는 주간 회의를 열거나, 재무 상담을 도와주는 사람과 연례 회의를 한다. 지출 내역을 추적하는 앱을 활용해 예산 관리를 자동화한다. 가장 의미 있다고 여겨지는 자선단체에 월 후원 또는 연 후원을 신청한다.
가정생활	집에 필요한 필수 물품은 정기적으로 온라인 구매를 이용한다. 연기 탐지기나 소화기 등 연간 안전 체크리스트를 만들어둔다. 식료품점 앱에 반복 구매 목록을 작성해둔다. 앱을 활용해 건강 목표를 토대로 식단을 계획한다.

진로·경력	멘토와의 정기적인 만남을 기획한다. 매 분기 1시간씩 시간을 내어 자신의 직업적 목표를 점검한다. 매일 아침 5분을 할애해 일과 직접 연관되지 않는 중요한 사안을 다룬 기사를 읽는다.
재미	매일 1시간을 떼어놓고 내가 재미있어 하는 일을 한다.

이론상으로는 중요한 일을 위해 시간을 떼어놓는 것이 간단해 보인다. 하지만 실제로 이를 꾸준히 지키기란 그리 쉽지 않다. 예상치 못한 일들이 곳곳에서 일어나기 때문이다. 하지만 가장 따분하면서도 필수적인 활동을 자동화하기 위해 들인 노력은 훗날 상당한 유익을 거듭 가져다준다.

여기서 꼭 기억해야 할 점이 있다. 자동화는 내게 도움이 될 수도 있고 해를 끼칠 수도 있다. 불필요한 활동이 자동화되면 이들 역시 생각도 하지 않는 사이에 반복해서 일어난다. 매번 자동으로 갱신되는 구독의 경우가 그렇다. 잘 기억하고 있다가 다음 달에는 꼭 구독을 끊으리라 생각하지만 번번이 이를 잊어버리고 몇 달, 심지어 몇 년 동안 자기도 모르는 사이에 비용을 내곤 한다. 내 경우에 신청한 온라인 서비스의 정확한 이용료보다 10배 높은 금액을 냈다는 사실을 알게 되었다. 매달 10달러를 내고 있다고 생각했는데 실은 몇 달간 100달러를 내고 있었고 나중에야 이를 알게 되었다. 필수 활동에 관해서는 많은 기술, 적은 노력을 적용하고, 불필요한 활동에 관해서는 적은 기술, 큰 노력을 들이는 경로를 택하자.

CHAPTER 14

신뢰 쌓기

: 성과 높은 팀이 보유한 튼튼한 엔진

2003년, 세계적으로 가장 성공한 투자자 중 한 사람이자 버크셔 해서웨이의 회장 겸 CEO인 워런 버핏은 230억 달러의 가치를 지닌 매클레인 디스트리뷰션McLane Distribution 을 인수하고 싶었다. 매클레인은 월마트가 보유하고 있던 공급망 해법을 갖춘 기업이었다. 이런 기업을 성공적으로 인수한다는 것은 매우 중대하고 극도로 복잡한 일일 것이라 짐작할 만하다.

우선 매클레인에 관해 사전에 들은 내용이 모두 사실인지 확인하는 작업에만도 어마어마한 노력이 들 터였다. 수십 명의 변호사가 달라붙어 각종 계약서, 장비임대계약서, 부동산 구매 문서, 노동조약 협약서를 전부 읽어야 했다. 또한 회계사 군단을 투입해 연도별, 분기별, 월별 재무제표를 촘촘하게 검토하며 기업이 보유한 자산, 유치권, 부채를 일일이 확인해야 했다. 더불어 준법 감시인으로 구성된 팀을 통해 갖가지 감사와 조사를 실시해 자본 지출, 필수 기술, 위험 요소를 확인해야 했다. 매클레인이 우수 고객들과 맺어온 관계도 살펴볼 가능성이 있었다. 빈틈없이 이 모든 일을 완료하려면 수백만 달러의 비용을 써가며 6개월 이상 작업을 진행해야 했다.

이를 고려한다면 실제로 벌어진 일이 더 놀랍게 다가온다. 버핏은 단 2시간 회의를 진행하고 상대와 악수하는 것으로 매클레인 계약을 완료했다.[1] 그로부터 29일 만에 인수가 완료되었다. 버핏은 "우리는 '정해진 실사'를 하지 않았다"라고 말했다. 그는 자신의 이전 경험을 토대로 "모든 것이 월마트가 말했던 것과 정확히 같을 것임을 알았고 실제 결과도 이와 같았다"라고 했다.

2시간 회의와 악수가 전부였다. 정해진 실사는 하나도 거치지 않았다. 한쪽 편이 상대편의 말을 그대로 믿어 주었다는 단순한 사실 덕분에 얼마나 많은 시간과 돈과 노력을 아꼈는지 생각해보자. 이는 신뢰를 지렛대로 활용해 적은 노력으로 부가적인 결과를 얻은 훌륭한 사례다.

우리 모두는 이런저런 일로 다른 사람과 협력한다. 어떤 사람은 층층이 상사를 두고, 대내외 고객을 상대하며, 각기 분리된 여러 부서와 직능 그룹을 조율해야 하는 촘촘한 조직 속에서 타인과 협력해야 한다. 어떤 사람은 민첩하게 움직이고, 신속하게 일을 완료하며, 적은 자원으로 더 많은 결과물을 내놓아야 하는 다수의 작은 팀에 엮여 움직인다. 자영업을 하는 사람들도 의뢰인이나 고객과 관계를 맺고, 공급업체를 비롯한 협력업체들과 각자의 역할을 조율하는 등 관리할 것이 많다. 이러한 환경 하나하나가 모여 상황을 점점 더 복잡하게 만드는데, 어떤 것은 피할 수 있지만 그럴 수 없는 것들도 있다.

다른 사람과 협력하는 것은 개인 생활에서도 마찬가지다. 여기서도 복잡성의 요인은 사람에게 있다. 직계 가족, 대가족, 혼합 가족 사이에서 일정을 조율할 일들이 생긴다. 친구 모임 안에서도 관계를 관리하며 지역 모임에서도 각자 원하는 바를 놓고 협상을 벌인다.

어떤 상황에서든 다른 사람과 협력하기란 버거운 일일 수 있다. 따라서 정신적 자원을 할당해야 하며 여러 관계를 잘 보존해야 한다. 다양하고 때로는 서로 경합하는 우선순위를 올바르게 정렬해야 한다. 다수의 친구나 가족이 모일 때면 식사 장소를 정하는 일조차 큰 노력이 든다. 관여된 사람이 많을수록 조정 비용이 커진다. 간단한 의사결정조차 사람이 많아지면 필요 이상으로 힘든 일이 되고 만다.

다른 사람들과 함께 일을 제대로 처리할 더 쉬운 방법이 있다. 관계 속에 신뢰가 존재하면 적은 노력으로도 관계를 유지하고 관리할 수 있다. 이런 관계에서는 팀원들에게 신속하게 일을 나누어줄 수 있다. 문제가 생기면 다들 솔직하고 스스럼없이 의견을 주고받는다. 가치 있는 정보는 혼자 쌓아두지 않고 모두와 공유한다. 잘 이해되지 않는 것은 주저 없이 질문한다. 의사결정의 속도와 질도 향상된다. 정치적 내분은 잦아든다. 함께 일하는 상태를 즐기기까지 한다.

단순히 어울리는 것을 넘어 중요한 일을 완료하기 위해 모든 에너지와 주의력을 모으게 되므로 성과도 기하급수적으로 높아진다.

팀 내 신뢰도가 낮으면 만사가 어렵다. 문자나 이메일을 하나 보낼 때도 상대가 어떻게 받아들일까 고민하며 단어 하나하나를 재느라 몹시 지친다. 답변이 오더라도 순간 불안감이 엄습한다. 모든 대화가 고역이다. 누군가 일을 제대로 하리라는 믿음이 없으면 일일이 확인해야 할 듯한 느낌이 든다. 계속 마감 기한을 알려주고, 주위를 맴돌며, 수시로 작업 내용을 검토한다. 그냥 내가 하는 편이 낫겠다는 생각에 아예 일도 맡기지 않을 때도 있다. 그러다 결국 일이 멈추기도 한다.

탄탄한 신뢰 없이는 훌륭한 성과를 거두는 팀을 만들 수 없다.

신뢰, 성과 높은 팀이 보유한 엔진오일

모두가 알고 있듯이 자동차 엔진이 계속 작동하려면 오일을 공급해 주어야 한다. 하지만 그 이유를 정확히 아는 사람은 많지 않다. 엔진오일을 공급하는 것은 엔진 내부에서 빠르게 움직이는 여러 부품이 서로 부딪칠 때 마찰을 일으키기 때문이다. 이때 오일은 부품들이 닳지 않고 부드럽게 미끄러지며 작동하도록 돕는 윤활제 역할을 한다. 엔진오일이 떨어지면 차가 멈추거나 끼익 소리를 내며 서는 것도 이 때문이다.

신뢰도가 낮은 팀에서는 이와 매우 비슷한 일들이 벌어진다. 모든 팀은 서로 연관된 역할과 책임을 이행하며 빠른 속도로 움직이는 다수의 구성원으로 이루어져 있다. 이때 신뢰가 없다면 각자의 목표, 우선순위, 관심 사안이 서로 부딪치며 마찰을 일으켜 모두를 닳게 만든다. 신뢰가 고갈된 팀은 기능을 멈추거나 잡음을 내기 쉽다. 신뢰는 팀의 엔진오일과 같다. 신뢰라는 윤활유가 있어야만 사람들이 원활하게 협력해 팀이 제 기능을 유지할 수 있다.

팀 안팎에서 수월한 결과를 거두는 비결은 끊임없이 엔진에 오일을 공급하게 해주는 시스템을 갖추는 데 있다.

수백 명보다 믿을 만한 한 명의 채용

신뢰를 지렛대로 활용해 부가적인 결과를 얻는 최고 비법은 믿을 만한 사람을 선발하는 것이다.

성공한 기업가 스티브 홀Steve Hall은 자신의 자동차회사의 재무관리직에 채용했던 관리직원의 이야기를 들려주었다.[2] 스티브는 이 직원이 입사한 뒤로 5년이 지나서야 30만 달러에 이르는 회계장부 내역이 어긋났다는 것을 알게 되었다. 당사자에게 정황을 묻자 그녀는 잘못했다면서 좋은 뜻으로 저지른 실수였다는 식으로 해명했다. 하지만 스티브와 CFO(최고 재무 책임자)는 의심을 거둘 수 없었다. 더는 그 직원을 신뢰할 수 없겠다는 판단이 들어 대체

직원을 찾아보기로 했다. 하지만 이 모든 일은 사업이 급성장하던 시기에 벌어졌고, 임원들은 당시의 기세를 흐트릴 만한 방해 요소 때문에 주춤하고 싶지 않았다. 이에 관리직원을 해고하는 대신 그녀의 업무를 탄탄히 지원해 주기로 했다.

5년 뒤, 임원들은 그 직원이 '실수'라고 했던 30만 달러가 실은 160만 달러의 횡령으로 이어졌다는 사실을 알게 되었다. 자신의 잘못이 탄로 났다는 것을 알게 된 그녀는 문자 메시지로 퇴사를 알리고 도시를 떠났다. 회사 사람 누구도 그녀의 소식을 듣지 못했다.

스티브는 이 일을 되돌아보며 이렇게 시인했다. "저는 믿지 못할 사람을 채용했다는 것보다 더 큰 실수를 저질렀습니다. 채용한 뒤에 그 사람에 대한 신뢰를 잃어버렸는데도 오랫동안 그 직원을 회사에 두었다는 겁니다."

믿을 만한 사람을 채용하는 것이야말로 간단하고 분명한 첫 단계지만 많은 사람이 수시로 이를 가볍게 여긴다. 정직하고 고결한 사람, 누구도 넘보지 않는 높은 기준을 지키리라고 믿을 만한 사람을 채용해야 한다. 하지만 믿을 만한 사람을 채용한다는 것은 양심적인 사람, 자신의 책임을 다하고 올바른 판단을 내리는 사람, 자신이 한 말은 꼭 지키되 이를 훌륭히 실행하리라고 믿을 만한 사람을 채용하는 것을 의미하기도 한다. 이런 사람은 엄히 감독하거나 일일이 지도할 필요가 없다. 또한 팀의 목표를 제대로 이해하고, 중요한 일에 있어서 관리자만큼이나 결과물의 질에 신경을 쓴다.

워런 버핏은 직원으로 채용하거나 사업을 함께할 만큼 믿음직한 사람을 결정할 때 세 가지 기준을 적용한다.[3] 그는 진실성Integrity, 지성Intelligence, 주도력Initiative 을 지닌 사람을 찾는다면서, 이 중에서도 진실성이 없다면 다른 두 특성이 역효과를 낼 수 있다고 덧붙였다.

나는 이를 가리켜 '3I 룰'이라고 부른다.

재무 관리직원 때문에 호되게 사고를 치른 스티브 홀은 대체 직원을 찾아야 했다. 그와 CFO는 '미꾸라지 한 마리' 때문에 물을 흐렸다고 비난하는 대신, 또다시 이런 문제가 일어날 가능성을 오랫동안 진지하게 고민했다. 이러한 정직한 반성 덕분에 그들은 채용 절차를 어떻게 개선해야 할지 알게 되었다. 앞서 관리직원을 채용한 과정은 주먹구구식이었다. 인력업체에서 아무런 준비 없이 제안한 사람을 쉽게 받아들인 것이다. 앞으로는 새로운 절차를 도입하기로 했다. 물론 더 많은 시간과 노력이 들겠지만, 스티브는 채용, 면접, 신입사원 교육에 올바로 투자하면 이후에 벌어질 수많은 위기를 줄일 수 있다는 것을 깨닫게 되었다.

스티브의 새로운 채용 기준에는 '3I' 룰이 그대로 담겨 있었다.

결국, 그들은 자동차업계에 전혀 경험이 없는 한 남성을 채용했다. 그는 로펌에서 회계 업무를 담당하던 사람이었지만 진실성, 지성, 주도력 면에서 완벽한 인재였다. 흠잡을 데 없는 윤리 의식을 바탕으로 무엇이 문제인지 빠르게 파악해 자발적으로 움직이는 사람이었다. 더 간단히 말해, 그들은 그를 진심으로 신뢰했다. 이렇게 해서 채용된 오스틴은 지금까지 오랫동안 회사의 소중한 일원으로 근무해왔다. 심지어 이 회사가 〈포춘〉 잡지에서 500대 기업으로 선정한 한 회사에 매각된 이후에도 그는 해고되지 않았다. 그 후로도 세 차례나 승진을 거듭했다. 두터운 신뢰를 받으며 채용된 직원은 실제로도 회사에서 가장 좋은 성과를 내는 일원으로 손꼽혔다.

"당신의 판단을 믿습니다"라는 한 문장에 진심을 담아 전하면 마법과 같은 일이 벌어진다. 이 말을 들은 팀원들은 든든함 속에서 기꺼이 위험을 감수하며 계속 성장해 나간다. 이렇게 쌓은 신뢰는 날이 갈수록 단단해지고 더 확산되는 경향이 있다. 기업 임원들에게 자문을 제공하는 킴 스콧Kim Scott은 베스트셀러가 된 그의 저서《실리콘밸리의 팀장들Radical Candor》에서 이렇게 말했다. "직원들이 당신을 신뢰하고, 당신이 그들에게 관심을 갖고 있다고 믿을 때, 그들은 다음과 같은 행동을 보인다. …서로 똑같은 행동에 참여한다. 즉 바위를 계속해서 밀어 올리는 에너지 낭비를 하지 않는다."[4]

누군가를 채용하는 하나의 의사결정으로 수월한 결과를 얻을 수 있다. 한번 올바른 인재를 채용하면 그 사람을 통해 몇백 배가 넘는 가치를 얻게 된다. 하지만 잘못된 사람을 채용하면 몇 번이고 같은 대가를 치러야 한다. 마치 비용을 아끼겠다고 겉만 번지르르한 오일 필터를 구입하는 것과 같다. 단기간에는 엔진이 부드럽게 작동할지 몰라도 필터가 새기 시작하면 전체 시스템에 문제가 일어날 것이다.

누구를 채용하느냐는 무수히 많은 다른 의사결정에 비해 상대적으로 중요한 문제다. 새로 채용되는 모든 직원은 미래의 채용에 큰 영향을 미쳐 향후 기업의 규준과 문화를 서서히 변화시킨다.

공석이 생기면 당장 골치 아픈 일들이 생기는 까닭에 빈자리는 즉시 채워야 한다는 압박이 생길 때도 있다. 하지만 채용을 서두를 때 느끼는 홀가분함은 잠시뿐이다. 올바르게 채용을 진행하면 장기적으로 더 많은 골칫거리가 예방되므로 꾸준하고 반복적으로 일의 부담을 줄일 수 있다.

높은 신뢰를 담은 계약서 만들기

모든 관계는 사람 A, 사람 B 그리고 이 둘을 엮어주는 구조 등 3대 요소로 구성된다.

신뢰 문제가 발생할 때 대다수 사람은 상대방을 손가락질한다. 관리자는 부하 직원을 비난하고, 부하 직원은 관리자를 비난한다. 교사는 학생을 비난하고, 학생은 교사를 비난한다. 부모는 자녀를 비난하고, 자녀는 부모를 비난한다. 때로는 우리 자신에게 잘못이 있다고 반성하기도 한다. 하지만 관계의 구조 자체에 문제가 있다고 생각하는 경우는 거의 없다.

비록 불분명하고 암묵적일지라도 모든 관계에는 구조가 짜여 있다. 신뢰가 낮은 구조 속에서는 기대치가 불분명하고, 여러 목표가 양립할 수 없거나 서로 상충하며, 누가 무엇을 하고 있는지 서로 모르고 있으며, 규칙이 모호해 아무도 성공의 기준을 알지 못하고, 우선순위도 명확하지 않고 인센티브도 잘못 규정되어 있다.

신뢰가 높은 구조 속에서는 기대치가 분명하다. 구성원들이 목표를 공유하고 있으며, 서로의 역할이 명확히 정해져 있고, 규칙과 기준이 명시되어 있으며, 올바른 결과를 우선시해 여기에 인센티브와 보상을 걸어둔다. 일시적이 아니라 꾸준히 이를 지킨다.

이런 유형의 관계가 바람직하다는 데는 대다수 사람이 동의한다. 문제는 의도치 않게 처음부터 신뢰가 낮은 관계가 형성된다는 점이다.

우리 집의 리모델링을 위해 전문가 몇 명을 섭외한 적이 있다. 그들은 서로 다른 세 회사의 직원으로서 수년간 다양한 프로젝트를 함께 진행해왔다. 그들은 서로를 좋아했고 다들 유능해 보였다. 모두 업계에서 평이 좋은 사람들이었다. 나는 높은 신뢰를 경험할 수 있는 퍼즐을 잘 맞췄다고 생각했다.

그런데 작성 일자가 적힌 서면 계약서를 요청한 뒤로 아무 답변이 없자 점점 불안해지기 시작했다. 하지만 하루빨리 보수 작업을 진행하고 싶었기에 계약서를 받을 때까지 기다리고 있을 필요는 없다고 판단했다. 나중에 되돌아보니 이는 섣부른 판단이었다.

팀의 일원으로서 다들 자신이 맡은 일은 유능하게 해냈지만, 하나의 팀으로서 이들은 전혀 뭉치지 못했다. 서로 속도를 맞춰가며 진행하는 모습이 전혀 보이지 않았다. 명확한 업무 흐름도 없었다. 한 업체가 작업을 완료하고 나면 그제야 다음 업무 지시가 내려졌다. 사정이 이렇다 보니 몇몇 캐비닛은 설치가 끝났는데 다른 캐비닛들은 몇 주씩 설치가 지연되었다.

알고 보니 의사소통이 원활하지 못했다. 작업자들이 일하러 왔는데 자재가 도착하지 않은 적도 있었다. 업무 기한에 관해서는 뜻을 모으지 못했다. 누가 무엇을 담당할지도 합의를 이루지 못해 어떤 일들은 중복되는 반면 어떤 일들은 틈새로 빠져나갔다. 한번은 기기를 놓을 장소에 대한 치수를 잘못 알려준 탓에, 제한된 공간에 끼워 넣을 만한 기기를 주문하려고 또 다른 제조업체에 연락해야 했다.

결과는 어떻게 되었을까? 예상보다 훨씬 늦고 예산도 초과한 상태로 리모델링을 마쳤다. 이 일과 관련된 모든 사람이 번번이 필요 이상으로 어려움을 겪었다. 낮은 신뢰 구조에서 흔히 나타나는 결과다.

이렇게 실망스러운 경험을 하고 나서 몇 년 뒤, 나는 린 컨스트럭션 인스티튜트Lean Construction Institute, LCI라는 무역 협회로부터 강연 요청을 받았다.[5] LCI는 건설업계의 효율성 감소 문제를 해결하고자 노력하는 단체였다. 1960년대 이후로 다른 노동집약적 산업들은 나름대로 효율성 측면이 개선된 반면, 오늘날 미국에서 진행되는 건설 프로젝트의 무려 70%는 예산보다 높은 비용을 들이며 완공 예정일보다 늦게 마무리된다. 더 우려스러운 점은, 해마다 건설업에 종사하다가 목숨을 잃는 사람이 800명인 데다가 부상자도 수천 명이 넘는다는 것이다. LCI는 이러한 상황을 개선할 핵심 비결은 간결한 원칙에 있다고 본다.

한 가지 해법은 LCI가 '더 딜The Deal'이라고 부르는 독특한 사업 계약서를 체결하는 것이다. 이 계약에 따르면, 참여자들은 각자

해당 프로젝트에 기여한 작업이 아니라 전체 프로젝트의 결과에 따라 보상을 받는다. 이러한 방식으로 인센티브를 설정함으로써 서로 다른 이해관계자가 하나의 팀으로 움직이고, 자신의 이익이 아니라 전체 프로젝트에 유익이 되는 의사결정을 내리도록 유도한다. 이로써 모든 사람이 주인의식을 느낄 뿐 아니라 효율적인 프로젝트 진행을 위해 주도적으로 움직이려는 의욕을 갖게 된다.

집을 리모델링하든, 여러 팀원으로 구성된 팀을 이끌든 간에, 우리도 이처럼 높은 신뢰를 부여하는 계약을 맺음으로써 더 수월하게 공동의 힘으로 목표한 일을 완성할 수 있다. 이러한 계약에는 일회성으로 투자하더라도 배당금을 얻을 수 있다. 이 계약을 만들려면 다 같이 둘러앉아 다음 질문에 대한 공동의 답을 내리면 된다.

높은 신뢰가 담긴 계약을 만들기 위한 질문

결과	우리는 어떤 결과를 원하는가?
역할	누가 무슨 일을 하는가?
규칙	반드시 지켜야 할 최소 기준은 무엇인가?
자원	사용 가능하고 필요한 자원(사람, 자금, 도구)은 무엇인가?
보상	일의 진척 상황은 어떻게 평가하고 이에 관해 어떻게 보상할 것인가?

약간의 시간을 들여 신뢰의 토대를 다지는 것은 모든 관계에서 가치 있는 투자다. 이것이 지렛대가 되어 적은 노력으로도 부가적인 결과를 가져다준다.

CHAPTER 15

예방하기

: 문제가 일어나기 전에 해결하는 요령

1977년, 알리 마우 말린Ali Maow Maalin은 소말리아의 항구 도시 메르카에서 병원 요리사로 일하고 있었다.[1] 천연두 환자가 급속히 늘어나자 말린은 천연두에 감염된 아동 2명을 격리소로 이송하는 방역 담당관들의 가이드 역할을 자처했다. 전염 위험이 큰 아동들과 함께 움직이기 전에 예방접종부터 해야 한다는 것은 알았지만 아무래도 주사는 너무 아플 것 같았다. 게다가 격리소까지 다녀오는 것은 10분이면 될 일이었다. 천연두에 옮을 정도로 아동들과 접촉할 일은 없을 듯했다.

증상이 하나둘 나타날 즈음, 말린은 이미 가족, 친구, 동네 사람들과 접촉한 상태였다. 이후 2주간 세계보건기구who의 감염통제 팀은 바이러스 확산을 막기 위해 지역 내 5만 4,777명을 대상으로 예방접종을 실시하며 총력을 기울였다. 말린이 주사 한 대만 맞았으면 피했을 일이다.

다행히 이야기는 행복한 결말로 끝난다. 공중보건 위험 사태를 가까스로 막아낸 이 사례는 천연두 박멸을 위해 다년간 진행해온 캠페인의 마지막 페이지를 장식했고, 보건 개입 역사상 가장 성공적인 사례가 되었다. 1978년 4월 17일, WHO 나이로비 사무소에서는 텔레그램을 통해 "조사 완료. 발견된 감염자 없음. 알리마우 말린은 지구상에서 천연두에 걸린 마지막 사람"이라는 짧은 메시지를 보냈다. 세계 인구 중 상당수를 대상으로 예방접종을 실시하려 한 보건 관계자들의 조직화된 노력의 결과, 20세기에 무려 3억 명의 목숨을 앗아간 질병은 실험실 안에 꽁꽁 묶이게 되었다.

대개 예방은 부가적인 결과를 얻는 가장 명백한 방법이라고 생각되지 않는다. 하지만 단 한 번의 개입으로 무수히 많은 미래의 생명을 지키고, 수 세기간 존재했던 문제를 완전히 해결했다면 이것이야말로 훌륭한 방법이 아닐까?

시간 관리의 롱테일 효과

존은 펜을 꺼내려고 책상 서랍을 열었다. 서랍이 영 닫히지 않자 그는 자주 하던 동작을 시도했다. 서랍을 최대한 열어 흔들어보고, 열었다 닫기를 반복하고, 이리저리 서랍을 움직여본 것이다. 한동안 이렇게 움직이고 있는 존에게, 동료인 딘 애치슨(Dean

Acheson, 생산성 분야의 전문가인 데이비드 알렌David Allen 의 멘토)이 호기심 어린 목소리로 무슨 일이냐고 물었다. 알고 보니 연필 받침대가 끼어 있었다. 딘은 이 상태로 얼마나 오랫동안 있었던 것인지 궁금했다. 존은 "2년은 됐지. 2년간 날마다 이것 때문에 얼마나 성가셨는지 몰라."[2] 문제 해결에는 얼마나 걸렸을까? 2분. 문제는 바로 해결되었다.

수많은 사람이 크고 작은 문제들을 바로바로 해결하지 않고 오랫동안 참는 이유는 무엇일까? 대개의 경우, 문제를 해결하는 것보다 어떻게든 현재 상태에서 일을 진행하는 편이 더 빠르다. 존의 경우, 30초간 서랍을 밀치락달치락하는 것은 귀찮은 일이었으나 어쨌든 그편이 서랍을 완전히 빼서 문제를 해결하는 것보다 시간이 덜 걸렸다.

하지만 장기적인 관점에서 바라보면 계산이 달라진다. 오늘, 내일 그리고 뒤이은 수백 일의 시간과 불편함을 모두 더해보면, 문제를 깨끗이 해결하는 쪽에 투자하는 것이 훨씬 합리적임을 알게 된다. 이러한 시간 틀을 고려했을 때 서랍을 제대로 고치는 것은 더없이 좋은 선택이다. 2분을 투자함으로써 앞으로 겪을 수백 시간의 불편함을 막을 수 있으니 엄청난 이득인 셈이다.

나는 이를 일컬어 '시간 관리의 롱테일 효과'라고 부른다. 롱테일 부분을 해결하기 위해 시간을 들여 행동에 나서면 오랜 기간 그 유익을 거둘 수 있다.

때때로 사소한 불편함—이를테면 책상 서랍에 끼어 있는 연필 받침대—은 너무 쉽게 익숙해지는 탓에 해결해야겠다는 생각조차 들지 않는다. 그것 때문에 성가시고 불평이 생기는데도 이를 고쳐야 할 문제로 진지하게 바라보지 않는다. 하지만 사람들이 자주 놓치는 사실이 있다. 당장은 손봐야 할 '가치가 없다'라고 여겨지더라도 한번 이를 고쳐놓으면 장기적으로 겪어야 할 시간 낭비와 사태 악화를 막을 수 있다는 것이다.

이 습관을 깨뜨리기 위해 다음을 자문해보자.

1. 반복적으로 나를 짜증 나게 하는 문제는 무엇일까?
2. 이 문제를 수년간 겪으면서 든 비용은 얼마나 될까?
3. 이 문제를 해결하기 위해 앞으로 몇 분 사이에 내가 즉시 취해야 할 다음 단계는 무엇일까?

위 문답의 목적은 가장 짜증 나는 문제도 최단 시간에 해결할 수 있다는 점을 발견하는 것이다.

이 질문들을 곰곰이 생각하다 보면, 앞으로 내 삶을 더 수월하게 만들기 위해 실천할 소소한 것들을 하나둘 알아차리게 된다. 한번은 회의 때마다 늦게 도착하는 의뢰인이 있었다. 본인도 늦게 올 때마다 자신의 평판과 신뢰도가 깎인다는 점을 잘 알고 있었다. 그녀는 캘린더에 적힌 중요한 회의 일정을 볼 때마다 갑작스러운 불안에 사로잡혔다. 그럴 때마다 아이러니하게도 또다시 늦으면 어쩌나 하는 걱정에 빠졌고, 오히려 이 때문에 시간 개념을 놓쳐 자기가 생각한 최악의 시나리오가 펼쳐지곤 했다. 마침내 그녀는 이 문제를 예방할 방법을 찾아냈다. 매일 밤 2분씩 다음 날

일정을 검토하고 회의 5분 전에 울리도록 알람을 설정한 것이다. 알람을 맞춰놓았다는 사실만으로도 불안감을 누그러뜨릴 수 있었고, 머지않아 동료들 사이에서 '허구한 날 늦는' 사람이라는 꼬리표를 뗄 수 있었다.

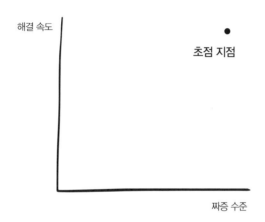

뿌리 뽑기의 놀라운 힘

헨리 데이비드 소로Henry David Thoreau는 이렇게 말했다. "세상에는 도끼로 악의 뿌리를 내려치는 사람이 한 명 있다면, 악의 가지를 치는 사람은 천 명이 있다고 하겠다."[3] 눈앞의 문제를 그냥 두는 것은 가지를 치는 것과 같다. 문제가 일어나기도 전에 예방하려면 뿌리를 내려쳐야 한다.

가지치기에 오랜 시간을 쓴 사람이라면 이 일에 도사가 되었을 것이다. 하지만 가지만 치고 있다면 그 문제는 어김없이 되돌아와 당신을 괴롭힐 것이다. 어떻게든 감당하고만 있을 뿐 전혀 해결하지는 않기 때문이다.

일상생활과 일 속에 반복해서 나타나는 문제나 불편함이 있는가? 가지만 치고 있을 것이 아니라 뿌리를 겨냥해보자. 다음을 시도해볼 수 있다.

가지치기	뿌리 뽑기
환자의 심장 질환을 치료하기 위해 수년간 약물을 처방하다가 결국 대대적인 수술을 진행한다.	환자에게 올바른 식습관과 적당한 운동, 정기적인 건강검진을 권유한다.
프로젝트를 늦게 완료한 것에 대해 다수의 이해관계자에게 반복해서 사과를 표한다.	일의 절차를 개선해 프로젝트를 제때 완료한다.
학생들이 수업에 집중하지 않는다며 끊임없이 불평한다.	학년이 시작되기 전, 수업에 관한 기대사항을 놓고 부모, 학생과 사회적 계약을 맺는다.
항상 과제 제출 기한을 며칠 앞두고 밤을 꼬박 새우며 자신을 혹사시킨다.	과제 제출 1주일 전부터 날마다 과제에 집중할 수 있도록 60초간 준비 시간을 갖는다.
매일 자녀들의 뒷정리를 하느라 괴로워한다.	자녀 스스로 정리하도록 긍정적인 습관을 강화한다.

너무 이른 경보란 없다

갑자기 메리의 심장이 멈췄고 간호사는 즉시 코드 블루(code blue, 심정지 환자 발생을 알리는 응급 코드-옮긴이)를 알렸다.⁴ 사실 메리는 정기적인 무릎관절 치환술을 받으러 병원에 온 것이었고 건강 상태도 꽤 좋은 편이었다. 경보를 듣고 긴급 의료용품을 챙겨온 응급팀은 메리의 생명을 지키기 위해 수술실로 향했다. 신속한 대응 덕분에 메리는 코드 블루 상황에서 살아남은 운 좋은 15%의 환자에 들게 되었다.

상황이 정리된 후, 메리의 담당 간호사는 몇 가지 경고 신호를 놓쳤다는 것을 깨닫고는 충격에 휩싸였다. 심정지가 일어나기 약 6시간 전, 간호사는 메리가 말하고 숨쉬기를 조금 힘들어했음에도 바이탈 사인(vital sign, 체온, 맥박, 혈압, 호흡 등 환자의 전반적인 상태를 보여주는 수치-옮긴이)이 정상임을 확인하고 크게 신경 쓰지 않았다. 2시간 뒤, 산소 수치가 떨어진 메리는 간호사에게 좀 피곤하다고 말했다. 간호사는 오경보를 울리고 싶지 않은 마음에 의사를 부르지 않기로 했다.

연구에 따르면 종종 환자들은 심장 발작을 일으키기 6~8시간 전에 미묘한 경고 신호를 나타낸다고 한다. 하지만 병원 의료진은 심각한 상태라는 증거가 더 나타날 때까지 기다린 뒤에야 이 사소한 문제들을 의사에게 알리곤 한다. 그 사이에 위기를 막을 기회의 창은 점점 닫힌다.

몇 년 전, 호주 병원들은 이 기회의 창을 최대한 활용해 잠재적인 심정지를 사전에 식별하는 시스템을 고안해냈다. 우선 중환자 간호사, 호흡 치료사, 내과 의사 또는 내과 의사 보조로 구성된 특수 신속대응팀rapid response teams, RRTs을 구축했다. 그리고 심정지 신호로 보일 만한 전조 증상 목록과 함께 대응 행동을 실시해야 할 시점을 적은 내용을 병동마다 붙여놓았다. 예를 들어, 환자의 심박수가 분당 40회 밑으로 떨어지거나 130회 이상으로 치솟을 경우, 바이탈 사인이 정상이더라도 간호사는 반드시 RRT를 호출해야 한다.

이 시스템은 이내 미국의 몇몇 병원에도 도입되어 코드 블루 상황을 71% 감소시키고 이와 관련된 사망률도 18%나 떨어뜨렸다. 한 의사는 RRTs가 성공적인 결과를 낳은 이유를 이렇게 설명했다. "이 프로세스의 핵심은 시간입니다. 문제를 빨리 포착할수록 위험한 상황을 피할 확률이 높아지죠."

사소한 행동으로 미래의 삶을 더 수월하게 만들 수 있듯이, 사소한 행동으로 삶이 더 복잡해지는 것도 막을 수 있다. 이 원리는 분야를 막론하고 모든 영역에 적용된다.

두 번 재보고 한 번 자르기

2014년 프랑스의 유명 풍자 주간신문 〈르 카나드 앙셰네Le Canard enchaîné〉는 프랑스 철도역에 벌어지고 있는 이상한 현상을 지적했다.⁵ 열차 승강장이 점점 좁아지는 듯했는데 누구도 이유를 알지 못했다. 신문사 관계자가 프랑스 국영 철도회사SNCF에 접촉해 연유를 물었으나 회사 측 대변인은 입을 굳게 다물었다. 이를 수상히 여긴 기자들은 끈질기게 문제를 파고들었다.

마침내 드러난 이야기는 다음과 같다. 그해 초반, SNCF는 프랑스 철도 시스템을 현대화하는 노력의 일환으로 200억 달러를 들여 신형 첨단 열차 2,000대를 마련했다. 프랑스인들은 현대화된 첨단 기계를 보며 뿌듯함을 느꼈다. 그들에게는 첨단 열차를 다른 나라에서 들여오지 않고 국내에서 설계했다는 사실이 중요했다.

그런데 문제가 있었다. 전체 프랑스 철도역의 70%는 신형 열차가 역내로 진입하기에 승강장이 20cm나 넓었다. 〈르 카나드 앙셰네〉가 문제의 진상을 폭로했을 때, SNCF는 이미 조용히 300개 승강장의 가장자리를 20cm씩 좁혀놓은 상태였다. 하지만 아직 1,000곳의 승강장이 남아 있었다. 프랑스의 납세자들이 부담하는 최종 비용은 얼마나 될까? 자그마치 6,500만 달러에 달했다.

미국 공영 라디오NPR의 한 기자는 〈르 카나드 앙셰네〉의 칼럼니스트를 인터뷰하면서 모두의 마음속에 다음과 같은 질문을 던졌다. '1938년부터 운영해온 국영 철도회사라는 SNCF가 어떻게 수많은 역에 맞지도 않는 열차를 구입하는 바보 같은 행동을 했을까?'

처음에는 명확한 해답이 나오지 않았다. 그러다 온갖 비난이 쏟아지기 시작했다. 프랑스 교통부 장관은 '코믹 드라마' 같은 실수를 저질렀다면서, 국영 철도회사SNCF와 국영 철도시설공단RFF을 2개의 국영 기관으로 분리하기로 한 이전 정부를 손가락

질했다. 결국, 문제의 근본 원인은 간단하고 예방 가능한 오류에 있었다. 알고 보니 SNCF에 승강장 규격 자료를 제공한 RFF는 건축된 지 30년 미만인 승강장만 측정했다. 이 승강장들이 전체 승강장을 대표한다고 어림짐작한 것이다. 사실 프랑스 각지의 많은 승강장은 건축된 지 50년이 넘었고 그때는 열차 폭이 지금보다 좁았다. RFF 대변인은 다음과 같은 쓸모없는 답변을 내놓았다. "이번 경우는 페라리를 구입해 차고에 들여놓고 싶은데 차고 크기가 페라리에 맞지 않은 것과 같습니다. 전에 페라리를 가져본 적이 없기 때문이죠."

유감스럽게도 또 다른 대변인은 RFF가 "문제를 뒤늦게 발견했다"라고 시인했다. 사실상 늦은 것이 확실했다.

사소한 어림짐작을 검증도 없이 넘기자 이를 바탕으로 열차가 제조되었고, 같은 열차를 2,000대나 구매하게 되었다. 이보다 규모만 작을 뿐 우리 모두 이와 같은 실수를 저지르곤 한다.

여기서 어린 시절 공작 시간에 배운 '두 번 재고 한 번 자른다'라는 교훈을 떠올리게 된다.

때로 무언가를 한 번만 재면(또는 전혀 재지 않으면) 1차 여파, 즉 자신의 행동이 가져오는 직접적이고 즉각적인 결과를 경험하게 된다. 위 사례에서 RFF는 프랑스 철도역 승강장이 전부 같을 것이라고 오판했고 그 결과 잘못된 규격 자료를 전달했다.

하지만 이 여파의 고리는 여기서 끝나지 않았다. 모든 것이 서로 얽혀 있는 세계에서 하나의 행동은 2차, 3차 여파도 일으킨다. 위 사례에서는 잘못된 수치 때문에 열차 폭을 너무 넓게 만들게 되었고, 그 결과 300개 역에서 대대적인 공사를 벌여야 했다. 그 결과 정부는 6,500만 달러라는 막대한 경비를 지출해야만 했다. 이 일이 아니었다면 학교, 병원, 노숙자 쉼터를 여러 곳 설립할 만한 금액이었다.

실수는 도미노와 같아서 폭포 효과를 일으킨다. 실수로 인한 피해가 나타나기 전에 문제의 뿌리를 뽑아낸다면, 첫 도미노가 넘어지는 것을 막을 뿐만 아니라 연이은 사슬 반응도 막을 수 있다.

최소 노력의 법칙 3

수월한 결과

수월한 결과란?	수월한 상태를 꾸준히 가꿨다. 뚜렷한 목적을 가지고 분명한 첫 단계를 밟은 뒤 일관된 페이스를 지키면서 수월한 행동을 실천하기 시작했다. 덕분에 더 쉽게 원하는 결과를 얻게 되었다. 이제 원하는 것은 최소한의 노력으로 원하는 결과가 꾸준히 흘러들어오도록 만드는 것이다.
배우기	단순한 사실과 방법이 아니라 원리를 익힌다. 제1원리를 꼼꼼히 익히고 이를 반복해서 적용한다. 거인의 어깨 위에 올라서서 그들이 알고 있는 최고의 정보를 최대한 활용한다. 나만의 지식을 개발함으로써 무한한 기회를 얻는다.
협동하기	남을 가르쳐주는 것을 지렛대로 삼아 열 사람의 힘을 얻는다. 가르치는 기술을 남에게 전수함으로써 영향력의 범위를 넓힌다. 남에게 가르친 대로 살아가면서 그 과정에서 깨닫는 것들을 돌아본다. 쉽게 이해하고 반복할 만한 이야기를 전한다.

자동화하기	필수 활동을 최대한 자동화함으로써 머릿속 공간을 확보한다. 기억에 의존하지 말고 체크리스트를 활용해 매번 원하는 결과를 얻는다. 추가로 결정할 일이 생기지 않는 선택지를 추구한다. 필수 활동에는 기술을 많이 활용하고, 불필요한 활동에는 기술을 적게 활용한다.
신뢰 쌓기	신뢰를 엔진오일로 삼아 마찰 없이 원활하게 기능하는 팀을 만든다. 한번 올바른 인재를 채용하면 바람직한 결과를 계속 얻을 수 있다. 진실성, 지성, 주도력이라는 '3I 룰'을 따른다. 프로젝트의 결과, 역할, 규칙, 자원, 보상 등을 명시할 수 있는 신뢰도 높은 계약을 맺는다.
예방하기	문제를 감당하고만 있지 말고, 문제가 발생하기 전에 해결한다. 오늘 실천할 수 있는 간단한 행동으로 내일 불거질 복잡한 상황을 예방한다. 2분의 노력으로 반복되는 불편 사항을 완전히 해결한다. 실수가 일어나기 전에 파악한다. 두 번 재보고 한 번 자른다.

결론

지금 가장 중요한 것은
이제부터

    몇 해 전 우리 가족은 전원적인 동네로 이사했다. 거리에는 집마다 둘러놓은 하얀색 울타리가 줄지어 있었고, 거리에는 가로등도 없는 곳이었다. 도로보다 말이 지나가는 길이 더 많았다. 우리 아이들은 해맑은 강아지와 밖에서 신나게 뛰놀고, 말을 타고, 테니스를 치면서 많은 시간을 보냈다. 정원에는 사과, 포도, 멜론을 길렀다. 이 땅에서 작은 천국을 누리고 살게 된 셈이다.

  특히나 딸아이 이브가 마음껏 나래를 펼치는 듯했다. 이브는 호리호리한 몸매에 갈색 눈과 금발을 지녔고 짓궂게 잘 웃는다. 이브는 심통을 부리고 있는 법이 없다. 심술을 좀 내보려고 애쓰는 것 같다가도 몇 초만 지나면 웃음을 터뜨린다. 이브는 자연 속에 머물길 매우 좋아한다. 우리와 가깝게 지내는 친구 가족 중에는 이브가 처음 놀러 갔던 날 15m나 되는 높은 전나무 꼭대기에 올라갔던 일을 지금도 이야기한다. 이브는 틈만 나면 맨발로 뛰어다니고, 한 번에 몇 시간씩 트램펄린에서 남동생과 씨름하고, 닭들에게 이름을 붙여주고, 조심스럽게 움직이며 도마뱀을 수십 마리씩 잡아 가만히 풀어주곤 했다.

이브는 독서량도 어마어마해서 말, 꿀벌, 곤충에 관한 책들을 끝없이 읽었다. 이브가 좋아하는 책은 한 수의사가 영국 요크셔의 동물농장에 가서 동물과 주인 가족들을 만나 겪는 일들을 담은 시리즈물이었다. 그런가 하면 아이는 하루도 거르지 않고 자기가 경험한 모험 이야기를 일기장에 빼곡히 적어놓았다. 한번은 출장길에 이브를 데리고 갔다. 공항에 도착해 아내 안나에게 전화를 걸어, 1시간 반 전에 집을 나선 뒤로 이브가 쉬지 않고 주절주절 내게 말을 건넸다고 했다. 우리는 생기 넘치고 톡톡 튀는 대화를 나눴고 중간중간 크게 웃음을 터뜨렸다.

그러던 이브가 열네 살이 되었다. 사춘기가 되더니 많이 피곤해했고, 말수도 줄었으며 더는 자기가 맡은 집안일도 하지 않으려 했다. 그럴 나이려니 하고 생각했다.

어느 날 물리 치료사에게 정기 검진을 받으러 갔다가 이브가 기본 반사 테스트에 제대로 반응하지 않는다는 것을 알게 되었다. 의사 선생님은 안나를 따로 만나 "신경과에 가보시는 것이 좋을 것 같습니다"라고 말해주었다. 우리는 즉시 신경과를 찾아갔다.

그때부터 하루가 다르게 증상이 나빠졌다. 그 뒤로 단 몇 주 만에 이브는 한 단어로 된 문장으로만 답할 수 있었고, 목소리는 흐

리멍덩하고 단조로웠다. 우리는 아이 몸의 오른쪽 절반이 왼쪽 절반보다 느리게 반응한다는 것을 알아차렸다. 자기 이름을 쓰는 데는 족히 2분이 걸렸고 한 끼 식사에는 몇 시간이 걸렸다. 한때 이브를 환하게 밝혀주던 빛이 희미해졌다. 심한 발작을 일으키고 입원한 뒤로 그 빛은 완전히 꺼진 듯했다.

설상가상으로 의사들은 이브의 병을 전혀 설명하지 못했다. 진단에 들어가자는 권유조차 하지 못했다. 날이면 날마다 유명하다는 신경과 의사들을 찾아다녔지만 다들 우리를 보고는 심각한 표정을 지었다. 한 의사는 도무지 알 수 없는 일이라는 듯 어깨를 으쓱했다. 수없이 검사해 봤으나 결과는 부정적이었다. 여전히 의사들은 무언가를 발견하기는커녕 작은 실마리조차 발견하지 못했다. 그렇게 생기 넘치던 딸아이가 끝없이 추락하고 있는데 원인조차 모르고 있으려니 말할 수 없이 고통스러웠다.

아무런 수확도 없이 의사들을 찾아다니고 검사를 진행하다 보니 갈수록 앞이 막막했다. 우리 앞에 놓인 난제는 어렵게 느껴질 뿐만 아니라 전혀 해결할 가능성이 없어보였다.

우리는 이브의 상태가 나아지기만을 바랐다. 이는 가장 중요한 일일뿐더러 우리로서는 유일하게 바라는 일이었다. 내 생각에 이 목표를 이룰 방법은 두 가지였다. 하나는 이 힘든 상황을 더 무겁게 만드는 것이었고, 다른 하나는 조금이나마 지금 상황을 가볍게 만드는 것이었다. 우리는 이 갈림길에서 한쪽을 택해야 했다. 얼핏 보면 뻔한 선택인 듯하지만 그렇지 않았다.

부모인 우리는 온 힘을 끌어모아 문제를 해결하고 싶었다. 하루 24시간 1주일 내내 이브를 걱정하고, 전국 방방곡곡의 신경과 의사를 찾아가고, 끝없이 의사들을 만나 오만 가지 질문을 퍼붓고, 밤을 새워가며 의학잡지를 샅샅이 뒤지거나, 구글에서 치료법이나 하다못해 진단법이라도 검색해보고, 혹시나 하는 마음에 대체의학도 알아볼 수도 있었다. 상황의 심각성을 고려하면 초인적인 노력이 필요할 듯했다. 하지만 이 방식은 꾸준히 유지할 수도 없거니와 실망만 안겨줄 터였다.

다행히 우리는 두 번째 길을 택했다. 우리 부부는 이브와 우리 가족이 이 시기를 잘 보낼 최고의 방법은 더 많은 노력을 짜내는 것이 아님을 알게 되었다. 사실 그 반대였다. 우리가 찾아야 할 것은 하루하루를 더 수월하게 만들 방법이었다. 왜일까? 얼마나 길어질지 알 수 없는 이 기간에 지치지 않고 꾸준히 노력해야 했기 때문이다. 고민할 필요도 없는 문제였다. 지금이고 언제고 지쳐서 나가떨어지는 일은 없어야 했다. 얼마가 될지 모르는 시간 동안 꾸준히 불을 지펴야 한다면 처음부터 연료를 쏟아부어서는 안 된다.

우리는 하지 않을 것들을 정해두었다. 이것들은 우리가 할 수 없는 일이기도 했다. 우리가 나서서 문제를 더 어렵게 만들지 않아도 상황은 충분히 힘들었다.

- 답이 나오지 않는 질문 때문에 우리 스스로를 괴롭히지 않기로 했다.
- 최악의 시나리오를 상상하면서 걱정 속에 사로잡히지 않기로 했다.

- 의사들이 답을 내놓지 못하는 상황을 불평하지 않기로 했다.
- 현실을 부인하거나 "최악은 아니잖아"라는 말은 입에 담지 않기로 했다.
- 우리가 생각하는 시간표를 밀어붙이지 않기로 했다.
- "왜 하필 우리야?"라는 질문을 하지 않기로 했다.
- 사람들이 좋은 마음으로 보내준 의학잡지의 모든 기사를 집요하게 파헤치지 않기로 했다.
- 모든 일을 혼자 감당하겠다고 애쓰지 않기로 했다.

대신, 우리는 간단하고 쉬운 일, 우리가 충분히 통제할 수 있는 일들에 집중하기로 했다.

- 피아노 주변에 모여 노래를 불렀다.
- 산책하러 나갔다.
- 책을 읽었다.
- 게임을 했다.
- 긍정적인 면을 발견해 이를 되새겼다.
- 함께 기도했다.
- 함께 저녁을 먹었다.
- 서로를 위해 축배를 들었다.
- 이야기를 나눴다.
- 함께 웃었다.
- 감사했다.

날마다 이렇게 했더니 곧 마법과도 같은 힘이 작동한다는 것을 알게 되었다. 한결 마음이 가벼웠고 덜 지쳤다. 녹초가 되지 않았다. 물론 걱정이 싹 사라진 것은 아니었다. 여전히 진료 약속을 지켜야 했고, 검사 결과를 기다렸다. 다른 날보다 유난히 힘든 날도 있었다. 눈물도 많이 흘렸다. 하지만 그러는 내내 노래하고, 웃고, 먹고, 추억도 만들었다. 단순히 힘든 시간을 헤쳐나가며 살아남는 데 골몰하지 않았다. 우리는 이보다 훨씬 차분한 나날을 보냈다. 더 수월한 길을 택한 순간부터 좀 더 자유롭고 한결 가벼운 느낌이 들었다.

이 이야기를 디즈니 영화로 만든다면, 이브가 완치되어 그 이후로 온 가족이 행복하게 잘 살았다는 이야기로 끝날 것이다. 하지만 이브는 몇 차례 성공적으로 치료를 받은 뒤 또다시 병세가 나빠지기 시작했고 또다시 힘든 일들이 몰려왔다. 처음에 에너지를 다 써버렸다면 이런 어려운 상황에 어떻게 대처했겠는가?

어느덧 2년이라는 시간이 흘렀다. 이브는 꾸준히 나아지고 있다. 아직 가야 할 길이 남아 있는데도 내가 이 글을 쓰면서 이브가 완전히 나으리라고 믿는 데는 이유가 있다. 지금 이브는 미소 짓고, 웃고, 농담도 한다. 걷고 달리며 몸싸움도 한다. 책을 읽고 글을 쓴다. 다시 전처럼 활짝 피어나고 있다.

이 경험 속에서 나는 무엇을 배웠을까?

살면서 무슨 일을 겪었든, 어떤 시련과 고통이 있었든, 그것이 얼마나 중대한 일이었든 상관없다. 지금 대처할 방법에 관한 나의 선택에 비하면 모두 미약한 일이다.

'지금now'이라는 단어의 어원은 '노부스 호모novus homo'라는 라틴어 문구인데 이 표현은 '새로운 사람' 또는 '새롭게 고귀해진 사람'을 뜻한다. 여기에 담긴 메시지는 분명하다. 내게 다가오는 매 순간이 새롭게 시작할 기회라는 것이다. 매 순간이 새로운 선택을 내릴 기회다.

찰나의 순간에도 삶의 궤적이 바뀔 수 있다는 점을 한번 생각해보라. 이 순간 '…을 선택하겠어', '…하기로 결심했어', '…하겠다고 약속하겠어', '지금부터는…'이라며 통제력을 발휘할 수 있다. 또는 "당신을 용서합니다", "감사합니다", "기꺼이 받아들이겠습니다"라고 말하며 마음의 짐을 내려놓을 수도 있다. 어쩌면 이 짧은 순간에 "부디 용서해 주세요", "처음부터 다시 시작해 봅시다", "나는 너를 포기하지 않을 거야", "사랑해"라는 말로 무언가를 바로잡을 수도 있다. 새롭게 다가오는 매 순간이 앞으로 이어질 모든 순간을 규정할 수 있다.

**살면서 무슨 일을 겪었든,
어떤 시련과 고통이 있었든,
그것이 얼마나 중대한 일이었든 상관없다.
지금 대처할 방법에 관한 나의 선택에 비하면
모두 미약한 일이다.**

매 순간 우리는 선택을 내려야 한다. 더 무거운 길과 가벼운 길 중 어느 쪽을 택할 것인가?

우리는 딸아이가 자신의 작은 외피로 오그라들었다가 다시 회복되는 모습을 지켜보았다. 이 책은 그때 경험을 계기로 쓴 것이다. 나는 우리 가족이 깨닫고 얻은 것을 글로 옮기고 싶었다. 그리고 중대한 인생 여정을 한결 가볍게 만들 방법에 관한 원리와 실천사항을 독자와 나누고 싶었다.

이 책을 통해 한 가지 얻었으면 하는 것이 있다. 삶은 우리 생각처럼 그렇게 힘들고 복잡할 필요가 없다는 사실이다. 로버트 프로스트Robert Frost의 시구처럼, 우리 각자에게는 '지켜야 할 약속과 잠들기 전 가야 할 길'이 있다.¹ 그 길에서 어떤 난제와 장애물과 시련을 만나더라도 늘 더 수월하고 간단한 길을 찾을 수 있다.

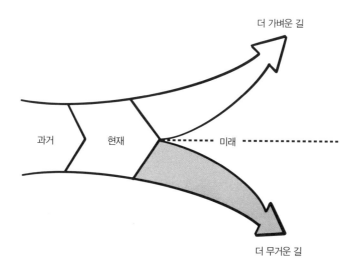

감사의 말

이 책이 나오기까지 수년이 걸렸고 그 과정에서 많은 사람이 힘을 보태주었다. 그중에서도 진심 어린 감사의 인사를 전할 사람들이 있다.

안나 엘리자베스 맥커운Anna Elizabeth McKeown에게 감사한다. 이 책에 쓴 단어 하나하나에 아내의 지문이 묻어 있다. 안나는 주변의 모든 것을 성장시키고 피워내는 사람이다. 이 책, 아니 그 어떤 책이라도 안나 없이 저술한다는 것은 상상할 수 없다. 안나는 책 제목을 놓고 나와 함께 수백 번 고민해주고, 내가 글을 쓸 수 있도록 북돋아주고, 가장 중요한 일을 수월하게 해낼 수 있는 가족 분위기를 만들기 위해 나와 함께 애써주었다. 안나에게 영원히 감사한다.

우리 아이들 그레이스, 이브, 잭, 에스더에게 감사한다. 아이들은 이 책이 완성되기까지 수년간 나의 훌륭한 자문이었다. 예비 제목과 부제목을 내놓을 때마다 좋은 의견을 들려주고 표지 디자인도 관심 있게 봐주었다. 독자들은 이 책이 이만큼 정갈하게 나온 것에 대해 우리 아이들에게 조금이나마 감사해야 할 것이다. 아이들의 이야기를 다른 사람들과 나누도록 허락해준 것도 감사한다. 몇몇 이야기는 아이들의 매우 사적인 일들로서 내게는 신성한 이야기다. 이를 책 속에 쓴 것은 다른 이들에게도 유익한 이야기가 되리라 믿었기 때문이다. 아이들에게 진심으로 감사한다.

다른 가족들에게도 감사한다. 특히 책이 거의 마무리 될 무렵, 원고를 읽고 소중한 의견을 들려준 것에 감사한다. 무엇보다도 애정 어린 관심을 가지고 나를 격려해준 것에 깊이 감사한다. 내게는 더없이 큰 도움이었다. 덕분에 책을 쓰는 과정이 매우 특별해졌다. 가족 모두에게 감사한다.

내가 바랄 수 있는 최고의 출판 에이전시인 레이프 사갈린Rafe Sagalyn에게 감사한다. 사갈린과 나누는 대화 속에서 얻는 통찰은 내게 매우 소중하다. 벌써 수년째 꾸준히 나를 지원해준 것에 대해 감사한 마음을 가지고 있다. 사갈린에게 감사한다.

탈리아 크론Talia Krohn에게 감사한다. 크론에 관해 무슨 말을 할 수 있을까? 나의 저서 《에센셜리즘》과 《최소 노력의 법칙》의 편집을 크론이 맡아준 것은 내 경력에 있어 가장 큰 보람 중 하나였다. 원고를 '붙잡고' 크론과 함께 작업하는 것은 매우 즐거운 일이었다. 마치 영화 〈해리포터〉의 한 장면처럼 실시간으로 눈앞의 상황이 나아지는 것을 목격하곤 했다. 하지만 다른 측면에서도 마법 같은 일들이 있었다. 이 책을 만들며 크론과 함께했던 시간을 내가 벌써 그리워하는 것만 봐도 잘 알 수 있다. 크론에게 감사한다.

'수월한 팀'에 감초 역할을 해준 조너선 컬런Jonathan Cullen에게도 감사한다. 컬런은 진정 최고의 팀원이었다. 컬런의 조사와 협업, 이 책에 대한 그의 확신도 큰 도움이었고, 독자에게 놀라움과 즐거움을 선사할 만한 이야기를 기꺼이 찾아준 것도 매우 유용했다. 컬런에게 감사의 인사를 전한다.

원고를 읽고 의견을 제공해준 많은 사람에게 감사한다. 샘 브리그스톡Sam Bridgstock, 닐 드보르Neil Devor, 스티브 홀Steve Hall, 낸시 조지프슨Nancy Josephson, 소라야 홀드Soraya Hold, 제이드 코일Jade Koyle, 짐 믹스Jim Meeks, 제이슨 피리Jason Peery, 제니퍼 리드Jennifer Reid, 해리 레이놀즈Harry Reynolds, 제레미 어틀리Jeremy Utley 모두에게 감사한다.

다양한 표지 시안으로 그래픽 측면에서 탁월한 도움을 제공해준 테리 라즈스톤Terri Radstone에게 감사한다. 덕분에 원하는 표지를 만들 수 있었다. 테리와 함께 작업할 수 있었던 것을 매우 소중히 여기고 있다. 또한 내지 그래픽에 큰 도움을 주고 자신이 맡은 일에 열의를 가지고 임해준 드니즈 리온Denisse Leon에게도 감사의 인사를 전한다.

독자, 시청자, 동료 등 전 세계의 에센셜리스트들에게도 감사한다. 여러분들이 있기에 날마다 의욕을 가지고 일과에 임할 수 있었다. 나의 목적은 단순히 책을 쓰는 것이 아니라 여러분을 위한 책을 쓰는 것이었다.

마지막으로, 무사히 책이 나오도록 자비로운 손길로 모든 일을 어루만져주신 신께 감사드리고 싶다. 이 책을 쓰면서 수월하다는 말의 뜻을 깊이 생각하고 나니, 익숙했던 성경 구절이 새롭게 다가왔다. 놀랍게도 신은 이렇게 말씀하셨다. "내 멍에는 편하고 내 짐은 가볍다."(마태복음 11장 30절)

주

서문. 만사가 그리 어려울 필요는 없다

1. Patrick McGinnis, *The 10% Entrepreneur: Live Your Startup Dream Without Quitting Your Day Job* (New York: Portfolio/Penguin, 2016), 3 – 12. 이와 더불어 2020년 8월에 패트릭과 나눈 인터뷰 내용도 참고하였다.

2. 조지 오웰의 소설 《동물농장》의 판본은 여러 가지인데 우직한 말 복서의 이야기는 3장 초반에 나온다. 건강한 일꾼인 복서는 "내가 더 열심히 할게!"라는 말을 자신의 좌우명으로 삼아 모든 문제에 이렇게 답한다. 9장 끝부분에서 복서는 몸이 약해져 죽어가면서도 이 말을 입에 올리려고 애쓴다.

3. 그렉 맥커운, 《에센셜리즘》, 알에이치코리아, 2014. 본질에 집중하는 삶을 설계하고 싶은 독자는 essentialism.com 사이트를 방문해보자.

4. "How Do Polarized Sunglasses Work?," *SciShow*, August 11, 2018, YouTube, https://www.youtube.com/watch?v=rKlZ_ibIBgo

5. 여기서는 일부 수정된 인용문("What do we live for, if not to make life less difficult for each other?")을 사용했다. 여러 인용 사이트에 게시된 더 유명한 문장은 다음과 같다. "What do we live for, if it is not to make life less difficult to each other?" 조지 엘리엇, 《미들마치》, 주영사, 2019, p.124. 조지 엘리엇은 빅토리아 시대의 영국 시인이자 소설가인 메리 앤 에반스(Mary Ann Evans)의 필명이다. 그녀가 남긴 이 유명한 구절을 그대로 옮기면 다음과 같다. "리드게이트 씨는, 그분의 친구라면 의당, 그분이 중상을 받고 있다고 들었을 때 만사 제쳐 놓고 변호하고 싶어 할 것이 틀림없다고 아시겠지요. 살아가면서 서로가 괴로움을 덜어주지 않는다면 우리 삶이 무슨 의미가 있겠어요? 제가 번민하고 있을 때는 격려해 주셨고 앓고 있을 때는 옆에서 간호해 주셨던 분이 불행한 경우를 당하고 계시다는데, 어떻게 모른 척하고 있겠어요?"

262

1. 도네는 Brian Martin, "Elena Delle Donne Is the Greatest Free Throw Shooter Ever," WNBA, September 7, 2018, https://www.wnba.com/news/elena-delle-donne-is-the-greatest-free-throw-shooter-ever/에서 자신의 비결을 설명했다. 2019년 도네는 단 8명의 NBA 선수가 포함된 명예로운 '50-40-90 클럽'(한 시즌 야투 성공률 50% 이상, 3득점 성공률 40% 이상, 자유투 성공률 90% 이상을 기록한 선수)에 들게 되었다. Scott Allen, "'Insane Numbers': NBA Stars Welcome Elena Delle Donne to 50-40-90 Club," *Washington Post,* September 9, 2019.

2. Carl Zimmer, "The Brain: What Is the Speed of Thought?", *Discover*, December 16, 2009, https://www.discovermagazine.com/mind/the-brain-what-is-the-speed-of-thought/ 짐머는 "생각의 속도는 새보다 빠르며 소리보다 느리다. 하지만 그것은 중요치 않을 수도 있다. 효율성과 타이밍이 더 중요한 듯하다"라고 결론지었다.

3. Nilli Lavie and Yehoshua Tsal, "Perceptual Load as a Major Determinant of the Locus of Selection in Visual Attention," *Perception and Psychophysics* 56, no. 2 (1994): 183－97.

4. Anne Craig, "Discovery of 'Thought Worms' Opens Window to the Mind," *Queen's Gazette,* July 13, 2020, https://www.queensu.ca/gazette/stories/discovery-thought-worms-opens-window-mind

5. A. Tsouli, L. Pateraki, I. Spentza, and C. Nega, "The Effect of Presentation Time and Working Memory Load on Emotion Recognition," *Journal of Psychology and Cognition* 2, no. 1 (2017): 61－66. 실험 참가자들은 작업 기억 부하에 관련된 과제를 푸는 동안 두려움, 화, 행복, 무감정 상태의 사진을 보았다. 연구 결과, 참가자들은 작업 기억을 관여시키지 않고도 행복한 표정과 무표정을 효율적으로 알아챘으나 부정적인 표정에는 반응 시간이 더 오래 걸렸다. 이로써 친근한 주변 사람들은 더 자동적으로 인지하는 반면, 위험한 순간에는 작업 기억을 활용해 더 정확히 사태를 파악한다는 것을 알 수 있다.

CHAPTER 1. 뒤집어 생각하기: 더 쉬운 방법이 있다면?

1. 2019년 9월~2020년 6월에 킴벌리 젠킨스과 주고받은 내용

2. "The Long History of the Phrase 'Blood, Sweat, and Tears,'" Word Histories, accessed October 15, 2020, https://wordhistories.net/2019/03/28/blood-sweat-tears/ 이 줄임말은 1940년 5월 13일 윈스턴 처칠(Winston Churchill)이 네빌 체임벌린(Neville Chamberlain)을 대신해 총리에 오른 직후 영국 하원에서 연설한 이후로 유명해졌

다. 처칠은 자신이 '피, 노력, 눈물, 땀 말고는 바칠 것이 없다'라며 비장하게 말했다. 본래 이 비유는 17세기 초로 거슬러 올라간다. 영국 시인이었던 존 던(John Donne)은 *An Anatomy of the World: Wherein, by Occasion of the Untimely Death of Mistris Elizabeth Drury, the Frailty and the Decay of this Whole World Is Represented* (London, 1611)에서 "당신의 눈물, 땀, 혹은 피로만 이룰 수 있다(It with thy Teares, or Sweat, or Bloud: nothing)"라고 적었다.

3. Daniel Kahneman, *Thinking, Fast and Slow* (New York: Farrar, Straus and Giroux, 2013), chap. 5.

4. Edward B. Van Vleck, "Current Tendencies of Mathematical Research," *Bulletin of the American Mathematical Society* 23, no. 1 (1916): 1–14. 미국 수학자 에드워드 버르 반 블렉(Edward Burr Van Vleck)은 1916년 야코비의 접근법에 관해 이렇게 적었다. "야코비가 타원과 세타 함수라는 놀라운 이론을 얻어낸 것은 타원 적분을 뒤집었기 때문이다."

5. Robert Isaac Wilberforce and Samuel Wilberforce, *The Life of William Wilberforce* (London: John Murray, 1838). 이 전기는 윌버포스 사망 5년 뒤에 두 아들이 발간한 것으로, 윌버포스가 1787년부터 노예제 반대 운동에 기울인 노력을 시간 순서대로 하나하나 서술한다. 그는 토머스 클락슨(Thomas Clarkson) 목사에게 보낸 편지에서, 노예제 폐지 운동을 가리켜 '역사상 공인들의 노력을 이끌어낸 가장 의미 있는 일'이라고 말했다(*Life*, vol. 5, p. 44). 그러나 같은 해, 목표를 달성하리라 믿었던 그의 신념은 꺾이고 말았다. 4월 5일 몬캐스터 경(Lord Muncaster)에게 쓴 편지에서 그는 "고백하건대, 내가 발의한 외국인 노예 법안은 상원을 통과하지 못할 듯하다. 그러나 이 법안이 모두의 무관심 속에 버려질 것이라고는 믿지 않는다"고 토로했다. 수십 년간 지속된 그의 모든 노력은 '표로 정리한 노예제도와 노예무역'(Tabular View of the Abolition of Slavery and the Slave Trade, 5:50)이라는 서문에 잘 나타나 있다.

6. James Stephen, *War in Disguise; or, the Frauds of the Neutral Flags* (London: J. Hatchard, 1805), archive.org/details/warindisguiseorf00step/page/4/mode/2up?q=neutral

7. Tom Holmberg, "The Acts, Orders in Council, &c. of Great Britain [on Trade], 1793–1812," Napoleon Series, 1995–2004, https://www.napoleon–series.org/research/government/british/decrees/c_britdecrees1.html/ 영국의 추밀원령(樞密院令)은 추밀원 자문의 권한 아래 내려지는 칙령이다. 일반 법안과 달리 추밀원령은 의회의 승인이 필요치 않다. 1807년에 내려진 모든 추밀원령은 이 웹사이트에서 찾아볼 수 있다.

8. An Act for the Abolition of the Slave Trade, 47 Georgii III, Session 1, cap. XXXVI. 1807년에 이 법안이 효력을 발휘한 이후로 대영제국에서는 노예를 사고파는 것이 불법화되었지만 노예제 자체는 한 세대 동안 지속되었다. 이 관행이 마침내 불법화된 것은 1833년 8월 28일 영국 식민지 전역에 대한 노예제 폐지, 해방된 노예

를 위한 산업 육성, 지금까지 그러한 노예들의 봉사를 받을 자격이 있는 사람들에 대한 보상 등을 담은 법안(1833년 노예 폐지 법안이라고 알려짐)이 발효된 이후였다. 이 두 법안을 함께 묶은 '폐지 법안(Abolition Acts)'이라는 용어가 더 널리 알려져 있다.

9. T. D. Klein, *Built for Change: Essential Traits of Transformative Companies* (Santa Barbara, Calif.: Praeger, 2010), 51. 저자는 자신의 경력 초기에 켈러허가 소수의 사람에게 이 이야기를 들려주었다고 말했다.

10. Tim Ferriss, *Tools of Titans: The Tactics, Routines, and Habits of Billionaires, Icons, and World-Class Performers* (Boston: Houghton Mifflin Harcourt, 2016). 세스 고딘의 인용문은 239쪽, 리드 호프만의 인용문은 230쪽에 적혀 있다.

11. Arianna Huffington, *The Sleep Revolution: Transforming Your Life, One Night at a Time* (New York: Harmony Books, 2016), 4.

12. Warren E. Buffett, "Shareholder Letter," in *Berkshire Hathaway 1990 Annual Report* (Omaha: Berkshire Hathaway Inc., 1991), https://www.berkshirehathaway.com/letters/1990.html

CHAPTER 2. 즐기기: 더 즐거운 방법이 있다면?

1. 튜슨과 나눈 인터뷰와 2020년 6월에서 8월까지 주고받은 내용을 바탕으로 하였다.

2. Gillian Welch, "Look at Miss Ohio," *Soul Journey*, Acony Records, 2003.

3. 코믹 릴리프의 '빨간 코의 날' 역사에 관해서는 "Red Nose Day 1980s," Comic Relief, n.d., accessed September 18, 2020, comicrelief.com/red-nose-day-1980s/를 참고하기 바란다.

4. "Comic Relief Raises £1bn over 30-Year Existence," BBC News Online, March 14, 2015.

5. Tim Urban, "Why Procrastinators Procrastinate," *Wait But Why*, October 30, 2013, waitbutwhy.com/2013/10/why-procrastinators-procrastinate.html/ 어반은 기발한 막대기 그림과 통찰력을 통해 〈Wait But Why〉를 온라인에서 가장 흥미로운 블로그에 손꼽히게 했다. 특히 이 게시물 일부 내용은 다음과 같다. "'으슥한 놀이터'는 꾸물거리기 좋아하는 사람이라면 누구나 익히 아는 장소다. 이곳에서는 여가 활동을 할 수 없는 시간에 여가 활동을 즐긴다. 으슥한 놀이터에서의 재미는 진정한 재미가 아니다. 아무런 수고 없이 생긴 재미이기 때문에 죄책감, 불안, 자기혐오, 두려움이 가득하다."

6. "How to Make Difficult Tasks More Fun," *HuffPost*, October 26, 2012, https://www.huffpost.com/entry/enjoying-life_b_2009016/ 론 컬버슨은 자신을 '재미난 연설가'

라고 칭하고 홈케어 사회복지사로서 죽음을 앞둔 사람들을 돕는 일로 경력을 시
작했다. https://ronculberson.com과 컬버슨의 책《*Do It Well. Make It Fun: The Key to
Success in Life, Death, and Almost Everything in Between*》(Austin, Tex.: Greenleaf Book Group,
2012)도 참고하기 바란다.

7. "The LEGO Group History," n.d., accessed September 21, 2020, lego.com/en-us/
aboutus/lego-group/the-lego-group-history/ 레고 그룹의 역사에 관한 더 자세한
정보는 "Automatic Binding Bricks," n.d., accessed September 21, 2020, lego.com/en-
us/lego-history/automatic-binding-bricks-09d1f76589da4cb48f01685e0dd0aa73
을 참고하기 바란다.

8. Kathryn Dill, "Lego Tops Global Ranking of the Most Powerful Brands in 2015,"
Forbes, February 19, 2015, https://www.forbes.com/sites/kathryndill/2015/02/19/
lego-tops-global-ranking-of-the-most-powerful-brands-in-2015/#38a1825b26f0/

9. "Dan Ariely: The Truth About Lies," *The Knowledge Project* podcast, May 25, 2018,
https://theknowledgeproject.libsyn.com/irrationality-bad-decisions-and-the-truth-
about-lies

10. Marie Kondo, *The Life-Changing Magic of Tidying Up: The Japanese Art of Decluttering and
Organizing* (Berkeley, Calif.: Ten Speed Press, 2014), 73.

11. Hilary Macaskill, *Agatha Christie at Home* (London: Frances Lincoln, 2014). 저자는 크리
스티가 1930년대 후반에 6천 파운드를 들여 집을 마련했던 이야기를 들려준다.
당시 크리스티는 건축사에게 집 개조를 맡기면서, "큰 욕조가 있으면 좋겠고 선반
도 있어야 합니다. 거기서 사과 먹는 걸 좋아하거든요"라고 말했다고 한다. 캐시
쿡(Cathy Cook)은 "크리스티는 욕조에 누워 사과를 먹고 차를 마시면서 구상에 몰
두했다고 말했습니다. 또한 요즘 욕조는 '너무 미끄러운 데다 연필이나 종이를 올
려둘 좋은 나무 선반이 없는 걸 보니' 작가들은 전혀 염두에 두지 않는다고 주장
했습니다"라고 말했다. "The Blagger's Guide to: Agatha Christie," *Independent*, March
30, 2013, https://www.independent.co.uk/arts-entertainment/books/features/the-
blaggers-guide-to-agatha-christie-8555068.html도 참고하기 바란다.

12. Edmund Morris, *Beethoven: The Universal Composer* (New York: Atlas/HarperCollins, 2005),
80. 모리스는 원두 개수 세기를 비롯해 베토벤이 일련의 의식을 어떻게 연결시켰
는지 열거했다. "운터되블링(베토벤의 집)에서 그는 연례 의식을 만들어 평생 지켰
다. 봄, 여름, 초가을에는 숲이나 와인의 고장에서 곡을 스케치했고, 겨울에는 도
시에 머물며 스케치해둔 곡을 작품으로 완성했다. 이렇듯 그는 성장하고 피어나
는 계절에는 창의력을 마음껏 펼쳐내고, 잎이 떨어지는 계절에는 곡을 시험해보
고 리허설, 콘서트, 계약을 진행하곤 했다. 그는 1년 내내 새벽에 일어나 아침을
먹고, (매 컵에 정확히 원두 60알을 세어) 최대한 진한 커피를 내려 마셨다. 그런 뒤
에 정오가 될 때까지 그만의 '피아노 책상'에 앉아 곡을 쓰고 놀면서 작업에 몰두

했다."

13. Anthony Everitt, *Augustus: The Life of Rome's First Emperor* (New York: Random House, 2006), 120.

CHAPTER 3. 풀어버리기: 내려놓기의 힘

1. 신중히 생각해본 후에도 제대로 된 스톰트루퍼 코스튬을 구입하고 싶은 사람이 있다면, 아마존에서 최대 천 달러에 판매되는 'Supreme Edition Stormtrooper Adult Costume'을 찾아보기 바란다(물론 훨씬 저렴한 가격에 판매되는 제품도 있다). 이보다 더 나은 아동용 제품은 더 저렴하고, 아마 아동의 기대를 채워줄 확률도 높을 것이다.

2. Guy de Maupassant, "The Piece of String," Project Gutenberg, gutenberg.org/files/3090/3090-h/3090-h.htm#2H_4_0132/ 원래 작품은 모파상의 단편선《Miss Harriet》(Paris: Victor Havard, 1884)에 실려 있다.

3. Barbara L. Fredrickson, "The Broaden-and-Build Theory of Positive Emotions," *Philosophical Transactions of the Royal Society of London. Series B, Biological Sciences 359*, no. 1449 (September 29, 2004): pp.1367–78.

4. 짐 콜린스,《좋은 기업을 넘어 위대한 기업으로》, 김영사, 2021, p.274.

5 짐 콜린스,《플라이휠을 돌려라》, 김영사, 2021, p.9.

6. BJ 포그,《습관의 디테일》, 흐름출판, 2020, p.13.

7. Chris Williams, *Let It Go: A True Story of Tragedy and Forgiveness* (Salt Lake City: Shadow Mountain, July 30, 2012).

8. Clayton Christensen, *Competing Against Luck: The Story of Innovation and Customer Choice* (New York: Harper Business, 2016), 15. 이 책에서 크리스텐슨은 밀크셰이크 판매량을 높이려 했던 패스트푸드 체인의 재미있는 사례를 소개한다. "알고 보니 놀랄 정도로 많은 밀크셰이크가 9시 전에 홀로 식당을 찾아온 고객에게 팔리고 있었다. 그들은 거의 항상 밀크셰이크를 구매했다. 매장에 앉아서 마시는 것이 아니라 밀크셰이크를 들고 차로 돌아가는 손님들이었다. 우리는 그들에게 물어보았다. '죄송하지만, 너무 궁금해서요. 밀크셰이크를 가져가서는 무엇을 하려던 것이었나요?' … 곧 알게 된 사실이지만 이른 아침에 찾아오는 고객들은 모두 같은 일과를 앞두고 있었다. 장시간 차를 타고 지루한 출근길을 가야 했던 것이다. 그들에게는 출근길을 즐겁게 만들어줄 무언가가 필요했다."

9. J.R.R. Tolkien, *The Two Towers: Being the Second Part of The Lord of the Rings* (London: Allen and Unwin, 1954). 처음에 뱀 혓바닥 그리마는 세오덴왕의 충직한 신하이자 고문이었다. 하지만 나중에 그는 로한의 비밀스러운 적인 마법사 사루만의 첩자로 밝혀

진다. 사루만은 흑마술을 부려 뱀 혓바닥을 통해 로한왕을 조종한다. 간달프는 세오텐왕에게 다음과 같이 상황을 설명한다. "뱀 혓바닥이 당신의 귀에 속삭일 때마다 당신의 생각에 독을 묻히고, 당신의 마음을 차갑게 만들며, 당신의 사지를 약하게 만들었소. 이를 지켜보던 사람들이 전혀 손을 쓰지 못한 것은 그가 당신의 의지를 쥐고 흔들었기 때문이오." 톨킨은 뛰어난 언어학자였다. '그리마(Gríma)'라는 이름은 '가면, 챙, 헬멧' 또는 '유령'을 의미하는 고대 영어, 아이슬란드어에서 유래했다. "Gríma," Tolkien Gateway, n.d., accessed September 21, 2020, tolkiengateway.net/wiki/Gríma

10. 이 주먹구구식 규칙에 관한 더 자세한 정보는 내가 쓴 "Hire Slow, Fire Fast," *Harvard Business Review*, March 3, 2014를 참고하기 바란다.

11. 이 이야기는 2020년에 이 책을 집필하는 동안 조너선과 나눈 많은 이야기를 바탕으로 한다. 아들이 너무 기특하다며 그가 꾸준히 보내주는 사진들을 보건대 트리스탄은 행복하고 건강하게 잘 지내는 듯하다.

12. "One of the Most Important Lessons Dr. Maya Angelou Ever Taught Oprah," uploaded to YouTube May 19, 2014, https://www.youtube.com/watch?v=nJgmaHkcFP8

13. Henry Wadsworth Longfellow, "The Poet's Tale" in *Tales of a Wayside Inn* (Boston: Ticknor and Fields, 1863).

CHAPTER 4. 충분히 쉬기: 아무것도 하지 않는 기술

1. Paul Sullivan, "Joe Maddon's Unconventional Style Has Made Him the Toast of Chicago," *Chicago Tribune*, September 29, 2016, https://www.chicagotribune.com/sports/ct-cubs-joe-maddon-managerial-style-spt-0930-20160929-story.html and Carrie Muskat, "Maddon Shakes Things Up with American Legion Week," Major League Baseball, August 20, 2015, https://www.mlb.com/news/cubs-joe-maddon-american-legion-week/c-144340696

2. Tony Andracki, "American Legion Week Has Come at a Perfect Time for the Cubs," NBC Sports, August 20, 2019, https://www.nbcsports.com/chicago/cubs/american-legion-week-has-come-perfect-time-cubs-nicholas-castellanos-rizzo-maddon-wrigley-field-little-league-world-series

3. K. A. Ericsson, R. T. Krampe, and C. Tesch-Römer, "The Role of Deliberate Practice in the Acquisition of Expert Performance," *Psychological Review* 100, no. 3 (July 1993): 363–406. 이 연구는 말콤 글래드웰(Malcolm Gladwell)의 '10만 시간의 법칙'의 토대가 되었지만, 이후 연구의 저자들은 연구 결과가 잘못 해석되었다고 주장했다. K. A. Ericsson, "Training History, Deliberate Practice and Elite Sports Performance:

An Analysis in Response to Tucker and Collins Review—What Makes Champions?,"
British Journal of Sports Medicine 47 (2013): 533 – 35.

4. DaKari Williams, "Katrin Tanja Davidsdottir Plays Mental Game to Win CrossFit Games," ESPN, July 29, 2015, https://www.espn.com/espnw/athletes-life/story/_/ id/13337513/katrin-tanja-davidsdottir-plays-mental-game-win-crossfit-games/ 이 이야기는 내가 2020년 7월에 벤 베르즈롱을 인터뷰한 내용이다. 그리고 유튜브 동영상 "How Katrin Davidsdottir Won the CrossFit Games," episode 65 of Bergeron's show Chasing Excellence, March 25, 2019, YouTube, https://www. youtube.com/watch?v=u_oNz-uwFW4을 참고하기 바란다.

5. D. A. Calhoun and S. M. Harding, "Sleep and Hypertension External," *Chest* 138, no. 2 (2010): 434 – 43.

6. Hans P. A. Van Dongen, Greg Maislin, Janet M. Mullington, and David F. Dinges, "The Cumulative Cost of Additional Wakefulness: Dose-Response Effects on Neurobehavioral Functions and Sleep Physiology from Chronic Sleep Restriction and Total Sleep Deprivation," *Sleep* 26, no. 2 (March 2003): 117 – 26. 연구의 저자들은 이렇게 결론지었다. "실험 참가자들이 매긴 졸음 등급을 살펴보면, 점점 커지는 인지적 결핍을 그들이 대체로 자각하지 못했음을 알 수 있다. 만성 수면 부족이 깨어 있을 때의 인지 기능에 미치는 여파를 가볍게 여기는 경향성도 이로써 설명할 수 있다."

7. "'Sleep Debts' Accrue When Nightly Sleep Totals Six Hours or Fewer; Penn Study Finds People Respond Poorly, While Feeling Only 'Slightly' Tired," *ScienceDaily*, March 14, 2003, https://www.sciencedaily.com/releases/2003/03/030314071202. htm

8. Sean Wise, "I Changed My Sleeping Habits for 30 Days, Here's How It Made Me a Better Entrepreneur," *Inc.*, September 14, 2019, https://www.inc.com/sean-wise/ i-changed-my-sleeping-habits-for-30-days-heres-how-it-made-me-a-better- entrepreneur.html

9. Brian C. Gunia, "The Sleep Trap: Do Sleep Problems Prompt Entrepreneurial Motives but Undermine Entrepreneurial Means?," *Academy of Management Perspectives* 32 (June 13, 2018): 228 – 42.

10. A. Williamson, M. Battisti, Michael Leatherbee, and J. Gish, "Rest, Zest, and My Innovative Best: Sleep and Mood as Drivers of Entrepreneurs' Innovative Behavior," *Entrepreneurship Theory and Practice* 483, no. 3 (September 25, 2018): 582 – 610.

11. Jennifer Leavitt, "How Much Deep, Light, and REM Sleep Do You Need?," Healthline, October 10, 2019, https://www.healthline.com/health/how-much-deep-sleep-do- you-need

12. Institute of Medicine, US Committee on Sleep Medicine and Research, and H. R. Colten and B. M. Altevogt, eds., *Sleep Disorders and Sleep Deprivation: An Unmet Public Health Problem* (Washington, D.C.: National Academies Press, 2006), 2.

13. Shahab Haghayegh, Sepideh Khoshnevis, Michael H. Smolensky, Kenneth R. Diller, and Richard J. Castriotta, "Before-Bedtime Passive Body Heating by Warm Shower or Bath to Improve Sleep: A Systematic Review and Meta-analysis," *Sleep Medicine Reviews* 46 (2019): 124–35.

14. C. E. Milner and K. A. Cote, "Benefits of Napping in Healthy Adults: Impact of Nap Length, Time of Day, Age, and Experience with Napping," *Journal of Sleep Research* 18, no. 2 (2009): 272–81.

15. J. R. Goldschmied, P. Cheng, K. Kemp, L. Caccamo, J. Roberts, and P. J. Deldin, "Napping to Modulate Frustration and Impulsivity: A Pilot Study," *Personality and Individual Differences* 86 (2015): 164–67.

16. S. Mednick, K. Nakayama, and R. Stickgold, "Sleep-Dependent Learning: A Nap Is as Good as a Night," *Nature Neuroscience* 6, no. 7 (2003): 697–98.

17. Ron Chernow, *Grant* (New York: Penguin, 2017), 376. 생전에 율리시스 그랜트는 전쟁 업적 측면에서 나폴레옹과 자주 비교되었다. 그랜트는 나폴레옹의 군사 전략을 백과사전처럼 꿰고 있었고 그의 수면 패턴도 잘 알았던 것으로 알려져 있다.

18. Salvador Dalí, The Persistence of Memory, 1931, Museum of Modern Art, moma.org/collection/works/79018/ 모마(MoMA). 이 웹사이트에서는 달리의 작품, 그리고 그가 '눈을 속이는 난해한 속임수'라고 불렀던 것에 관한 오디오 해설을 제공한다.

19. Ian Gibson, *The Shameful Life of Salvador Dalí* (London: Faber and Faber, 1997), chaps. 2 and 3.

20. Drake Baer, "How Dali, Einstein, and Aristotle Perfected the Power Nap," *Fast Company,* December 10, 2013, https://www.fastcompany.com/3023078/how-dali-einstein-and-aristotle-perfected-the-power-nap

21. Salvador Dalí, *50 Secrets of Magic Craftsmanship* (Mineola, N.Y.: Courier Corporation, 2013), 37.

22. Baer, "How Dali, Einstein, and Aristotle."

CHAPTER 5. 알아차리기: 명확하게 보는 법

1. Guinness World Records News, "Sherlock Holmes Awarded Title for Most Portrayed Literary Human Character in Film and TV," Guinness World Records, May 14, 2012, https://www.guinnessworldrecords.com/news/2012/5/sherlock-holmes-awarded-title-for-most-portrayed-literary-human-character-in-film-tv-41743/?fb_comment_id=10150968618545953_27376924

2. In Doyle's *Adventures of Sherlock Holmes*, gutenberg.org/files/1661/1661-h/1661-h.htm

3. "Cataracts," The Mayo Clinic, accessed October 14, 2020, https://www.mayoclinic.org/diseases-conditions/cataracts/symptoms-causes/syc-20353790

4. "The Life and Times of Warriors' Star Stephen Curry," *GameDay News,* June 19, 2019, https://www.gamedaynews.com/athletes/life-of-stephen-curry/?chrome=1

5. "Every Exercise Steph Curry's Trainer Makes Him Do," GQ Sports: The Assist, September 20, 2019, YouTube, https://www.youtube.com/watch?v=M0FwbaLVHpg

6. Drake Baer, "Steph Curry Literally Sees the World Differently Than You Do," *The Cut*, June 13, 2016, https://www.thecut.com/2016/06/steph-curry-perception-performance.html

7. "Dr. Jocelyn Faubert on NeuroTracker," TEDx-Montreal, July 4, 2018, YouTube, https://www.youtube.com/watch?v=i7rz1dyZyi8

8. "John and Julie Gottman," Gottman Institute, n.d., accessed September 22, 2020, https://www.gottman.com/about/john-julie-gottman/

9. John Gottman and Joan DeClaire, *The Relationship Cure* (New York: Crown, 2002), chap. 2.

10. "Eckhart Tolle and Peter Russell on Meditation," February 20, 2013, YouTube, https://www.youtube.com/watch?v=xDlnkNu0au0

11. 로널드 엡스타인은 뉴욕 로체스터에 있는 로체스터 의과대학에서 가정의학, 정신의학, 종양학 교수로 재직하고 있다. 《주의집중-의학, 마음챙김 그리고 인류애(하나의학사, 2019)》의 저자이기도 하다.

12. "Clearness Committees—What They Are and What They Do," FGC Friends General Conference, n.d., accessed September 22, 2020, https://www.fgcquaker.org/resources/clearness-committees-what-they-are-and-what-they-do

13. Parker J. Palmer, "The Clearness Committee: A Communal Approach to Discernment in Retreats," Center for Courage & Renewal, accessed October 14, 2020, http://www.couragerenewal.org/clearnesscommittee/

PART 2. 어떻게 하면 필수 활동을 더 쉽게 해낼 수 있을까?

1. Robbie Gonzalez, "Free Throws Should Be Easy. Why Do Basketball Players Miss?," *Wired*, March 28, 2019, https://www.wired.com/story/almost-impossible-free-throws/

2. Adam Hayes, "Law of Diminishing Marginal Returns," Investopedia, August 24, 2020, https://www.investopedia.com/terms/l/lawofdiminishingmarginalreturn.asp

3. 빅터 프랭클(Viktor Frankl)은 자신이 만났던 환자 중 극단적인 사례를 가리켜 '과 잉의도'(hyperintention)라는 용어를 쓰기도 했다. 하지만 대다수 사람에게는 과민 한 행동(overexertion)이라는 표현이 더 적절해 보인다.

4. Harry J. Stead, "The Principle of Wu Wei and How It Can Improve Your Life," *Medium*, May 14, 2018, https://medium.com/personal-growth/the-principle-of-wu-wei-and-how-it-can-improve-your-life-d6ce45d623b9

CHAPTER 6. 정의 내리기: '완료된' 상태란?

1. Pablo Lledó, "Wasa and Scope Creep—Based on a True Story," trans. Dr. David Hillson, accessed October 15, 2020, http://pablolledo.com/content/articulos/WASA%20-%20Scope%20Creep.pdf/ 이 밖에 Eric H. Kessler, Paul E. Bierly III, and Shanthi Gopalakrishnan, "Vasa Syndrome: Insights from a 17th-Century New-Product Disaster," *The Academy of Management Executive* 15, no. 3 (August 2001): 80 – 91, https://www.jstor.org/stable/4165762?seq=1도 참고하기 바란다. 이 군함은 '와 사(Wasa)호, '바사(Vasa)호 등 두 가지 이름으로 알려져 있다.

2. Margareta Magnusson, *The Gentle Art of Swedish Death Cleaning: How to Free Yourself and Your Family from a Lifetime of Clutter* (New York: Scribner, 2018).

CHAPTER 7. 시작하기: 분명한 첫걸음

1. Alex Sherman, "Netflix Has Replaced Broadcast TV as the Center of American Culture—Just Look at the Viewership Numbers," CNBC, April 21, 2020, https://www.cnbc.com/2020/04/21/netflix-massive-viewership-numbers-proves-it-owns-pop-culture.html#:~:text=Netflix%20has%20more%20than%20183%20million%20global%20subscribers

2. "Keynote 4: Reed Hastings, CEO and Founder, Netflix," Mobile World Congress 2017, February – March 2017, Mobile World Live, https://www.mobileworldlive.com/mobile-world-congress-2017

3. Jon Xavier, "Netflix's First CEO on Reed Hastings and How the Company Really Got Started | Executive of the Year 2013," Silicon Valley Business *Journal, January* 8, 2014, https://www.bizjournals.com/sanjose/news/2014/01/08/netflixs-first-ceo-on-reed-hastings.html/ 또한 Alyssa Abkowitz, "How Netflix Got Started," Fortune, January 28, 2009, https://archive.fortune.com/2009/01/27/news/newsmakers/hastings_netflix.fortune/index.htm

4. "Four Unbelievably Simple Steps to Double Your Productivity," Learn Do Become, accessed October 15, 2020, https://learndobecome.com/wp-content/uploads/2016/11/Four-Unbelievably-Simple-Steps-Transcript.pdf?inf_contact_key=cb4c4e5fef9fce1717df2acfb975a1f352696a354c5a36f7c65eb862cc3ca8f2

5. Marie Kondo, *The Life-Changing Magic of Tidying Up: The Japanese Art of Decluttering and Organizing* (Berkeley, Calif.: Ten Speed Press, 2014), 12.

6. 사사키 후미오, 《나는 단순하게 살기로 했다》, 비즈니스북스, 2015, p.103.

7. 에릭 리스, 《린 스타트업》, 인사이트, 2021, http://soloway.pbworks.com/w/file/fetch/85897603/1%2B%20Lessons%20Learned_%20Minimum%20Viable%20Product_%20a%20guide2.pdf

8. Rebecca Aydin, "How 3 Guys Turned Renting Air Mattresses in Their Apartment into a $31 Billion Company, Airbnb," *Business Insider*, September 20, 2019, https://www.businessinsider.com/how-airbnb-was-founded-a-visual-history-2016-2

9. 윌리엄 셰익스피어, 《한여름 밤의 꿈》, 아침이슬, 2010, p.75.

10. "What Is a Microburst?," National Weather Service, accessed October 15, 2020, https://www.weather.gov/bmx/outreach_microbursts#:~:text=A%20microburst%20is%20a%20localized,%2C%20can%20be%20life%2Dthreatening

11. April Perry, "[Podcast 53]: How to Utilize Pockets of Time," June 6, 2019, *Learn Do Become*, https://learndobecome.com/episode53/

12. Laura Spinney, "The Time Illusion: How Your Brain Creates Now," *New Scientist*, January 7, 2015. 저자가 가장 먼저 알려주는 것은 2.5초라는 수치다. 그런 다음 독일 프라이부르크에 있는 '심리학과 정신건강의 프론티어 영역을 연구하는 마크 비트만 인스티튜트'의 창립자 마크 비트만(Marc Wittmann)의 말을 들려준다. "지금 이 순간을 어떻게 느끼느냐가 의식 경험 전체를 뒷받침한다."

CHAPTER 8. 간소화하기: 0에서부터 시작하기

1. 2020년 4월 17일 페리 하트먼과 나눈 대화를 바탕으로 하였다.

2. Richard L. Brandt, *One Click: Jeff Bezos and the Rise of Amazon.com* (New York: Portfolio/

Penguin, 2011).

3. Mike Arsenault, "How Valuable Is Amazon's 1-Click Patent? It's Worth Billions," *Rejoiner*, accessed October 15, 2020, http://rejoiner.com/resources/amazon-1clickpatent/

4. 루이스 V. 거스너 Jr.,《코끼리를 춤추게 하라》, 북앳북스, 2003, p.61.

5. Farhad Manjoo, "Invincible Apple: 10 Lessons from the Coolest Company Anywhere," *Fast Company,* July 1, 2010, https://www.fastcompany.com/1659056/invincible-apple-10-lessons-coolest-company-anywhere

6. Jim Highsmith, "History: The Agile Manifesto," Agile Alliance, 2001, agilemanifesto.org/history.html

7. Andy Benoit, *Andy Benoit's Touchdown 2006: Everything You Need to Know About the NFL This Year* (New York: Ballantine Books, July 14, 2006).

CHAPTER 9. 진전시키기: 하찮은 시작을 받아들일 용기

1. Anthony Morris, "A Willingness to Fail Solved the Problem of Human-Powered Flight," *Financial Review,* October 6, 2015, https://www.afr.com/work-and-careers/management/being-willing-to-fail-solved-the-problem-of-humanpowered-flight-20151016-gkb658

2. Paul MacCready and John Langford, "Human-Powered Flight: Perspectives on Processes and Potentials," MIT 1998 Gardner Lecture, uploaded to YouTube November 13, 2019, https://www.youtube.com/watch?v=t8C8-BB_7nw

3. 이 인용문은 〈패스트컴퍼니(Fast Company)〉 2014년 4월호 기사에 실려 있다. Ed Catmull, "Lessons from Pixar President Ed Catmull: Your Ideas Are 'Ugly Babies,' You Are Their Champion," https://www.fastcompany.com/3027548/pixars-ed-catmull-on-the-importance-of-protecting-new-ideas

4. John Klick, "Culture Eats Strategy: Using It to Your Advantage to Inspire Innovation Action," *PDS Blog,* October 1, 2018, https://www.pdsxchange.com/2018/10/culture-eats-strategy-using-it-to-your-advantage-to-inspire-innovation-action/

5. Ben Casnocha, "Reid Hoffman's Two Rules for Strategy Decisions," *Harvard Business Review,* March 5, 2015, https://hbr.org/2015/03/reid-hoffmans-two-rules-for-strategy-decisions

6. Reid Hoffman, "Imperfect Is Perfect," *Masters of Scale* podcast, Ep. 4, May 24, 2017, https://mastersofscale.com/mark-zuckerberg-imperfect-is-perfect/

7. George Bernard Shaw, *The Doctor's Dilemma: Preface on Doctors* (New York: Brentano's, 1911), lxxxv and lxxxvi, https://babel.hathitrust.org/cgi/pt?id=mdp.3901500801793

4&view=1up&seq=3

8. Chris Knight, "Chris Knight: 'A Word after a Word after a Word Is Power' Is a Celebration of All Things Atwoodian," *National Post*, November 6, 2019, https://nationalpost.com/entertainment/movies/chris-knight-a-word-after-a-word-after-a-wordis-power-is-a-celebration-of-all-things-atwoodian

CHAPTER 10. 페이스 찾기: 느린 것은 부드럽다. 부드러운 것은 빠르다

1. Roland Huntford's *The Last Place on Earth: Scott and Amundsen's Race to the South Pole* (New York: Atheneum, 1983). 이 책은 남극점을 향한 스콧과 아문센의 경주에 관한 이야기를 자세히 들려준다.

2. 2020년 5월 10일 재니스 카프 페리(Janice Kapp Perry)와 대화한 내용을 바탕으로 하였다. 또한 Susan Easton Black and Mary Jane Woodger, *Women of Character: Profiles of 100 Prominent LDS Women* (American Fork, Utah: Covenant Communications), 227-29 도 참고하기 바란다.

3. Lucy Moore, "Before I Met You by Lisa Jewell," *Female First*, May 23, 2013, https://www.femalefirst.co.uk/books/before-i-met-you-292526.html

4. 2020년 7월 벤 베르즈롱을 인터뷰했던 내용을 바탕으로 하였다.

5. Paul Shoemaker, "Can You Handle VUCA? If You Can't, You Could Perish," *Inc.*, September 27, 2018, https://www.inc.com/paul-schoemaker/can-you-vuca.html

6. Joe Indvik, "Slow Is Smooth, Smooth Is Fast: What SEAL and Delta Force Operators Can Teach Us About Management," LinkedIn, November 24, 2015, https://www.linkedin.com/pulse/slow-smooth-fast-what-seal-delta-force-operators-can-teach-joe-indvik/

PART 3. 어떻게 하면 최소한의 노력으로 최선의 성과를 거둘 수 있을까?

1. Robbie Gonzalez, "Free Throws Should Be Easy. Why Do Basketball Players Miss?," *Wired*, March 28, 2019, https://www.wired.com/story/almost-impossible-free-throws/

2. Burton Malkiel and Charles Ellis, *The Elements of Investing: Easy Lessons for Every Investor* (Hoboken, NJ: Wiley, 2013), 11. "프랭클린은 1790년에 숨을 거두면서 그가 좋아했던 두 도시인 보스턴과 필라델피아에 각각 5천 달러를 기부했다. 단, 조건이 있었다. 이 돈은 기부금을 전달한 날로부터 정확히 100년 후 그리고 200년 후가 되는

날 써야 했다. 100년 후, 두 도시는 50만 달러를 인출해 공공사업 프로젝트에 사용했다. 200년 후인 1991년, 잔금을 확인해보니 그동안 쌓인 복리로 두 도시에 각각 2천만 달러가 남았다."

3. Jessica Jackley, *Clay, Water, Brick: Finding Inspiration from Entrepreneurs Who Do the Most with the Least* (New York: Random House, 2015). 더불어 2020년 7월에 제시카와 나눈 대화도 참고하기 바란다.

4. Diodorus Siculus, *Diodorus Siculus: Library of History,* vol. 11, books 21–32, trans. Francis R. Walton (Cambridge, Mass.: Harvard University Press, 1957).

CHAPTER 11. 배우기: 다른 사람들이 가진 최상의 정보를 활용하기

1. A. Storr, "Issac Newton," *British Medical Journal* (Clinical Research Edition) 291, no. 6511 (1985): 1779–84.

2. "Principia," Classic Thesaurus, accessed October 15, 2020, https://www.classicthesaurus.com/principia/define

3. George N. Lowrey Company, "The Convention: Fifteenth Annual Convention of the National Association of Clothiers, Held June 5 and 6, 1911," *The Clothier and Furnisher* 78, no. 6 (1911): 86.

4. "The Three Buckets of Knowledge," *FS Blog,* February 2016, https://fs.blog/2016/02/three-buckets-lessons-of-history/

5. P. R. Kunz and M. Woolcott, "Season's Greetings: From My Status to Yours," *Social Science Research 5,* no. 3 (1976): 269–78.

6. AMA("Ask Me Anything") question-and-answer session with Elon Musk on Reddit, January 5, 2015, https://www.reddit.com/r/IAmA/comments/2rgsan/i_am_elon_musk_ceocto_of_a_rocket_company_ama/ AMA를 보면 머스크는 이렇게 말했다. "대다수 사람은 자기가 생각하는 것보다 훨씬 많이 배울 수 있습니다. 충분히 시도해보지도 않고 자신을 과소평가하는 것뿐이죠. 하나 조언하자면, 지식을 일종의 의미 트리로 보는 것이 중요합니다. 나무의 원줄기와 큰 가지라 할 수 있는 근본 원리를 먼저 이해하고, 그다음에 잎에 해당하는 세부 내용을 살펴보는 거죠. 이렇게 하지 않으면 나무에 아무것도 열리지 않습니다."
이 이야기와는 별개로 다른 누군가는 이렇게 물었다. "생활 속 습관 중에서 당신 인생에 가장 긍정적인 영향을 주는 것이 있다면 무엇입니까?" 머스크는 "샤워죠" 라고 간단하게 답했다.

7. Patrice Voss, Maryse E. Thomas, J. Miguel Cisneros-Franco, and Étienne de Villers-Sidani, "Dynamic Brains and the Changing Rules of Neuroplasticity: Implications for

Learning and Recovery," *Frontiers in Psychology 8*, no. 1657, https://psycnet.apa.org/record/2017-47425-001

8. Robert Abbot, "Big Mistakes: Charlie Munger," *Guru Focus*, July 1, 2019, https://www.gurufocus.com/news/902508/big-mistakes-charlie-munger

9. Isaiah Berlin, *The Hedgehog and the Fox* (London: Weidenfeld & Nicolson, 1953).

10. Jim Collins, *Good to Great: Why Some Companies Make the Leap and Others Don't* (New York: Harper Business, 2001), 90.

11. Tren Griffin, *Charlie Munger: The Complete Investor* (New York: Columbia Business School Publishing, 2015), 43.

12. B. Uzzi et al., "Atypical Combinations and Scientific Impact," *Science* 342, no. 6157 (2013): 468–72.

13. "Hidden Connections Conference," Nanyang Technological University, Singapore, March 31, 2015, YouTube, https://www.youtube.com/watch?v=mbxcAFh4wO8

14. Andrew Perrin, "Slightly Fewer Americans Are Reading Print Books, New Survey Finds," Pew Research Center, October 19, 2015, https://www.pewresearch.org/fact-tank/2015/10/19/slightly-fewer-americans-are-reading-print-books-new-survey-finds/ 또한 이 설문조사 결과, 미국 성인 10명 중 7명(72%)은 전체를 읽든, 부분을 읽든, 어떤 형태로 읽는지 간에 지난 1년 사이에 책을 읽은 것으로 나타났다 (79%에서 떨어진 수치다). 반갑게도 18~29세의 성인 사이에서는 이 수치가 80%로 올라간다. 대중의 인식과는 반대로 밀레니얼 세대도 분명 책을 읽는다.

15. Use the Lindy Effect: "How to Choose Your Next Book," *FS Blog*, August 2013, https://fs.blog/2013/08/choose-your-next-book/

16. Avi Charkham, "You're Not a Two-Legged Camel You're Just Different," *Medium*, January 18, 2019, https://medium.com/@aviche/two-legged-camel-9e60eb09eb57/ 이와 더불어 "How One Man Changed the High Jump Forever, the Olympics on the Record," April 1, 2018, YouTube, https://www.youtube.com/watch?v=CZsH46Ek2ao 도 참고하기 바란다.

CHAPTER 12. 협동하기: 열 사람의 힘을 모으는 방법

1. https://projectprotect.health/#/

2. "Aesop," *Britannica*, accessed October 15, 2020, https://www.britannica.com/biography/Aesop

3. Robert Sutton and Huggy Rao, *Scaling Up Excellence: Getting to More Without Settling for Less* (New York: Random House Business, 2016). 저자들은 이 원리를 프록터 앤드 갬

블의 CEO A. G. 래플리가 창안했다고 본다. 래플리는 "세서미 스트리트에 나올 만큼 간단한 슬로건을 수없이 반복해서 제시하면 모든 사람이 중요한 내용을 숙지할 것"이라고 보았다. 다섯 살배기도 동의할 만한 룰이다.

CHAPTER 13. 자동화하기: 한번 실행하고 다시는 반복하지 않는 방법

1. 알프레드 노스 화이트헤드, 《화이트헤드의 수학이란 무엇인가》, 궁리, 2009, p.59.
2. 아툴 가완디, 《체크! 체크리스트》, 21세기북스, 2010.
3. Paul Reber, "What Is the Memory Capacity of the Human Brain?," *Scientific American*, May 1, 2010, https://www.scientificamerican.com/article/what-is-the-memory-capacity/
4. https://www.legacy.com/obituaries/saltlaketribune/obituary.aspx?n=irene-gaddis&pid=170495784&fhid=11607
5. Alexander Sehmer, "Teenager's Parking Appeals Website Saves Motorists £2m After Overturning Thousands of Fines," *Independent*, December 29, 2015, https://www.independent.co.uk/news/uk/home-news/teenager-s-parking-appeals-website-saves-motorists-ps2m-after-overturning-thousands-fines-a6789711.html/ 이와 더불어 https://donotpay.com/ and "Meet the Teen Taking on the Parking Ticket," BBC News, September 6, 2015, https://www.bbc.co.uk/programmes/p031rmqv도 참고하기 바란다.
6. Dan Heath, "How Expedia Solved a $100 Million Customer Service Nightmare," *Medium*, March 3, 2020, https://marker.medium.com/how-expedia-solved-a-100-million-customer-service-nightmare-d7aabc8d4025/ 이 일화는 2020년 8월 라이온 오닐과의 대화 중에 직접 전해 들었다.

CHAPTER 14. 신뢰 쌓기: 성과 높은 팀이 보유한 튼튼한 엔진

1. Warren Buffett, "Chairman's Letter," February 27, 2004, Berkshire Hathaway, Annual Report, p. 6, https://berkshirehathaway.com/letters/2003ltr.pdf
2. 2020년 8월 25일에 홀과 나눈 대화를 토대로 하였다.
3. "Warren Buffett Speaks with Florida University," YouTube, October 15, 1998, https://www.youtube.com/watch?v=2MHIcabnjrA&t=1050s/ 2013년 7월 3일에 유튜브에 업로드된 영상.
4. 킴 스콧, 《실리콘밸리의 팀장들》, 청림출판, 2019, p.41.

5. https://www.leanconstruction.org/ 2020년 10월 15일에 접속함.

CHAPTER 15. 예방하기: 문제가 일어나기 전에 해결하는 요령

1. Alexis C. Madrigal, "The Last Smallpox Patient on Earth: The Case of Ali Maow Maalin, a Somalian Cook," *The Atlantic,* December 9, 2013, https://www.theatlantic.com/health/archive/2013/12/the-last-smallpox-patient-on-earth/282169/

2. David Allen, *Getting Things Done: The Art of Stress-Free Productivity* (New York: Penguin Books, 2015), 237. 데이비드 알렌의 설명에 따르면, '이 간단하면서도 엄청난 다음 행동 기술'을 설명한 그의 오랜 친구이자 경영 자문 멘토인 딘 애치슨은 전 국무장관(딘 애치슨이라는 이름의 또 다른 인물로서 제51대 국무장관을 역임한 미국의 정치인이자 변호사-옮긴이)과 아무런 관련이 없다고 한다.

3. 헨리 데이비드 소로, 《월든》, 은행나무, 2011, p.117.

4. Michael A. Roberto, *Know What You Don't Know: How Great Leaders Prevent Problems Before They Happen* (Upper Saddle River, NJ: Pearson Education, 2009), 1.

5. "French Red Faces over Trains That Are 'Too Wide,'" BBC News, May 20, 2014, https://www.bbc.com/news/world-europe-27497727. 또한 "French Trains Are Too Wide for Stations," NPR, May 22, 2014, https://www.npr.org/2014/05/22/314925114/french-trains-are-too-wide-for-stations을 참고하기 바란다.

결론. 지금 가장 중요한 것은 이제부터

1. Robert Frost, "Stopping by Woods on a Snowy Evening," in *New Hampshire* (New York: Henry Holt, 1923).

옮긴이 김미정

가톨릭대학교 심리학과를 졸업했다. KBS 심리학/의학 다큐멘터리 팀에서 영어전문 리서처로 관련 서적을 다수 번역했고, 현재 번역에이전시 엔터스코리아에서 전문 번역가로 활동하고 있다. 주요 역서로는 《이기적인 사회》, 《나는 어떤 사람일까》, 《내적 불행》, 《트럼프처럼 협상하라》, 《용서》, 《내일을 위한 선택》, 《행복에 걸려 비틀거리다》, 《감정 회복력》 외 다수가 있다.

최소 노력의 법칙

1판 1쇄 발행 2021년 10월 25일
1판 2쇄 발행 2021년 12월 22일

지은이 그렉 맥커운
옮긴이 김미정

발행인 양원석 **편집장** 정효진
디자인 남미현, 김미선 **영업마케팅** 양정길, 김지현, 정다은, 김보미

펴낸 곳 ㈜알에이치코리아
주소 서울시 금천구 가산디지털2로 53, 20층 (가산동, 한라시그마밸리)
편집문의 02-6443-8847 **도서문의** 02-6443-8800
홈페이지 http://rhk.co.kr
등록 2004년 1월 15일 제2-3726호

ISBN 978-89-255-7961-0 (03190)

※ 이 책은 ㈜알에이치코리아가 저작권자와의 계약에 따라 발행한 것이므로
   본사의 서면 허락 없이는 어떠한 형태나 수단으로도 이 책의 내용을 이용하지 못합니다.

※ 잘못된 책은 구입하신 서점에서 바꾸어 드립니다.

※ 책값은 뒤표지에 있습니다.